교육심리학의 이해

권형자 · 정선영

Educational Psychology

태영출판사

머리말

현재 후학들을 지도하는 교수자 입장에 있는 저자도 한때는 오롯이 학습자 입장에만 놓인 적이 있었다. 그 당시 수많은 정보와 어려운 용어들을 담고 있는 두터운 교재들을 접하며 '책을 이렇게 꼭 어렵게 써야만 하는 걸까?'라는 생각을 했었던 기억이 있다. 학기 중 강의 시간이 제한되어 있으므로 미처 다 보지 못하는 부분들도 많다보니(물론 혼자 모든 내용을 학습하는 학생들도 있었겠지만) 책을 사는 것이 아깝게 느껴진 적도 꽤 있었다. 바람직한 교육방법으로 학습자의 수준에 맞는 전달 방법도 중요하지만 교육내용을 담고 있는 교재의 선택도 중요하다고 생각한다. 물론 교육수준에 따라 대학원생들을 위한 수준 높은 전문적 서적도 많이 필요하지만, 특히 요즘 교육현장에서 강조하는 자기주도학습을 위해서는 대학생 수준의 학습자가 쉽게 접할 수 있는 교재도 필요하다고 생각한다. 따라서 교육심리학에 반드시 필요한 핵심 내용이 포함되어 있으면서도 교육심리학을 처음 접하는 사람이라도 혼자서 공부해도 무리 없이 이해할 수 있는 수준의 책을 준비하게 되었다.

이 책은 다음과 같은 내용으로 구성하였다. 제1장 교육심리학에 관한 이해,

제2장 교육심리학의 연구방법, 제3장 발달이론, 제4장 동기와 학습, 제5장 인지적/정의적 특성과 교육, 제6장 학습이론, 제7장 기억과 전이, 제8장 특수학습자, 제9장 생활지도로 구성되었다.

정성을 다해 준비했다고는 하나 막상 이 책을 내어 놓으려니 부족하고 미흡한 부분들이 많이 보인다. 하지만 모든 학습자들이 이 책을 통해 교육심리학이라는 새로운 학문에 대한 학습동기가 일어나 지적 성취를 통한 자신감과 바람직한 인격을 갖추고, 그 인격을 바탕으로 현장에서 자신의 능력을 발휘하는 민주사회 시민으로 성장하는데 작은 도움이라도 되었으면 하는 바람이다. 끝으로 혹여 이 책을 사용하며 수정과 보완을 필요로 하는 부분이 있다면 아낌없는 조언을 부탁드리며, 이 책이 나오기까지 도움을 주신 김현태 사장님과 편집진에게 감사드린다.

20018년 2월

저자 일동

차 례

제1장

교육심리학에 관한 이해

1. 교육/심리학/교육심리학
2. 교육심리학의 배경
3. 교육심리학의 영역

1. 교육/심리학/교육심리학

1) 교육

(1) 교육의 어원

① 동양

기원전 3세기경 「맹자」의 진심편(盡心篇)에서 비롯되었는데 '敎'는 '방향을 제시하여 그 곳으로 이끈다', '育'은 '올바르게 자라도록 한다'는 의미를 지니므로 '敎育'이란 인간에게 올바른 방향을 제시하고 이끌어 줌으로써 그들이 가지고 있는 잠재 가능성을 개발하고 실현할 수 있도록 도와주는 활동이라고 할 수 있다.

② 서양

영어의 'education'은 라틴어의 '밖으로'라는 의미의 'e'와 '끌어 내다'라는 의미의 'ducare'의 합성어인 'educare'에 어원을 두고 있다. 따라서 교육은 인간의 잠재가능성을 끌어 내어 실현시키는 활동이라고 할 수 있다.

(2) 교육의 관점별 정의

① 기능적 정의(functional definition)

교육의 수단적 가치를 강조하는 입장으로 교육을 사회문화의 계승 및 발전의 수단, 국가 발전의 원동력이라고 정의하는 관점이다. 미국의 교육학자 Dewey와 같은 사람은 이 입장에서 교육이란 생활이고, 성장이며, 계속적인 경험의 재구성이며, 사회적 과정이라고 하였다.

② 목적론적 정의(teleological definition)

이 정의는 교육을 그 궁극적인 목적과 결부시켜 규정하여 개인의 인격완성이나 자아실현, 민주시민으로서의 자질을 갖춤, '인격도야' 등으로 보고 교육자는 하나의 조력자이며 주체는 학습자로 그들에게 더 많은 자율을 허용하는 입장을 의미한다.

③ 조작적 정의(operational definition)

교육을 '인간행동의 계획적 변화'(정범모, 1968)라고 보는 입장이다. 교육의 대상으로 인간의 행동, 실제적 과정으로서의 계획성과 변화성의 개념을 제시하고 있다. 이 정의는 교육의 실제나 기본적 현성과정을 포함하고 있다고 보아 널리 수용되고 있는 정의이기도 하다. 교육적인 것과 비교육적인 것을 구별할 근거를 제시한다.

2) 심리학

심리학은 유기체의 행동을 과학적으로 연구하는 학문이다. 특히 인간심리현상이 어떠한지 자세히 기술하거나, 현재의 심리상태를 볼 때 앞으로 어떠할 것이라고 예언하거나 혹은 어떠한 정신활동이나 행동이 왜 일어나는 것인지를 과학적으로 분석하려는 포괄적인 개념의 학문이다.

심리학은 크게 일반심리학과 응용심리학으로 나누며 응용심리학은 연구대상, 방법, 내용 등의 여러 영역에 있어서 다음과 같은 종류가 있다.

(1) 일반심리학(General psychology)

기초심리학이라고도 하는데 심리학의 기본적인 원리를 포함하면서 정상적인 사람을 대상으로 연구하여 개인의 심리현상에 관한 논의를 주로 하는 것을 말한다.

(2) 발달심리학(Developmental psychology)

인간의 행동과 심리과정을 발달적 견지에서 주로 종단적 방법(longitudinal method)을 이용하여 어떤 모습으로 모든 행동 발달이 되어지는가를 연구하며 발달적 과정에서 인간의 신체, 정서, 성격, 지능 등이 어떻게 발달되어지는가를 연구하고 횡단적 방법(cross sectional method)으로 비교 · 연구하게 된다. 그에 따라 발달심리학은 크게 분류하여 다시 유아심리학, 아동심리학, 청년심리학, 노년심리학 등으로 나뉜다.

(3) 생리심리학(Physiological psychology)

사람의 행동에 대한 생리학적인 연구 및 생리현상에 의한 인간의 행동을 연구한다. 그리고 감각기관, 신경조직, 근육 그리고 모든 행동의 기초가 되는 선의 기능과 구조를 취급한다.

(4) 교육심리학(Educational psychology)

발달심리, 학습심리 및 성격이론과 심리측정의 방법을 실제 교육 장면에 적용하여 교육방법이나 평가방법을 효과적으로 수행하는데 도움을 주는 심리학이다.

(5) 산업심리학(Industrial psychology)

산업부분에 있어서 인사관리, 직무분석, 직업선택, 직업적성검사, 작업능률, 피로 등 산업의 여러 분야에 걸쳐 심리학을 적용하고 응용하여 생산성과 작업능률을 올리려는 과업이 연구대상이다.

(6) 사회심리학(Social psychology)

집단 속의 개인과 집단 사이의 관계를 연구하는 학문으로 가정, 군중, 사회를 형성하고 있는 인간들의 심리적 상호 관계와 그 추종자와의 관계를 연구한다. 그리고 유행, 습관, 여론, 집단행동 같은 사회에서 일어나는 여러 심리적 현상을 연구한다.

(7) 범죄심리학(Criminal psychology)

범죄의 종류와 범죄 발생의 시기와 빈도, 종류 그리고 지역과 종족의 범죄율, 범죄자의 지능, 성격, 소질, 환경 등을 연구하고 그들의 재교육과 예방을 위한 방법을 연구하는 심리학이다.

(8) 개인차의 심리학(Psychology of individual difference)

차이심리학이라고도 불리며 개인의 차이를 대상으로 연구하는 학문으로 각종 심리검사를 이용해서 여러 사람의 능력을 측정하고 평가하는 심리학이다.

(9) 임상심리학(Clinical psychology)

정서불안이나 이상성격자 또는 심리적인 문제를 갖는 개인을 심리측정으로 진단하고 심리치료를 통해서 도움을 주려는 심리학이다.

(10) 상담심리학(Counseling psychology)

상담은 개개인이 당면하는 여러 가지 적응 및 문제의 해결이 어려울 때 도움을 필요로 하는 사람과 전문적인 훈련을 받은 사람이 이들의 문제해결 및 자기이해 또는 성격발달에 도움을 줄 수 있는 관계인데, 이러한 관계를 촉진시킬 수 있는 과정, 방법, 기술 등을 다루는 심리학이다.

(11) 실험심리학(Experimental psychology)

연구방법에 따라 명명한 것으로 실험적인 방법을 적용하는 모든 심리학의 지식을 포함한다. 실험심리학은 검사 또는 질문지법 등의 방법을 포함하지 않고 인공적 조건을 설정하여 행동 사태를 일으키고, 거기서 어떤 관계성 또는 일반적 법칙을 발견하려는 것이다. 엄밀히 말하면, 심리학의 한 분야라기보다는 그 대상이나 문제가 심리학의 모든 분야에 걸쳐 있으며 또한 심리학 연구의 기본적인 영역으로 간주되고 있다.

(12) 동물심리학(Animal psychology)

비교심리학(Comparative psychology)이라고도 하며 행동과 의식수준이 사람보다 단순한 동물을 연구함으로써 인간행동에 대한 기본원리를 밝혀 내어 사람의 행동 이해를 돕는 심리학이다. 동물심리학의 대상은 주로 발생학적으로 사람과 가까운 포유동물이 많이 쓰이고 있으며 그 내용이 실험심리학, 생리심리학과 중첩되어 이루어지고 있다.

(13) 이상심리학(Abnormal psychology)

수면, 꿈, 최면상태, 기타 이상행동 등 사람이 이상상태에 있을 때와 정신결함, 정신병, 신경증 등 정상 상태에서 벗어난 사람의 행동과 정신현상을 이해하는 학문이다.

(14) 인지심리학(Cognitive psychology)

심리학과 인접분야의 학문을 연관지어 볼 때 최근에 괄목할 만한 발전을 이룬 분야가 인지심리학이다. 인지심리학은 사람들이 어떻게 지식을 얻고, 조직하는지를 나루기 위해 1970년대부터 시작된 분야이다. 인지심리학은 인간이 자극을 어떻게 지각하고, 해석하며, 저장, 사용하는지를 다룬다. 인지심리학은 들어오는 정보를 여러 가지 방법으로 선택하고, 비교하고 기억 속에 다른 정보와 결합하고 전환되고 재배열되는 등으로 처리되는 컴퓨터와 같은 모형으로 인간을 보는 것이다.

(15) 기타

이 밖에도 법심리학, 교정심리학, 군사심리학, 교통심리학 등 상황에 따라 인간이 관여하는 곳에서는 어디서나 심리학적 지식이 그들의 목적을 달성하고 복지를 증진하는데 도움을 주고 있다.

3) 교육심리학

교육현장에서 발생하는 다양한 문제들은 학습자의 문제에 대한 진단이나 해결이 교육전문가들의 주관적이고 비효율적인 관점에 의해서 해결되어져 문제의 해결이 아니라 오히려 문제의 심각성이 증가되는 경우도 발생하게 된다. 따라서 교육현장에서 발생하는 다양한 실제적인 문제들을 보다 효율적이고 합리적으로 해결하기 위해서는 교육의 제반문제를 인접분야의 학문의 도움을 받아서 해결하여야 하는 부분들이 증가하고 있는데, 심리학적으로 교육의 계획과 실천을 통한 학습자의 바람직한 변화 및 발달을 가져오도록 돕기 위한 실천적인 기술들이 개발될 수 있도록 돕는 것이 교육심리학적인 측면에서의 접근이다.

교육심리학(教育心理學, educational psychology)은 '교육의 목표를 효과적으로 달성하기 위해 교육현상을 연구대상으로 하여 이에 필요한 이론과 실천적 방법을 연구하는 학문'이다(임규혁 · 임웅, 2007).

교육심리학이란 교육의 과정에서 일어나는 여러 문제를 심리학적 측면에서 연구하여 원리를 정리하고 방법을 제시함으로써 교육의 효과를 극대화하려는 응용심리학 또는 교육학의 한 분야이다(구광현 외, 2013).

교육심리학은 학습에 관련된 사항을 연구의 주대상으로 하여 그 연구의 결과를 교육활동의 효율성을 높이기 위하여 널리 일반화하고 또 교육활동의 기초자료로 활용하기 위한 것이다(김태호 · 이난, 2012).

한편, 연구의 대상으로 본다면, 교육심리학은 교사가 가르치고, 학생이 배우는 과정, 즉 교육과정에서 야기되는 문제들을 다루는 학문분야이다(구광현 외, 2013). 교육심리학의 이론은 교육활동에 적용 차원의 역할을 수행해 왔다.

(1) 심리학과 교육심리학의 차이

이성진(1996)은 교육과 심리학의 학문적 차이를 다음과 같이 제시하였다.

구 분	심리학	교육심리학
교육목적	인간행동에 관한 보편타당한 원리와 법칙을 발견한다.	교실이라는 특수상황에서 개개인의 행동변화에 관심을 둔다.
학문적 입장	특수영역을 제외하고는 가치중립적 입장의 사실적 기술의 학문이다.	바람직한 방향으로서의 가치지향적이며 결과를 중시하는 입장의 학문이다.
연구방법	많은 원리와 법칙들에 대한 연구나 실험은 주로 엄격히 통제된 실험실이나 제한된 장소에서 실시하여 밝힌다.	교육은 자연 상태에 가까운 교실이라는 특수한 집단에서 나타나는 과정을 연구한다.
학문의 성격	객관적이고 보편타당한 원리를 밝히는 광의의 학문이다.	심리학의 원리와 법칙을 응용한 협의의 응용학문이다.

(2) 교육과 관련된 인접분야의 심리학

교육과 관련된 인접과학들이 많이 있는데 그 가운데 특히 심리학은 교육과 밀접한 관련성이 있다. 여기에서 지금까지 지적되어 온 관련 심리학을 살펴보면 다음과 같다(김용래, 2000).

- 구성주의(Wundt & Titchener: constructivism)
- 개인차(Galton: individual differences)
- 기능주의(James: functionalism)
- 행동주의(Watson: behaviorism)
- 형태주의(Wertheimer, Köhler, & Koffka: gestalt psychology)
- 신행동주의(Skinner: Neo-behaviorism)
- 정신분석학(Freud: Psychoanalysis)
- 실존주의 및 인본주의 심리학(May & Rogers: existential and humanistic psychology)
- 인지심리학(Cognitive psychology)

위에 제시한 심리학의 관심분야는 개인들의 일상생활과 관련이 깊으며, 학교교육과도 관련이 있다. 그러나 특히, 학교교육을 위한 학습과 수업에 관련이 깊은 심리학의 분야는 '행동주의', '인지주의' 및 '인본주의'로서, 다음에서 이들 세 가지의 심리학 입장을 살펴보기로 한다.

① 행동주의 심리학

학습을 경험이나 연습을 통해서 일어난 행동의 지속적인 변화로 간주하는 행동주의는 객관적으로 관찰할 수 있는 구체적인 행동을 연구대상으로 하며, 내재적인 사고과정이나 구조에는 관심이 없다. 행동주의라는 명칭도 여기에서 비롯된다(권대훈, 2013).

행동주의의 창시자 Watson(1878~1958)에 의하면 정신과정이나 의식은 지극히 주관적이고 개인적이어서 관찰할 수 없고 측정할 수 없기 때문에 과학의 대상이 될 수 없다. 따라서 '심리학은 관찰 가능하고 측정 가능한 행동을 연구하는 것이다'라고 하였다.

그는 실험에서 11개월 된 Albert(흰털을 지닌 쥐를 무서워할 까닭이 없는 안정된 아이)에게 그 아이가 쥐를 만지려고 손을 내밀 때마다 큰 소리를 들려준 실험을 하였는데, 그 아이는 곧 쥐를 무서워하게 되었다. 조건형성이 그 아이의 행동을 변화시킨 것이다. 이와 같은 행동변화는 '개인의 행동은 자극과 반응(Stimulus-Response: S-R)'으로 설명이 가능하다고 보았다.

20세기 행동주의 심리학이 심리학의 내용을 골격화하였으며, 이 행동주의의 산물인 '자극-반응 심리학'은 오늘날에도 Skinner를 중심으로 심리학에 지대한 영향을 미치고 있다.

S-R심리학은 '검은 상자'(black box)접근이라 불리어지고 있다. 상자 속으로 어떤 정보나 자료가 투입되고 산출되는 것에 관한 연구만으로도 과학으로서 심리학은 가능하다고 생각한 것이다.

자극과 반응 심리학은 결국 행동반응을 유발하는 자극과 반응을 지속시킬 수 있는 '상(reward)'과 '벌(punishment)'을 연구하며, 이들의 형태를 달리하여 개인의 행동수정도 연구한다. Skinner와 Watson의 입장은 거의 비슷하지만, 접근방법상에 다소 다른 점이 있다. Skinner는 Watson과는 달리 **강화**(reinforcement)라고 하는 새로운 요인을 첨가해서 기대하는 방향의 행동을 낳으면 피험자에게 '보상'을 하였다.

Skinner는 그의 조건형성(conditioning) 과정에서 동물이 능동적인 주체가 되도록 하였다. 동물(쥐, 비둘기)은 '원판'을 쪼거나 '누름대'를 누르면 먹이가 주어지는 것을 학습하게 된다. 그 이유는 그것이 '강화'되고 '보상'을 받기 때문이다. 이러한 Skinner의 입장을 '신행동주의'라고 한다. 그리고 Skinner의 조건형성이론은 전 세계 각급 학교교육 현장에서 학습자들에게 교수-학습의 효과를 위해 적극적으로 활용되어 왔다.

② 인지주의 심리학

인지(cognition)란 지각 · 기억 · 정보처리 과정이다. 개인은 인지를 통해서 지식을 획득하고 문제를 해결하며 미래를 설계한다. 심리학의 인지적 접근은 개인의 행동은 자극에 대한 단순한 반응 이상의 것이 있으며, S-R심리학의 관점이 극히 편협하기 때문에, 이에 반발로 발전한 것이 인지심리학이라고 볼 수 있다. 인지심리학자들은 개인이 '정보'를 받아들이고, 해석하며, 저장하고, 인출하는 데 관심을 두고 있다.

인지심리학은 컴퓨터의 '정보처리 시스템'과 유사하다. 인지심리학의 역사는 비교적 짧지만 심리학의 모든 분야에 많은 영향을 미치고 있으며, 심리학의 개념규정까지도 바뀌었다. 지금부터 30여 년 전 심리학 교과서에서 심리학을 단순히 "행동에 대한 과학적 연구"라고 하였다. 그러나 오늘날은 개인의 '행동'에는 사고 · 감정 · 경험을 포함하는 것으로 이해하고, "행동과 정신 과정에 대한 과학적 연구"로 심리학을 정의하고 있다. 이러한 인지심리학은 개인의 기억, 학습, 감정, 지각, 동기, 정서 등에 영향을 미치고 있으며, 이들 분야에 관심을 두고 있기 때문에 교육과 관련이 있다.

③ 인본주의 심리학

행동주의와 정신분석학을 비판하면서 실존주의 철학에 바탕을 둔 '제 3의 심리학'이며 건강한 인간을 대상으로 하는 성격심리학에서부터 비롯되었다(이신동 외, 2012). 실존주의 심리학은 개인이 정체감에 대한 내적 감각을 되찾아 자유를 얻고, 자기 행동에 책임감을 갖게 하는 것이라고 이해할 수 있다. 현상학적 접근은 행동주의나 정신분석학의 기계론적인 특성에 수긍하지 않고, 행동보다는 내적인 정신과정을 강조하기 때문에, 인본주의 접근과 비슷하다고 할 수 있다.

다만, 현상주의 심리학은 어떤 사건에 대한 개인의 지각과 해석을 중심과제로 하며, 또한 개인은 자신의 통제 밖에 있는 어떤 힘에 의해서 '행동하게 되는 것'이 아니고, 자신의 운명을 통제할 수 있는 '행위자'라는 것이다. 실존주의 심리학자들은 이론을 수립해서 행동을 예측하기보다는, 개인의 자아개념 · 자존심 · 자기의식 등에 깊은 관심을 가지며, 개인은 외부의 자극이나 무의식적인 본능에 조정 당하지 않는다고 본다.

인본주의 심리학은 개인에게 비언어적 경험의 가능성, 마음의 통일성, 의지의 다양성 및 구속되지 않은 자유 등을 강조한다. '인본주의' 심리학을 '현상학적 이론'이라고 하는 이유는 기본적인 개인의 자유의지와 자아실현에 대한 욕구를 강조하는 데 있다.

인본주의 이론에 의하면, 개인은 누구나 자기성장과 자기실현을 추구하려고 하는 강한 동기를 가지고 있으며, 자신의 잠재가능성을 최대한 개발하여 현재의 자기보다 더 발전코자 하는 기본적인 욕구를 지니고 있다. 따라서 개인은 제반 환경적이고 문화적인 장애를 안고 있지만, 개인의 기본 성향은 잠재력을 개발 실현하고자 하는 방향으로 지향한다는 점이 교육과 관련이 있다.

(3) 교육심리학의 적용

교육심리학의 개념 · 이론 · 방법의 적용은 수업상황이나 교실과 학교상황 여건에 따라서 차이가 있다. 학습자, 교사, 행정가, 학부모 혹은 교육용 기자재 등에 따라서 관심의 초점을 달리하게 된다. 교육심리학자들은 학교의 수업과 학습효과에 관해서 관심을 두고 있는데, 학습자 개개인의 '행동'과 '사고' 그리고 '대인간의 상호작용'에 초점을 두고 있다. 그동안 교육현장에서는 교육심리학 영역의 개념과 방법들을 활용하였고, 특히 교사의 입장에서는 학습에 대한 관심, 개개의 학습자들에 대한 배려, 수업방법에 대한 불안 및 학습자 개개인의 평가 등에 주로 관심을 갖고 있다.

따라서 교육심리학자들이 학교상황을 중심으로 연구한 결과를 학습현장에서 부담 없이 활용할 수 있도록 교육심리학의 이론과 방법을 제공하는 것이 필수적이다.

대부분의 학자들은 교육심리학이 학습과 교수 그리고 그와 관련된 요인들을 연구하는 학문으로서 학생들의 심리적 발달에 대한 이해와 학습과정이며 학생들이 익혀야 할 지식과 기술의 본질을 이해하는 데 도움을 주며, 학생의 수행을 평가하고 측정하는데 유용한 기초를 제공한다는 것에 동의하고 있다. 즉 교육심리학은 학습, 교수, 발달, 동기, 평가 등에 관련 이론을 제공하는 것이다 (Eggen & Kauchak, 1992; Goetz, Alexander & Ash, 1992; Glover & Ronning, 1987; Seifert, 1991; Sprinthall & Sprinthal, 1990).

학교에서의 교육은 지식을 전달하는 것 이외에 학습자의 발달 특성 및 개인차를 고려하는 이해가 우선되어야 하며 그에 적절한 교재가 개발되어야 한다. 또한 수행평가가 이루어져야 하며 모든 활동을 조직화하고 과제를 적절히 할당하는 등 다양한 활동이 수행되어야 하며 이러한 활동은 체계적이고 구조적인 방법에 의해서 마련되어야 할 것이다. 임규혁과 임웅(2007)은 교사의 역할에 대해 살펴봄으로써 학교현장에서의 교육심리학의 적용에 대한 시사점에 대해 다음과 같이 설명하고 있다.

① 교수전문가로서의 역할 수행

교사는 교과의 내용과 학생의 능력 및 요구 그리고 습득해야 할 학습목표 등 다양한 요인을 고려하여 수업교재와 교수방법에 대해 끊임없이 고민해야 한다. 예를 들면, 뺄셈을 가르치는 가장 좋은 방법은 무엇인가? 과제를 개인별로 할당할 것인가 아니면 소집단별로 할당할 것인가? 이 단원은 강의식으로 진행할 것인가 아니면 프로그램 학습방법으로 가르쳐야 할 것인가? 등은 모두 교수전문가로서의 교사가 결정해야 할 문제들이다. 교사는 하루에도 수십 번씩 이와 같은 문제들에 대한 결정을 하고 있다. 이전에 교사는 교수전문가로서 이와 같은 문제들뿐만 아니라 기본적으로 교수내용에 정통해야 한다.

② 동기촉진자로서의 역할 수행

오늘날 다양한 대중매체에 익숙해져 있는 학생들에게 학교에서의 생활은 어쩌면 지루하고 단조롭게 느껴질 수도 있다. 학습내용을 아무리 재미있게 시작한다고 하더라도 학생들의 관심과 주의를 계속해서 유지시키기란 쉽지 않다. 따라서 어떠한 방법으로 학생들을 능동적으로 학습에 참여시킬지 교사들의 순간순간 의사결정은 학생들의 동기에 효과적이어야 한다.

③ 관리자로서의 역할 수행

교사들은 자신의 일과 중 많은 시간을 관리자로서의 역할을 수행한다. 학생행동의 감독, 시험의 준비, 성적 평가, 동료 교사들과의 회의, 혹은 학부모와의 면담 그리고 일지 작성 등 교사가 관리해야 하는 업무는 매우 다양하다. 그러나 관리자로서 교사가 수행하는 가장 중요한 업무는 학습의 질서 유지와 관련된 학급관리이다. 교사는 학급에서의 크고 작은 문제들이 최소화될 수 있도록 노력해야 한다. 따라서 교사는 이러한 문제를 최소화할 수 있는 기술과 방법을 이해하고 있어야 한다.

④ 지도자로서의 역할 수행

교사는 학생 개개인의 요구에 관심을 가져야 하지만, 현실적으로 모든 학생들을 개인적으로 관리하기란 쉽지 않다. 따라서 교사는 교실에서 학생들을 전체적으로 지도하고 있다. 이때 교사에게 요구되는 것은 집단을 대상으로 하는 교사의 지도력이 개개인의 성장을 신장시킬 수 있는 방법으로 나타나야 한다는 것이다.

⑤ 상담가로서의 역할 수행

교사는 전문적인 생활지도 상담가는 아니지만 학생들의 정서적 행동에 민감하게 반응해야만 한다. 어떠한 학급이든지 교사의 상담이 필요한 학생들은 반드시 있다. 또한 교사는 학생들의 정서적인 측면뿐만 아니라 학업성적이나 진로 등에 대해 학생뿐만 아니라 학부모와도 상담을 해야 한다. 교사가 상담가로서의 역할을 수행하는 데에는 신중하고 사려 깊은 의사결정이 요구된다. 학부모의 감정, 사회의 규범, 동료 교사들과 학생들의 요구 등 다양한 변인을 고려하여 최선의 상담을 진행할 필요가 있다.

⑥ 모델로서의 역할 수행

교사 스스로가 원하든 원하지 않든, 교사는 언제나 학생들의 모델이 된다. 예를 들어, 학생들은 교과지식이 풍부한 교사의 정확한 설명보다는 교과에 열정을 갖고 최선을 다하는 교사에 의해 보다 교과에 관심을 갖고 최선을 다하도록 동기화되는 경향이 있다. 때때로 교사는 학습과 관련하여 자신들이 모델이 되고 있다는 사실을 지각하지 못하는 경우가 많다. 학생들은 교사가 어떻게 문제를 해결하는지를 주시하고 있으며, 결국 교사는 문제를 해결하는 방법을 보여주는 모델이 되고 있는 것이다. 따라서 교사는 하나의 문제를 해결하는데 있어서도 가능한 다양한 접근을 보여줌으로써 학생들이 다양한 상황에 접했을 때 현명하게 문제를 해결할 수 있는 힘을 길러 주어야 한다.

2. 교육심리학의 배경

교육은 교육의 계획과 실천과정에 있어서 인접분야의 학문을 필요로 하게 된다. 교육목적의 설정에 있어서 발달심리학적 기초, 사회심리학적 기초, 학습심리학적 기초, 인성심리학적 기초는 목적설정에 있어서 반드시 고려되어야 할 중요한 기초의 하나이다. 왜냐하면 심리학적 기초는 교육목적이 성취하고자 하는 행동특성 등을 의미 있게 규정하고 진술하는 일을 돕고, 교육목적의 성취가능성 여부를 밝혀 주는 일을 돕기도 하며, 또 교육효과의 지속성의 정도를 밝혀 주고, 교육목적의 결정 및 교육목적의 학년정치(grade placement)를 돕기도 하며, 교육목적들 간의 상호통합성의 관계를 제시하여 주기 때문이다(정인석, 1989). 교육심리학의 발전 과정을 보다 구체적으로 살펴보면 다음과 같다.

1) 20세기 이전

20세기 초반을 전후로 일반심리학을 연구하는 몇 사람의 선구자들이 교육심리학 영역의 기반을 구축하였다.

- Commenius(1592-1670)는 시청각 교육의 선구자로 세계 최초 그림이 담겨 있는 교재인 「세계도회」를 저술하였으며 교육심리학 발전에 큰 기여를 하였다.
- Rousseau(1712-1778)는 조기교육 주장, 교육소설 「Emile」을 저술하였다.
- Pestalozzi(1746-1827)의 영향을 우선적으로 들 수 있는데 직관교수(Anschauungsunterricht, object lesson)를 제창하고 직관이야말로 모든 인식의 기초가 된다고 보아 교사는 직관의 구성요소인 「수, 형, 언어」를 기초로 하여 아동이 감각적 인상(외적 직관)을 통해서 정확한 개념에 도달할 수 있도록 사고의 과정(내적 직관)을 돕지 않으면 안 된다고 보았다.
- Herbart(1776~1841)는 19세기 초에 개인의 행동을 과학적으로 설명하기 위해서는 심리학을 응용과학으로 해야 한다고 하였다. Pestalozzi의 영향을 받은 Herbart의 저서 「일반교육학」(Allgemeine Pädagogik, 1806)에서는 교육의 목적은 '윤리학'에 두고 그 방법은 '심리학'에서 찾아야 한다고 하였다.

- Wundt(1832~1920)는 1879년 독일 Leipzig에서 심리학의 과학적 연구를 위한 대학부설 실험실을 세웠으며, 이것은 심리학에 대한 학문적인 관심을 불러일으켰다. 그 당시 Ebbinghaus가 새로운 과학적 심리학을 교육에 활용할 수 있도록 개발한 '기억과 망각'에 대한 실험연구의 기법은 오랫동안 관심의 대상이 되어 왔다. 그러나 19세기 후반까지 이러한 개인의 고등정신 과정에 관한 과학적인 연구가 진행되지는 않았다. Herbart의 영향을 받은 Wundt는 「생리학적 심리학개요」(Grundzuge der Physiologischen Psychologie, 1874)를 저술하여 '실험심리학'을 체계화하였으며, 이것이 개인의 정신기능을 측정할 수 있는 정신측정이론의 기반이 되었다.

2) 20세기 전반기

20세기에 들어서면서 미국 심리학자들을 중심으로 교육심리학은 독립된 학문으로서의 체제를 갖추기 시작하였다.

- Meuman(1862~1915)의 「학습의 경제와 기술에 대하여」(Über öekonomie und technik des Lernes, 1903)라는 논문은 교육심리학적 이론을 발전시키는 데 크게 기여하였다(김용섭, 1986).
- 1890년에 Harvard 대학에서 James의 '심리학 교재'와 더불어 미국 심리학이 발단된 이후, 교사들을 위한 강의 시리즈 기획물이 계속적으로 간행되었다. 「Talks to Teachers」에서 James는 그 당시의 심리학이 무엇인가를 교육자들에게 제시하였다.
- James의 제자였던 Hall(1844~1924)은 APA(American Psychological Association)의 기획을 주관하였고, 1892년 그 첫 번째 책임자로서 사무를 관장하였다. Hall의 「초등학교 입학 아동들의 정신내용에 관한 조사연구」는 미국에서의 '아동연구 운동'에 선동적인 역할을 하였다. 그의 논문은 「어린이들이 세상에 대해서 무엇을 알고 있는가」를 탐색한 것이었다. 그는 미국에서

아동연구 운동의 기반을 구축했으며, 아동기와 청년기의 과학적 연구를 활성화시켰다.

- Cattell(1864~1944)은 「정신검사와 측정」(Mental Tests and Measurement, 1890)을 출판하였고, 이것은 개인의 정신기능을 측정하는 기법을 개발하는데 공헌하였다.
- Binet(1857~1911)와 Simon은 1905년 처음으로 정신검사(mental test)를 개발하였다.
- 미국 스탠포드 대학의 Terman(1916)이 Binet- Simon의 척도를 개정해서 출간하였고, 그는 개인의 지능 정도를 나타내는 '지능지수(Intelligence Quotient: IQ)'라는 용어를 도입하였다. 이로 인하여 개인의 지능지수에 대한 개념이 일반인들에게 널리 알려지게 되었다. 그리고 '지능측정'은 개인차 측정의 기반이 되는 기법을 개발하였으며, 성격이론의 연구에 크게 기여하였고, 오늘날의 교육심리학 형성에 공헌하였다.
- Hall의 제자인 Dewey는 그 당시 유명한 철학자였으며, 그 후 심리학자와 교육자로서의 명성을 얻었다. 그는 심리학의 경험적인 연구에 기여하지는 않았지만, 심리학의 원리를 실제 교육현장에 적용하는데 기여하였다. 그가 Chicago 대학에 설립한 '실험학교'는 미국 진보주의 교육사에 있어서 매우 의의가 있다.

일반심리학자로서 교육심리학의 영역에 영향을 미친 주요 인물들은 James, Hall 그리고 Dewey였다. 이들과 이들의 동료들은 사실상 일반심리학과 교육심리학을 동의어로 보는 실용주의자들이었다.

- Thorndike는 James의 제자들 중 하나로 20세기에 접어들면서 2차 세계대전이 끝날 때까지 교육심리학의 방법론을 명확히 하며 교육심리학을 주도하였다. 그가 1903년에 저술한 「Educational Psychology」는 첫 번째 미국대학의 교재였으며, 1910년 그는 교육심리학회지(Journal of

Educational Psychology)를 발간하는데 협력하였고, APA의 교육심리분과 회장을 역임하였다. 그는 환경이 자극과 반응의 연결에 있어서 어떠한 영향을 미치는가를 밝히고 학습이론을 전개하였으며, 도구적(instrumental) 혹은 조작적 · 작동적(operant) 학습이론을 발전시켰다. 그리고 이 이론은 실제로 학교교육에서 교사들에게 매우 유용한 것으로 받아들여졌다.

James와 더불어 Hall과 Dewey 그리고 Thorndike는 교육연구에 대한 과학적인 방법을 적용하고자 교육심리학을 경험적인 탐구영역으로 급속하게 발전시켰다(Grinder, 1989).

- Lewin(1890~1947)에 의해서 개인의 행동양식을 인지구조로 설명하려는 물리학 · 공학적인 장이론(field theory)을 도입한 새로운 형태심리학(gestalt psychology)도 나타났다. 'gestalt'란 '전체(whole)' 또는 '형태(form)'를 뜻하며, 형태심리학은 개인들이 대상을 전체적인 형태로 지각하고 경험하는가를 연구하는 것으로서, 개인의 '지각'에 관심을 둔 사람들은 Wertheimer, Köhler, Koffa 등이었다.
- 심리학은 미국을 중심으로 실용적이고 기능적으로 전개되었다. 일반심리학에 대해 과학적인 입장을 취한 사람들에 의해서 1890년부터 1920년까지는 '실용적인 과제에 대한 관심'이 지속되었다. 학교교육의 효율성에 초점을 둔 행정가들은 원리적이고 합리적인 탐구방법과 그 개발 원천을 교육심리학에서 찾았으며, 읽기, 쓰기 및 셈하기와 같은 영역의 교실 수업 효과를 개선하기 위해서 교육심리학의 연구에 의존하게 되었다.

교육심리학은 부분적으로는 Thorndike의 영향이지만, 교수-학습의 원리에 관한 기본적인 연구를 위해서 학습자와 교사들의 현실 속으로 뛰어들었다. 대체로 1930년부터 1960년 사이의 연구는 현장보다 실험실에 의존하는 경향이었으며, James와 Hall은 그러한 경향을 반대하였다.

교육심리학 연구의 경향은 변화되어, 심리학과 교육은 물론 사회의 변화에도 민감한 반응을 보이게 되었다. 1950년대에는 실용주의를 강조하였고, 10년 동안 교육심리학 분야는 교육현실 상황의 교수-학습에 관한 연구로 바뀌었으며, 교사에 대한 평가와 자격, 교육과정 구조의 설계, 그리고 학교의 재구성과 같은 교육정책과 관련된 광범위한 과제에 접근하게 되었다.

3) 20세기 후반기

미국 교육심리학자들의 연구를 가속화시킨 것은 2차 세계대전이었다.

- 그들은 1940년대 전쟁 당시 군인들의 태도검사와 선발 및 훈련에 노력을 경주하였다. 이러한 분야에서 그들의 경험은 전쟁이 끝난 후, 거의 10년 이상 교육보다는 훈련에, 아동들보다는 성인들에게, 이론적인 아이디어보다는 실제적인 프로그램에 치중하였다.
- 1950년대 후반 소련의 Sputnik 발사는 미국에서 학교교육의 생산성 재고를 위한 국가적 차원의 관심을 고조시킴으로, 미국 문부성은 교육연구와 개발에 막대한 예산을 배정하여, 실제적인 교육연구의 결과를 기대한 반면, 학습이론과 수업설계의 기본적인 연구에도 지원하였다. 이것이 1960년경 교육심리학 영역의 새로운 기원이 되었다.
- 1960년대 초반에 일반심리학과 교육심리학 분야에서 특히 의미 있는 변화가 일어났는데, 반세기 동안의 '행동주의'의 낡은 개념과 방법을 벗어나, 이와는 매우 다른 개념과 방법을 내용으로 하는 '인지심리학'으로의 전환이다. 교육심리학은 언어와 사고, 초인지, 수업의 구조, 교수전략 및 교사의 의사결정 등의 연구에 있어서 의미 있는 견인차 역할을 하였다. 그리고 동기화에 대한 연구는 구체적인 '상과 벌'로부터 벗어나 귀인, 자기효능, 그리고 성취의 원천 등으로 옮겨졌으며, 이러한 요인들은 직접 학교의 유인체와 환경에 관련되었다. 1950년대와 1960년대 이 기간에 학위를 받은 많은 교육심리학자들이 오늘날 원로의 역할을 하고 있다.

3. 교육심리학의 영역

교육의 실천적인 성격을 강하게 가지고 있는 교육심리학은 그 연구자들도 교육의 목적에 따른 의식을 가지고 교육현장에 도움을 줄 수 있는 심리학적 연구를 하여야 함에, 교육적으로 관련이 있는 인간행동의 모든 영역을 다루게 된다. Skinner(1958)는 성장과 발달, 학습, 성격과 적응, 측정과 평가, 교수와 지도 등으로 분류하였으며 Gates는 신체적, 지적, 정서적 발달, 학습과정, 사고 및 추리, 교수법, 교육과정 구성의 문제, 인성, 적응과 발달, 부적응의 진단과 치료, 결함이 있는 아동문제, 교사의 정신위생, 지능 및 학습능력의 측정, 능력 결함의 진단, 학습발전의 평가 등으로 분류하였다.

교육심리학의 초기 체계를 정립하는데 공로가 큰 사람은 Thorndike와 Meuman인데 독일의 Meuman은 실험심리학을 공부하고 '실험교육학 입문강의'를 저술하였다. 그 내용은 ① 취학기 아동의 신체 및 정신발달, ② 아동의 지각, 표상, 행동, 기억, 사고, 의지 및 정서 등 정신능력의 발달, ③ 아동의 일반 또는 특수한 개인차와 그 발달, ④ 소질로서의 개인차의 연구와 지능검사, ⑤ 학교생활에서의 아동의 태도, ⑥ 각 교과별 아동의 정신노작의 분석적 연구, ⑦ 각 교과에 따른 교수법이 아동에게 미치는 효과와 교사의 태도 등이다(김충기 · 장선철, 2005).

최근에 안영진(2001)은 교육심리학의 연구영역을 발달영역, 개인차 영역, 학습영역, 수업(교수-학습) 영역, 생활지도 및 상담 영역, 교육평가 영역 등으로 분석하였다. 이상으로 여러 학자들의 교육심리학의 영역에 대해서 종합적으로 살펴보았다. 다음에서 일반적으로 다루어지고 있는 교육심리학의 영역을 좀 더 상세하게 살펴보고자 한다.

1) 성장과 발달

인간의 바람직한 성장과 발달에 관한 과정 및 발달단계에 따른 특성이나 행동변화를 연구하는 영역이다. 발달단계의 과업과 수행에 있어서 발생하게 되는 문제는 인접분야인 정서적, 인지적, 사회적인 문제를 야기하는데 매우 커다란 영향을 미치기 때문에 발달에 대한 부분은 학습자의 여러 영역의 발달을 총체적으로 다루게 된다. 학습자의 인지적, 정의적 발달과 지능, 창의성, 성차 등의 개인차 변인을 연구함으로써 보다 정확하게 학습자의 성장과 발달에 대한 이해를 가져와야 한다.

지능과 창의성 연구를 통해 학습자 개개인의 특성과 학습조건을 이해할 수 있다. 다양한 학습자의 특성을 고려한 학습목표를 달성하기 위해서는 학습자의 지능과 창의성을 개발할 수 있어야 한다.

2) 학습

교육의 핵심을 이루는 학습은 바람직한 행동변화를 추구하는 활동이다. 종래에는 실험실에서 시행된 동물 실험결과나 극히 제한된 조건하에서 인간을 피험자로 하여 실험한 결과를 교육에 적용하였으나 최근에는 교과학습지도나 교수－학습과정에 대한 연구가 활발해져서 보다 현장감 있게 접근되고 있다.

학습의 심리적 과정이나 학습이론을 적절하게 파악할 수 있는 모형을 제시하여 학습을 통한 행동변화를 이끌어 내므로 학습의 효율성을 올릴 수 있게 된다. 따라서 학습의 효과를 최대화하기 위해서는 학습방법과 학습이론에 대한 기초적인 지식이 필요하다.

한편 교수방법 또한 학습자의 행동변화에 영향을 미치므로 학습자의 학업동기를 극대화할 수 있도록 도움을 주어야 하는데 이를 위해서 수업계획 및 교수방법을 체계적으로 조직할 수 있도록 학습자의 학습동기에 관한 문제, 학습동기를 촉진하기 위한 이론적 배경을 토대로 학습전략을 위한 구체적이고 체계적인 방안을 모색하는 것이 중요하다.

3) 교수 및 평가

효과적으로 가르치기 위해서는 학습자의 특성을 이해하고 학습과정의 본질을 아는 것만큼 중요한 문제가 없다. 따라서 교육심리학에서는 다양한 교수모형을 연구하고 개발하여 왔으며, 이러한 교수모형을 효과적으로 적용하고자 하는 교수자의 능동적인 태도가 중요하다.

교육이 의도하고 있는 목표를 어느 정도 달성했느냐를 측정하고 평가하는 문제는 어떤 형태로든지 평가활동을 내포하고 있다. 이러한 면에서 교육효과 또는 학습효과의 측정과 평가, 즉 교육평가에 관련된 기술적인 이론과 실제를 다루는 영역이 필요하다. 이러한 측정과 평가의 결과를 참고하는 데서 보다 나은 교육방법의 개선이 이루어진다는 점에서 교육평가 영역은 교육심리학의 주요 연구 영역이라고 할 수 있다(구광현 외, 2013).

4) 생활지도 및 상담

교육의 현상이란 이론적인 배경에 의해서 이루어지는 과정을 넘어서는, 이론이나 원리를 적용하는 것 이상의 독특하고 다양한 역동적인 과정이기 때문에 학습자가 경험하는 인지적, 정의적인 측면의 문제들을 적절하게 해결할 때 비로소 교육의 효과를 기대할 수 있을 것이다. 이러한 측면에서 학습자의 여러 가지 특성을 고려하고 적절하게 다루는 방법을 익혀서 즉각적인 해결을 위해 노력해야 할 필요가 있다. 따라서 학생의 이해방법, 상담의 이론과 실제적인 방법, 정보수집과 제공의 방법, 부적응행동에 대한 이해 등을 적용하도록 교사들에게 요구되어지고 있는 것이 현실이다. 이 같은 이해를 바탕으로 인접 분야의 전문가들과 협력해서 학생지도를 활발하게 펼쳐나가야 할 것이다.

제 2 장

교육심리학의 연구법

1. 연구의 특징과 유형
2. 교육심리학의 연구방법

1. 연구의 특징과 유형

일반적으로 연구(research)란 연구자가 현상에 대한 제반 관심사를 비판적으로 탐색하고, 일정 절차를 동원해서 '원리'를 이끌어 내는 방법으로 이해하고 강구해서 새로운 이론을 검증, 개발 및 형성하는 '사고방법'이다.

이러한 '연구'를 Kerlinger(1986)는 '과학적인 연구는 제반 현상에 대해서 추정 또는 가정된 관계에 관한 체계적, 비판적 및 경험적인 조사'로, Grinnell(1993)은 '문제해결에 과학적인 방법을 활용하고 일반적으로 적용할 수 있는 새로운 지식을 창출하는 구조적인 탐구'로, 그리고 Burns(1994)는 '일정 문제에 대한 해답을 찾고자 하는 체계적인 조사'라고 진술하고 있다.

1) 연구의 특징

위의 '연구'의 의미에서 보면, 주어진 문제의 해답을 얻기 위해 정보/자료를 수집, 분석 및 해석하기 위한 과정임을 이해할 수 있다. 연구가 연구로써 인정을 받고자 하면, 가능한 한 통제성 · 엄격성 · 체계성 · 타당성과 입증가능성 · 경험성 · 비판성 등의 특징을 갖추어야 된다(Kumar, 1999).

(1) 통제성

변인들 간의 인과관계를 탐색함에 있어서 영향을 미치는 기타 요인들의 효과를 최소화시키는 것을 말한다. 이것은 물리학과 같은 실험실에서 수행하는 연구는 가능하나 사회과학 연구에서는 외적 요인을 완전히 통제할 수 없기 때문에, 연구자는 가능한 한 외적 변인을 통제한 후, 효과를 수량화하고자 한다.

(2) 엄격성

연구문제를 찾아내기 위해 변인들 간에 관련성 · 적절성 · 공정성이 전제되어야 함을 말한다.

(3) 체계성

일정 연구를 위해 적용되는 절차에 있어서 논리적 계열성의 분명함을 의미한다.

(4) 타당성과 입증가능성

연구자가 발견한 사실을 기반으로 어떤 결론을 내리든지 정확하고 타당하며, 연구자 자신이나 타인들이 재검증하고 입증할 수 있어야 함을 의미한다.

(5) 경험성

연구에서 도출한 일정 결론들은 현실생활이나 관찰을 통해서 얻은 정보나 자료에 기반을 두어야 한다는 것이다.

(6) 비판성

연구에서 사용한 절차와 방법들에 관한 비판적 분석은 연구, 탐구 및 조사에서 중요한 과제이다. 연구의 전 과정은 간단하고 명료해야 하기 때문에, 자신의 연구에서 적용한 방법이나 절차는 비판적인 분석에도 구애됨이 없을 정도여야 한다.

2) 연구의 유형

연구의 유형은 다양한 방식으로 분류되고 있는데, 연구 목적을 기준으로 기초연구와 응용연구로 분류되기도 한다. 기초연구(basic research)는 이론을 개발하고 발전시키는 데 필요한 정보를 수집하고 분석하기 위한 연구를 지칭하며, 응용연구(applied research)는 실제 문제를 해결하기 위해 이론을 적용하거나 이론의 유용성을 검증하려는 연구를 말한다. 최근에는 교육연구의 형태를 접근방식을 기준으로 양적 연구와 질적 연구로 분류하는 것이 일반적이다(권대훈, 2013). 본 교재에서는 Kumar(1999)의 견해를 중심으로 기술하고자 한다.

(1) '연구결과의 적용' 관점에 따른 유형

'순수연구'와 '응용연구'가 있다. 순수연구는 연구방법론의 핵심으로서, 연구의 방법, 절차, 기법, 도구의 개발, 탐색, 검증 및 치밀성에 관심을 둔다. 예를 들면, 일정 상황에 응용할 수 있는 표집 방법의 개발, 일정 절차의 타당성 평가를 위한 방법의 개발 등이다. 개인의 스트레스를 벗어날 수 있는 도구의 개발이나 개인의 태도를 측정하는 최상의 방법을 발견하는 것이 이에 속한다.

사회과학의 연구결과는 대부분 응용 내지는 활용되고 있다. 환언하면, 연구방법론의 핵심인 특정 상황, 현상 및 이슈의 제반 측면에 관한 자료나 정보수집에 활용되고 있다.

(2) '목적'의 관점

'기술적', '상관적', '설명적' 및 '탐색적' 연구가 있다. 예를 들면, 기술연구는 일정 지역사회의 생활 여건에 대해서 체계적으로 현재의 상황, 문제, 현상, 서비스 프로그램 및 정보를 제공하고자 한다. 상관연구는 현상들 간, 상황들 간 및 변인들 간의 관계를 밝히려는 것이며, 설명적 연구는 두 현상(상황) 사이에 "왜", "어떠한" 관련이 있는가를 설명하고자 하는 것이다.

(3) '정보 · 자료탐색'의 관점

질적 연구와 양적 연구가 있다. 연구방법은 연구의 목적, 변인 측정의 방법 및 자료 분석방법 등의 기준에 의해서 분류된다. 연구자는 특별히 하나의 연구를 해야 할 경우가 있긴 하나 양적 연구와 질적 연구 가운데 어느 한 가지 방법만을 고집하지 말아야 한다. 문화인류학, 민속학, 역사 또는 사회학 분야의 연구는 대체로 '질적 연구'에 관심을 두게 되고, 교육학, 심리학, 경제학, 마케팅 및 유행 병리학 등의 분야는 '양적 연구'를 선호한다. 그렇다고 심리학자나 경제학자 또는 교육 연구자들이 질적 접근을 전혀 하지 않는다거나, 문화인류학자들이 양적 정보나 자료를 활용하지 않는다는 것을 전제하는 것은 아니다. 질적이든 양적이든 각각 장단점을 지니고 있다. 다만 연구에서 필요한 정보인 변인들을 어떻게 측정하느냐 하는 것은 연구의 목적에 의존하지만 경우에 따라서는 질적－양적 접근을 결합할 필요가 있다. Crowl(1993)이 제시한 연구의 종류를 좀 더 구체적으로 밝히면 [그림 2－1]과 같다.

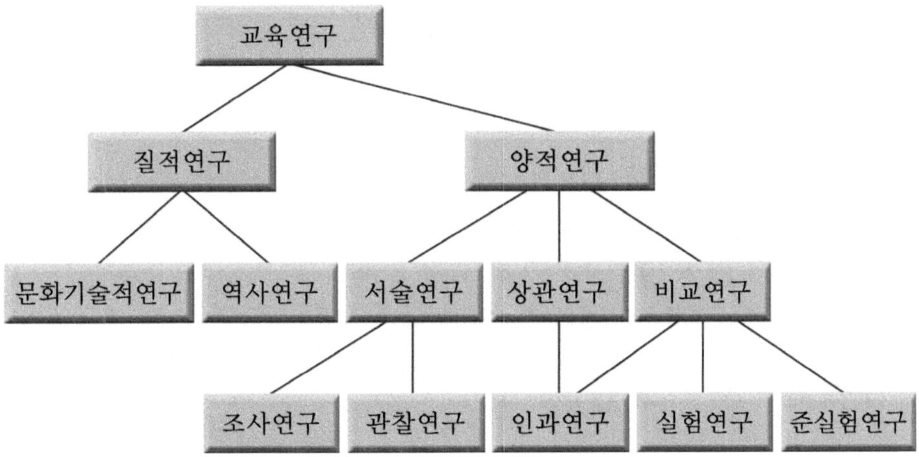

* Crowl, T. K.(1993). Fundamentals of Educational Research. Madison : Wm. C. Brown Communication, Inc.

그림 2-1 교육연구의 종류

2. 교육심리학의 연구방법

1) 교육심리학의 연구목적

교육심리학을 연구하는 궁극적인 목적은 교육과 관련되는 현상을 기술·설명·예측하고 통제하려는 것이다. 교육과 관련된 현상을 이해하기 위해서는 논리적인 방법으로 변인들 간의 관계를 설명할 수 있어야 한다. 그리고 교육과 관련된 현상을 예측하기 위해서는 주어진 변인의 값에 나타날 가능성이 있는 다른 변인의 값을 미리 알 수 있어야 하며, 통제하기 위해서는 원하는 어떤 변인의 값(목표로 하는 결과; 종속변인)을 얻기 위해 그에 영향을 미치는 다른 변인(독립변인)을 조작할 수 있어야 한다(Gage & Berliner, 1984). 이상과 같은 내용을 구체적으로 설명하면 다음과 같다(유기섭, 1993).

(1) 기술(description)

기술이란, 어떤 현상을 실제 있는 그대로 정확히 관찰하고 보고하는 것이다. 이를 근거로 주요 변인들을 발견해 내고 추후 변인들 간의 관련성을 추론할 수 있다. 기술에는 어떤 현상의 상태(state) 혹은 구조에 대한 기술과 그 현상의 과정(process) 혹은 기능(function)에 대해 기술하는 것 두 가지가 있다.

(2) 설명(explanation)

설명이란, 어떤 현상의 결정요인 또는 선행조건에 대해 밝히는 것으로 그 현상이 왜 생기게 되었는지 그리고 무엇에 의해 그런 현상이 발생되었는지를 설명하는 것이다.

(3) 예측(prediction)

우리는 학교 현장에서 학업성취도를 예측하기 위해서는 학업적성검사를 이용하는 경우를 흔히 볼 수 있다. 예를 들어, 지능지수가 120인 A군이 지능지수가 110인 B군보다 성적이 좋지 않을 수 있다. 이와 같은 예외가 있을 수도 있지만, 일반적으로 지능이 높을수록 성적도 좋은 경향이 있다. 마찬가지로 예외인 경우가 적지는 않지만 일반적으로 고등학교 때의 학업적성검사 점수(A)가 높은 사람일수록 대학 1학년 때의 성적(B)이 높을 가능성이 많다는 결과를 여러 연구가 보여 준다. 그러한 관계가 있기 때문에 만약 점수 A를 알면 점수 B를 어느 정도는 미리 예측할 수 있게 된다. 즉, 지능을 알고 있음으로써 성적을 어느 정도 미리 예측할 수 있다.

때로는 예측관계가 어떤 논리적인 인과관계를 보이지 않는 경우도 있다. 예를 들어, 어느 특정 지역에서는 가구당 평균 알코올 소비량이 그 지역 중학생의 평균 학업성취도를 의미 있게 예측하고 있다. 이러한 경우 그 자체로서는 어떤 논리적이거나 인과적인 관계를 추론할 수는 없는 것이지만 우연적인 예측관계로는 이용될 수 있다.

(4) 통제(control)

어떤 글을 계속해서 5회 읽는 것(집중학습)보다는 1일 1회씩 5일에 걸쳐 5회 읽는 것(분산학습)이 읽은 횟수가 같음에도 불구하고 파지효과는 훨씬 컸다(Austine, 1911). 이와 같은 어떤 변인(독립변인 : 집중학습 할 것인가? 분산학습할 것인가?)이 다른 어떤 변인(종속변인 – 얼마나 기억에 남느냐?)에 어떻게 영향을 미치는가 하는 것을 안다면, 보다 좋은 효과를 위해서 독립변인을 통제 또는 조작하는 것은 너무나 당연하다. 통제란 이와 같이 알게 된 사실을 실제에 적용하는 것을 뜻하며, 이는 교육심리학의 궁극적인 목적이기도 하다.

2) 교육심리학의 연구방법

교육심리학을 연구하는 방법은 크게 기술연구, 상관연구, 실험연구, 사례연구로 나누어 설명할 수 있다(김청자 · 장선철, 2003; 유기섭, 1993). 기술연구(descriptive research)는 학생과 교사와의 상호작용 관계 또는 학교의 환경에서 발생하는 제반 사건이나 사실들을 있는 그대로 밝히는 것이고, 상관연구는 여러 변수들 간의 관계를 연구하는 것이다. 실험연구는 특별한 프로그램이나 처치의 변수에 의한 효과를 검증하는 것이다. 이러한 연구방법은 사실을 추출해 내어 그 사실을 객관적으로 조작할 수 있는 과학적인 방법이 기초가 되어야 한다.

교육심리학에서의 연구방법은 교육의 현상에 관련된 요인들과 그 요인들 간의 관계를 기술, 설명, 예언, 통제하는 과학적 방법들을 사용한다.

(1) 상관연구(correlational research)

상관연구는 두 개 혹은 두 개 이상의 변수 사이에 어느 정도 관계가 있는가를 규명하려는 연구를 말한다. 이때 상관관계는 원인과 결과의 관계를 의미할 수도 있고, 그렇지 않을 수도 있다. 우선 상관연구를 위해서는 짝을 이루는 두 변인의 값이 필요하다. 예를 들면, IQ와 학업성적 간에 상관이 있는가를 알아보기 위해서는 각 학생의 IQ와 학업성적 두 가지 변인을 사용하여 상관계수를 계산하게 된다. 상관계수(correlation coefficient)는 −1.00(완전한 부적 상관)에서 +1.00(완전한 정적 상관)까지의 숫자로 표시되는데, 정적 상관(positive correlation)은 두 변수가 비례관계, 즉 변수 X의 값이 증가함에 따라 변수 Y의 값도 증가하는 관계에 있음을 의미하며, 부적 상관(negative correlation)은 두 변수가 역비례— 즉, 변수 X의 값이 증가함에 따라 변수 Y의 값은 감소하는— 관계에 있음을 의미한다. −1.00 혹은 +1.00에 가까울수록 두 변인 사이의 관계가 더욱 밀접하고 0에 가까울수록 두 변인의 관계는 점점 작아진다. 상관계수가

0이면 그때의 두 변인 간에는 아무런 관계가 없다는 것을 보여주는 것이다. 예를 들면, 신장과 지능은 상관계수는 0에 가까울 것이고, 고등학교 성적과 대학성적은 어느 정도의 실제적인 관계가 있으므로 보통 이들 변인 간의 상관계수는 .40~.60 사이를 나타낸다. 한편 달에서의 몸무게와 지구에서의 몸무게는 다르겠지만 그것이 중력의 차이 때문이므로 이들 값은 완전한 상관, 즉 +1.00이 될 것이다. 이 경우 한 곳에서의 몸무게를 알면 곧바로 정확하게 다른 곳에서의 몸무게를 예측할 수 있다. 두 변인이 완전한 상관을 이루고 있기 때문에 한 무게체제로부터 전혀 오차 없이 다른 무게체제로 옮겨갈 수 있는 것이다. 이때 지능과 학업성적과의 관계는 인과관계로 볼 수 있으나 달과 지상에서의 몸무게의 상관은 그 중 어느 하나가 다른 하나에 영향을 미친 결과라고 할 수는 없을 것이다. 이와 같이 짝을 이루는 변인들 사이의 관계를 규명하는 상관연구는 교육심리학에서 많이 사용되는 연구방법이다.

(2) 실험연구(experimental research)

실험연구는 한 변인(독립변인)의 변화가 다른 변인(종속변인)에 어떠한 변화를 가져오는가 하는 인과관계를 밝히는데 사용되는 연구방법이다.

시험이 임박하면 학생들이 배운 내용을 반복해서 읽음으로써 조금이라도 더 기억하려는 것은 흔히 있는 일이다. 그러나 이렇게 집중적으로 시험준비를 하는 대신에 같은 양의 노력을 분산시킨다면 그 효과가 어떻게 다를까? 이를 확인하기 위한 실험연구 중의 한 가지가 앞에서 언급한 읽기 방법 연구이다. 이 연구는 한 변인의 변화(독립변인: 계속해서 5회 읽은 것을 1회씩 5회에 걸쳐 읽도록 변화시킨 것)가 다른 변인(종속변인: 파지량)에 어떠한 변화를 가져왔는가 하는 것을 실험적으로 연구한 것이다.

비슷한 또 하나의 연구를 보면 같은 영어교사가 같은 학년의 한 학습을 종전대로 가르치고(비교집단) 다른 한 학급은 수업진도를 약간 빨리하여 5분을 남긴 후 이 5분 동안에 그날 배운 내용에 대해 간단한 시험을 치고(실험집단) 그 점수를 학생들에게 알려 주었다. 이렇게 4주간을 계속한 후 그 4주간에 배운 내용 전체에 대해서 시험을 쳤다. 그 결과 실험집단의 성적이 비교집단보다 80%나 더 높게 나타났다(유기섭 등, 1992).

이 연구는 독립변인을 45분간 수업하는 것에서 40분간 수업, 5분간 시험, 시험점수 발표로 변화시키고, 이 변화가 성적(종속변인)에 미치는 영향을 밝힌 것이다.

이 같은 실험연구에 있어서 특히 유의해야 할 사항이 있다. 그것은 실험조건(독립변인을 변화시키는 것) 이외의 다른 조건이 결과(종속변인)에 영향을 미칠 가능성을 최대한으로 배제해야 한다는 것이다. 위의 실험에서는 같은 학년의 두 반이었고, 또 무선적으로 학급을 편성하였으므로 비교집단과 실험집단의 학습능력이 거의 같을 것으로 본 것이다. 그리고 영어의 학습능력이 예상한 데로 비슷한 수준인가를 사전검사로써 확인하는 절차를 밟았고 그것은 확인되었다. 그러나 우연히도 실험집단에 학습동기가 높은 학생들이 많이 있었다고 가정한다면, 그리고 비교집단의 학습 분위기가 좋지 않았다면 실험의 결과는 독립변인을 변화시켰기 때문에 나타난 것만으로는 볼 수 없다. 학습동기나 학급의 분위기도 성적에 영향을 미치는 것이기 때문이다.

실험연구는 변인의 효과를 정확하게 측정할 수 있다는 장점이 있지만 실험적 통제와 처리과정이 독단적이며, 가장 큰 약점은 인간행동이 간단히 실험적으로 조작하기 쉬운 일이 아니라는 점이다(박아청, 1981).

(3) 사례연구(case study)

이상에서 기술한 상관연구와 실험연구는 통계적인 접근방법을 사용하여 상당히 많은 수를 포함하고 있는 집단의 평균적인 현상을 찾아내고자 한다. 그런데 교육심리학에서는 이와 같은 방법 외에도 흔히 사용되는 방법으로서 사례

연구방법이 있다. 사례연구는 집단의 현상보다는 어떤 특정의 개인이 가지고 있는 문제를 풀기 위하여 사용되는 경우도 있고 또 많은 대상자에게 동시에 적용할 수 없는 방법의 효과를 밝히기 위해서 사용되기도 한다.

(4) 구체적인 연구방법

[1] 관찰법

관찰법(observational method)은 자연과학에서 이용되는 일반적인 방법이다. 넓게 보면 심리학에서의 모든 연구방법은 관찰에 의존하고 있다. 이것은 자연발생적인 행동이나 사태를 있는 그대로 자세히 관찰한 내용을 '기록'하고 피험자의 내면의 상태나 경험을 추정하는 방법이다.

관찰이 객관적이고 체계적으로 이루어지기 위해서는 치밀한 절차에 의해서 실행되어야 한다(Bloom, Fischer & Orme, 2003).

① 관찰의 목적을 확인한 다음, 관찰하고자 하는 행동을 결정하고 이를 구체적인 용어로 진술하여야 한다.

② 관찰하고자 하는 행동이 나타날 수 있는 장면을 선정한다. 관찰은 자연스러운 실제 장면에서 이루어지는 것이 가장 바람직하나, 그것이 불가능할 때는 인위적으로 장면을 조성하여 관찰하여야 한다.

③ 관찰방법을 결정하여야 한다. 관찰방법은 그 목적과 대상행동 및 상황적 여건에 따라 달라질 수 있다. 관찰의 방법은 그 분류기준에 따라 여러 가지로 분류된다.

분류기준	유	무
관찰자에 대한 지시의 유무	조직적 관찰	비조직적 관찰
피관찰자의 관찰의식의 유무	직접적 관찰	간접적 관찰
처치의 유무	실험적 관찰	자연적 관찰
관찰계획의 유무	구조적 관찰	비구조적 관찰
통제의 유무	통제적 관찰	비통제적 관찰
관찰자의 대상참여의 유무	참여관찰	비참여 관찰

④ 관찰자를 결정해야 한다. 관찰자는 관찰에 관한 요령과 역량을 충분히 가지고 있어야 하며, 필요할 경우 관찰에 관한 사전 교육을 통해서 관찰에 대한 요령과 역량을 키우도록 지도할 필요가 있다.

⑤ 관찰시기와 장소 및 횟수 등을 결정하고, 이어 관찰을 실시한다. 관찰에서 피관찰자의 행동을 발생빈도로 측정할 것인가, 또는 지속시간으로 측정할 것인가는 관찰목적과 그 행동의 특성에 따라 결정되어야 한다.

⑥ 관찰의 결과를 유효적절하게 활용하기 위해서는 관찰내용을 적절한 방법으로 기록하고 정리해야 한다.

2 질문법

미리 준비한 질문내용을 피험자들에게 질문하고 회답을 하게 하거나 반응을 하게 하여 질문 내용에 대한 피험자의 지식, 기능, 태도, 사고, 의지 및 가치관 등을 분석하려는 것이다.

질문법에는 질문지법과 면접법이 있다.

① **질문지법**(questionnaire method)

구두질문에서 발전한 것으로, 수집할 정보에 대한 문항을 사전에 서면으로 준비한 다음, 피험자로 하여금 반응하도록 해서 그의 특성을 조사하고 이해하려는 방법이다. 이 방법은 일반적으로 정보를 얻기 위해 실시되는 조사방법으로 많은 대상으로부터 필요한 자료를 일시에 얻고자 할 때 주로 사용된다.

질문지에 나타나는 질문의 양식에는 크게 두 가지가 있는데 첫째, 주로 응답자의 생활배경에 관한 사실(fact)을 묻는 것이 중심이 되는 질문, 둘째, 태도(attitude)를 묻는 질문이다.

질문지의 형식에는 자유 기술형이나 찬반형, 선다형, 평정척도형, 순위형 등이 있다. 질문지를 작성할 때는 문항 하나하나에 대한 주의가 필요하다. 어법과 명료성 등은 물론이며 하나의 문항은 한 개 이상의 질문내용을 포함하지 않아야 하며 질문내용은 간단하고 명료해야 할 뿐만 아니라 편견이 들어가도 안 되며 응답자가 대답할 수 있는 종류의 정보를 질문해야 한다는 것이다.

질문지법을 실시할 때는 예비조사를 해야 한다. 예비조사란 본 조사를 실시하기에 앞서 질문문항의 적절성을 검토하고, 본 조사 실시에 필요한 제반 유의사항을 미리 알아보기 위한 절차이다. 일반적으로 질문내용이나 문항수가 적절하고 논리적인가를 알아보기 위한 것으로 타당도와 신뢰도를 밝히기 위한 목적이 있다. 따라서 예비조사의 목적은 응답 결과를 일반화하는 것에 있는 것이 아니라 본 조사를 위한 사전준비를 위한 것이며 흔히 본 조사의 대상보다 작은 규모의 대상에게 실시된다.

질문지법의 장점은 많은 사람들로부터 유익한 정보를 짧은 시간 내에 얻을 수 있어서 시간과 노력이 절약되는 경제적인 이점이 있다. 그러나 응답자의 동기수준을 알 수 없으며 조사상황의 통제가 어렵고 복잡한 내용은 적합하지 않다는 점 등을 고려해서 질문지의 작성과 실시에 유의해야 한다.

② **면접법**(interview method)

면접자와 피면접자가 직접 대면하여 피면접자의 내면의 세계, 즉 감정, 의지, 사고 및 가치관 등을 파악하고자 하는 방법이다. 면접을 성공적으로 이끌기 위해서는 먼저 경계심을 풀고 신뢰할 수 있는 분위기가 선행되어야 한다. 무엇보다도 면접자와 피면접자 간의 인간관계, 즉 래포(rapport)형성이 중요한 역할을 한다.

면접을 할 때 몇 가지 유의사항을 들어 보면 다음과 같다.

- 면접자와 피면접자 사이에 친밀한 인간관계가 형성되어야 한다.
- 면접의 목적을 충분히 이해하고 있어야 하며 질문할 내용, 순서, 표현도 잘 정리해 두는 것이 좋다.
- 면접의 절차와 내용을 사전에 철저히 계획하고 확인해 본다.
- 회답을 유도하는 질문 또는 단순히 '예'와 '아니오'로 대답할 수 있는 질문은 피하는 것이 좋다.
- 진술한 내용보다 그 뒤에 숨어 있는 느낌이나 생각에 더 많은 관심을

두어야 한다.

- 피면접자의 진술내용을 확실히 파악하고 있어야 하며 정확히 기록해 두는 것이 좋다.

③ 평정법

평정법(rating method)은 주어진 특성의 존재 유무를 확인하는 것이 아니라 그 정도나 수준을 변별하여 평가하고자 할 때 사용되는 방법이다. 다시 말하면 학생의 정보를 얻는 방법으로서 행동을 일정한 평정척도에 옮겨 검사하는 방법이다.

평정법은 비교적 객관적으로 명확하게 재기 어려운 성격, 태도, 감정 등의 행동특성을 알아보기 위해 사용된다. 행동특성을 어떤 일정범위의 평정등급으로 나누어 각 등급에 적절한 평점을 주어 수량화하는 기법이다.

제작하기 쉽고 사용하기 간편하며, 평정자의 훈련이 어렵지 않기 때문에 그 대중성 · 보편성 · 간편성으로 인하여 여러 분야에서 널리 사용되고 있는 편이다. 그러나 이 방법 역시 난점을 가지고 있다(이종철, 2012).

① 평정하는 사람이 대상인 학생에 관해서 잘 알고 있어야 한다는 전제조건이 붙는다. 비록 학생을 잘 이해해도 어떤 행동적 특징에 관해서 자신이 없는 경우에는 그 항목에 대해 평정하지 않는 것이 나을 경우가 있다.

② 항목의 평정에서 다른 항목에 대한 평정의 영향을 받게 될 수 있다.

③ 평정하는 사람에 따라서 어떤 사람은 일반적으로 높게 평정하는가 하면 어떤 사람은 일반적으로 낮게 평정하는 경향이 있다. 따라서 타인에 의한 행동평정은 신뢰도나 타당도를 높이기 위해서 한 학생에 대하여 여러 사람이 평정한 것을 종합해 보는 것이 바람직하다.

④ 투사법

투사법(projective method)은 개인의 무의식적 충동이나 욕구를 확인하고자 할 때 활용하는 방법으로, 피험자에게 특정 자극이나 표현재료를 제시하여 그에 대해 자유로운 반응을 하게 하여 심층적인 욕구 · 감정 · 성격 등을 측정할 것을 목적으로 활용된다.

이러한 투사법은 다른 방법과 비교해 볼 때 모호하거나 불완전한 자극이나 표현을 위한 자극이 주어진다. 여기에서는 이러한 자극이나 재료에 의한 피험자의 자유로운 반응이나 표현활동이 허용되는 동시에 종래의 다른 검사법보다 성격의 전체구조나 다면성을 파악할 수 있고 개인의 심리적 문제를 야기시키는 원인을 비교적 쉽게 진단할 수 있다. 그리고 무의식적인 심리적 특성, 즉 심층적인 구조와 특성을 파악할 수 있다. 개인의 내적 상태인 주관적인 감정이나 태도가 투사된 것이라는 점에서 개인의 심층세계를 파악할 수 있다는 장점이 있다.

따라서 투사법은 문제를 지닌 개인의 내면세계에 대한 통찰을 얻고자 하는데 목적이 있으므로 표준화검사가 갖는 단점을 보완해 주며, 심층적인 심리를 통찰할 수 있게 해 준다. 검사유형에는 여러 가지가 있으나 그 중 대표적인 검사로는 주제통각 검사(TAT), 로르샤흐 검사(Rorschach Test), 그림 욕구좌절 검사(Picture Frustration Test: PFT), 문장완성 검사(Sentence Completion Test: SCT), 유희검사(Play Test), 심리극(Psychodrama), HTP(House-Tree-Person) 등이 있다.

⑤ 사회측정법

사회측정법(sociometry)은 학교 내에서나 학급 내에서 구성원 개개인의 위치를 밝히고, 집단의 구조와 성격을 파악하기 위해서 사용되는 방법이다. 1892년 Moreno가 제안한 것으로서, 인간의 인간관계를 중심으로 개인에 대한 이해와 성격 및 집단의 구조를 파악하는데 그 의의를 두고 있는 일종의 평정법이다. 즉, 사회측정법은 광의로는 사회관계 및 사회심리학의 측정법으로 쓰이며 협의로 교육현장 특히 한 집단에서 그 집단구성원들의 상호작용 양상이나 집단의 응집력을 알고자 할 때 이용하는 방법이다. 따라서 이 방법은 특정한 어느 한 집단 내에서 개인의 사회적 위치(status)나 비형식적인 집단의 구조를 파악할 경우에 적용할 수 있다.

6 사례연구법

사례연구법(case study)은 개인의 문제행동을 조사 및 분석하고, 그 원인을 구명하여 조치하는 실제적인 연구방법이다. 이 방법을 생활사적 방법 혹은 임상적 방법이라고도 하는데 그 이유는 한 개인의 과거와 현재의 사실을 가능한 한 상세히 조사하여 개인문제의 변인과 해결의 조건을 제시하기 때문이다. 사례연구는 개인에 관한 각종 자료를 수집하고 수집한 자료를 기반으로 계통적이고 총합적으로 이해하고 파악하여 구체적이고 적절하게 문제해결 방안을 찾아내려는 방법이기 때문에 모든 방법과 기록을 동원한다. 이때 사례사(case history)를 작성하는 경우가 많다(Gerow, 1989).

사례연구에서 가장 중요한 것은 정확한 해석과 타당한 평가를 내리는 일인데 여기에는 유념해야 할 사항들이 있다(이종철, 2012).

① 사례연구에서의 해석은 무엇보다도 종합성을 지녀야 한다.

② 정보의 수집과 기록에는 엄밀한 객관성을 유지해야 한다. 그리고 해석과 평가에는 임상적인 판단을 내리는 것이 효과적이다.

③ 해석과 평가의 기본 입장에는 보다 긍정적인 입장을 취하는 것이 타당하다. 흔히 사례연구의 대상이 되는 개인에게는 문제행동이 있기 때문에 부정적인 입장에서 해석하는 경향이 일반적으로 많다. 이와 같은 입장은 경우에 따라서 문제아를 만들 가능성도 있는 것이다.

사례연구의 특징

① **정보의 종합성:** 개인의 신체적, 심리적, 환경적 모든 요인을 조사하여 개인이 가진 문제를 중심으로 포괄적으로 고찰한다.
② **방법의 다각성:** 다양한 정보의 수집을 위해 여러 조사 방법을 사용한다.
③ **문제의 독립성:** 문제의 원인을 찾고 진단 및 치료 방법을 찾기 위하여 사례를 따로따로 연구한다. 각 사례의 개별성, 특수성을 밝혀 낸다.
④ **생활사적 측면 강조:** 문제 상황에 영향을 미친 과거의 경험에 대한 이해를 필요로 한다.
⑤ **개인의 전체적 이해:** 개인이 가지고 있는 문제를 다양한 측면에서 포괄적으로 연구한다.
⑥ **진단 및 치료의 효과:** 문제의 원인을 밝혀 치료 후 건전하게 성장하도록 조력하는 것이다.

7 검사법

검사법(test method)은 인간의 심리적인 행동특성을 객관적이고 체계적인 과학적 방법에 의해 양적으로 측정하는 연구방법 중 하나이다. 인간의 지능, 흥미, 적성, 태도, 성격, 창의성, 자아개념, 학습동기, 학교적응, 귀인성향, 스트레스, 정서지능 등의 심리적 특성을 수량적으로 측정할 수 있는 심리검사를 제작하여 검사를 통해 나타난 개인차의 정보를 양적으로 비교할 수 있도록 해 준다.

8 실험법

실험법(experimental method)은 근본적으로 인과관계를 검증할 수 있는 연구의 절차 및 기술을 의미한다. 연구자가 관심을 가지고 있는 행동을 **종속변인**(dependent variable)이라 하고, 환경적 조건을 **독립변인**(independent variable)이라고 한다. 독립변인을 조작하고 다른 모든 조건을 일정하게 통제한 뒤 그 결과가 종속변인에 어떻게 영향을 미치는가를 알아 내어 변인 간의 인과관계를 밝혀 내는 과학적 접근방법이 실험방법이다.

실험법은 변인을 인위적으로 정해 놓고 그 결과를 쉽게 관찰할 수 있으며 같은 실험을 반복함으로 실험에 대한 객관성을 유지할 수 있기 때문에 변인 간의 인과관계에 관한 가설검증에 적합한 방법이다. 그러나 모든 독립변인이 인위적으로 조작 가능한 것은 아니며, 또한 인간을 대상으로 이런 실험을 하기에는 한계가 있다.

⑨ 통계적 방법

사회적 제반 현상은 복잡 다양하여 인과관계를 분명하게 분석하기가 어렵다. 현상에 대한 일부분을 표집해서 얻은 자료를 통계적 기법을 적용하여 현상 전체를 이해하고자 하는 방법을 일반적으로 통계적 방법(statistical method)이라고 한다. 이와 같은 연구방법은 심리학, 교육학, 경제학 및 생물학 등의 분야에서 과학적 연구를 위해 필요한 방법이다. 특히 교육심리학의 연구에서 매우 중요한 방법이다. 이공계나 자연계에서는 거의 정확하고 엄밀한 정보가 발견되고, 쉽게 일반화가 가능하지만 인문사회과학은 그렇지 않다는 점에서 한계가 있다.

제 3 장

발 달 이 론

1. 발 달

1) 발달의 개념

발달(development)이란 수정되는 순간에서부터 사망에 이르기까지 각 연령별 단계에서 나타나는 모든 변화의 과정을 말한다. 발달은 성장과 성숙의 두 가지 의미를 전부 내포하고 있는 포괄적인 개념으로 변화의 유전적 요인뿐만 아니라 환경적 요인이 모두 포함되어 있다. 따라서 신체적 측면에서의 양적인 변화와 함께 심리적 측면(성격, 지능, 언어, 정서, 사회성, 도덕성 등)에서의 질적 변화 모두 모두를 포함한다.

성장과 성숙 역시 발달이란 용어와 함께 사용되고 있는데, **성장**(growth)은 시간의 경과와 연령의 증가에 따라 나타나는 신체적 크기나 기능의 양적인 증가를 의미하며, 주로 신체적 특성의 긍정적인 변화를 뜻한다. 따라서 신장, 체중, 골격 등의 외적 증가를 나타낼 때 주로 사용한다.

성숙(maturation)은 훈련이나 경험 등 환경의 영향보다는 유전에 따른 생득적인 특성들을 강조하며, 개념상 환경과는 무관하게 유전적 특성에 의해 이루어지는 발달적 변화에 국한된다. 따라서 생리적 요인에 의한 신체적 측면의 변화와 심리적 변화를 포함해서 모든 현상에 사용되고 있다. 태아의 발달이나 뇌 기능의 분화 및 사춘기에 나타나는 2차 성징들이 여기에 해당된다(구광현 외, 2013).

발달의 정의에 대해 McGraw는 발달이란 유기체 내에 있는 에너지와 환경 속에 있는 에너지가 끊임없이 변화하고 교류한 결과로 산출되는 과정이라 하였고, Hollingworth는 발달이란 양과 질의 변화와 그리고 보다 복잡한 구조의 변화라고 하였다. Koffka는 발달을 유기체의 기관이 양적으로 증대하고, 구조가 정밀화되며, 기능이 유능화되는 과정이라고 하였으며, Lewin은 발달을 인격구조가 통일성을 유지해 가면서 점차로 분화되어 그 의미와 내용이 보다 풍부하게 변해 가는 과정이라고 하였다. Warren은 발달이란 한 개체가 발생으로부터 성숙으로 옮겨 갈 때 일어나는 구조나 형태상의 변화라고 하였고, Crow는 발달을 환경의 영향 또는 학습에 의해 일어나는 변화라고 하였다.

2) 발달의 원리

(1) 성숙과 학습의 상호작용 원리

인간의 발달은 선천적 · 유전적 내재법칙과 후천적 학습이라는 훈련과 경험을 통하여 이루어진다. 인간발달 과정에서 두 변인 간 어느 하나의 변인도 소홀히 할 수 없다.

(2) 연속성 · 점진성의 원리

인간의 발달은 쉬지 않고, 끊임없이 연속적으로 일어나며, 점진적으로 낮은 단계에서 높은 단계로 진행된다. 물론 **결정적 시기**(critical period)가 있어서 영아기, 사춘기의 급격한 신체적 발달, 유아기의 언어발달과 같이 특정시기에 발달 정도가 급속히 신장되는 시기가 있는 것은 확실하다. 그러나 비록 그러한 시기에 있어서도 인간발달은 연속성 · 계속성 · 지속성을 유지한다. 따라서 발달의 연속성을 상실하거나 결정적 시기에 발달장애를 수반하는 경우에는 발달상의 결함이 나타난다.

(3) 방향과 순서의 원리

발달은 거꾸로 진행할 수 없는 과정이며, 발달에는 일정한 방향과 순서가 있다. 신생아의 발달과정을 생각해 보면 쉽게 이해할 수 있다.

발달이 진행되는 순서와 방향에는 다음과 같은 네 가지 기본 원리가 있다(구광현 외, 2013).

첫째, 두미(頭尾)의 방향으로 머리가 먼저 발달하고, 사지가 발달하며, 또한 팔이 먼저 발달하고, 손과 손가락은 나중에 발달한다.

둘째, 근원(近遠)의 방향, 또는 중추에서부터 말초로 발달이 진행된다. 예컨대, 대뇌가 먼저 발달하고, 점차로 말초신경이 발달하게 된다.

셋째, 전체운동에서 부분운동으로, 또는 전신운동에서 특수운동으로 발달한다. 즉, 운동과 함께 큰 근육에서 작은 근육으로 발달하면서 전체운동에서 분화된 미세운동으로 발달하게 된다.

넷째, 구조의 변화가 기능의 변화보다 먼저 이루어진다. 즉, 신체적인 발달이 먼저 준비되고 완성된 후에야 기능적으로 발달하게 된다. 예를 들면, 감각기관인 청각이나 시작이 먼저 정상적으로 발달되어야만 언어 및 사고 등의 인지발달과 사회성 발달이 정상적으로 이루어질 수 있다.

(4) 개인차의 원리

모든 사람은 동일하게 발달하지 않는다. 발달에는 일정한 순서 또는 질서가 있으나 개인에 따라 그 속도나 모양이 각기 다르다. 각 개인의 발달 속도나 모양은 선천적 유전, 후천적인 가정환경, 교육 정도, 사회 · 문화적 조건 등에 의해서 영향을 받는다. 따라서 모든 개체는 제각기 독특한 양과 질 그리고 속도를 가지고 발달해 나간다.

(5) 분화 · 통합성의 원리

발달은 분화되면 또다시 통합되는 과정을 거친다. 즉, 분화된 부분은 조직화되고 통합된다. 예컨대, 아동이 컵을 들고 마시는 행동은 눈, 손, 입 등의 기능이 통합된 결과로 여러 능력의 통합과 조화를 통한 협응(coordination)의 과정이다. 이와 같이 발달은 미성숙한 구조로부터 특정한 구조와 기능을 가진 새로운 기관이 발생하는 과정으로 발생학(embryology)의 입장이다. 그러므로 발달은 복잡한 것에서 단편적인 것으로, 융합적인 것에서 분절적인 것으로, 불명료한 것에서 명료한 것으로, 불확정적인 것으로부터 확정적인 것으로 진행되는 과정이라고 할 수 있다(구광현 외, 2013).

(6) 상관성의 원리

인간의 제 특성 — 신체적 특성, 언어적 특성, 인지적 측성, 정서적 특성 등 — 은 독자적으로 발달하는 것이 아니라 서로 영향을 주고받는다. 가령 신체적 특성의 발달은 사회성 발달에 영향을 주고, 사회성 발달은 언어발달이나 정서발달에 영향을 준다.

(7) 가소성의 원리

인간은 근본적으로 미완성의 존재로서 풍부한 가소성(plasticity)을 가지고 있다. 다른 동물들은 출생 시에 이미 환경에 적응하기 위한 전문화된 도식을 가지고 있는 반면, 인간은 미약한 본능만을 가지고 태어나며, 주어진 환경에 적응하기 위해서는 스스로 노력하고 조절해 나가야 한다. 따라서 인간에게는 양육과 학습이 매우 중요한 요인으로 작용하게 된다. 또한 초기 발달이 이후의 발달을 좌우하기 때문에 아동 초기에 이 가소성을 어떻게 찾아내며, 또 개인의 능력을 발휘할 수 있도록 어떠한 방식으로 개발해야 하는지의 문제가 매우 중요하다(구광현 외, 2013).

3) 발달단계

발달단계란 일정한 연령에 도달하면 그 전후 시기와는 구별되는 일반적인 발달적 특징이 나타나는데 이런 특징을 기준으로 인간의 생애를 몇 단계의 시기로 구분해 놓은 것이다. 발달단계는 기준에 따라 혹은 한 사회의 문화에 따라 구분을 달리하기도 한다. 일반적으로 성적 · 운동적 · 신체적 · 지적 · 사회적 · 정서적 · 인지적 · 도덕적 · 언어적 발달 기준에 따라 다양하게 단계를 나눌 수 있다. 본 교재에서는 가장 보편적이고 종합적인 측면(연령)에서 인간발달의 단계와 특징을 살펴보겠다.

(1) 태아기(parental period: 수정~출생)

태아기는 정자와 난자의 수정에서 출생 시까지의 평균 9개월(40주, 280일)의 시기를 말한다. 이 시기에는 무엇보다 어머니의 영양상태, 정서적 안정, 연령이 태아의 건강한 발육과 심리적 상태에 중요한 영향을 미친다.

(2) 영아기(infant period: 생후 2주~2세 전)

영아기는 신체적, 심리적, 정서적, 사회적, 정신적, 기타 인간의 여러 발달이 현저하고 왕성하여 일생에서 가장 빠른 신체적 발달을 이루는 1차 발육 급등기이다. 그 중에서도 생후 6개월이 가장 빠르고 그 다음부터는 차츰 느린 발달 경향을 보인다.

(3) 유아기(early childhood period: 2세 전후~6세)

이 시기는 영아기를 지나 취학 전까지로 신체운동 및 의식이 현저하게 발달한다. Freud는 이 시기의 중요성을 '어린이는 어른의 아버지'라는 말로 표현함으로써 인간의 기본적인 특징이 유아기에 결정된다고 하였다. H. Hefferman도 아이들의 태도나 습관, 그리고 언어 등 전인격을 형성하는데 그 속도가 이때처럼 급속하게 이루어지는 시기는 없다고 지적하였다.

(4) 아동기(childhood period: 약 6세~12세 전)

아동기는 영유아기의 여러 발달을 토대로 기본적인 인간특성이 많이 나타나며, 지적 호기심이 왕성하여 무엇이든지 알고 싶어한다. 그리고 활발하고 민첩한 행동을 특징으로 한다. 또한 유아의 심리특징인 자기중심성으로부터 탈피하고 사회성이 형성되면서 자신의 또래 집단과 어울리기를 좋아한다. 이 시기를 흔히 '1차 반항기'라고 부른다.

(5) 청소년기(adolescence period: 12세~ 24세경)

이 시기는 아동기를 지나 어른의 상태로 이행을 의미하는 시기로 신체적, 육체적으로 제2의 과도기적 현상이 나타난다. 그래서 이 시기는 대부분의 사고과정이 불안정하여 '심리적 이유기' 혹은 '제2반항기'로 표현한다.

청소년기의 특징은 과도기적 현상 속에서 모순과 혼란, 비판적 사고, 반항심, 자아발견, 정신적 독립, 이성교제 등의 새로운 것을 발견 내지는 형성해 가는 가운데 성인 체제로의 진입 및 인간의 성숙화 과정을 이루어 간다.

(6) 성인기(adult age period: 24세 이후~40세)

배우자의 선택과 결혼, 직업 선택 및 직장적응 그리고 주거 문제 등은 이 시기의 새로운 적응 문제이다. 성인기에는 이런 사회적응에 따른 새로운 환경변화를 지속적으로 맞이하기 때문에 배우자, 상사, 동료 또는 타인과의 다양한 인간관계를 맺고 성공적으로 유지해 나가야 한다.

(7) 중년기(middle age period: 40세~60세)

이 시기는 경제적으로 안정되고 사회적으로 지위가 확립되어 안정된 분위기

속에서 자신의 역할을 수행하며 아울러 자녀교육 및 진로에 관심을 갖는 가장 생산적인 인생의 황금기이다.

(8) 노년기(old age period: 60세 이후)

이 시기에는 체력이 현저하게 쇠퇴하면서 노쇠를 촉진하는 질병이 나타나기 시작한다. 노인은 자신의 경험을 바탕으로 젊은 사람들과 지혜를 나누고, 퇴직 후에 여가생활을 즐기는 것을 이상적으로 생각하나 이런 이상과는 달리 재력도 풍부하지 않고, 사회에서 잊혀 가는 존재로 전락하는 것이 거의 대부분 노인들이 처한 현실이다.

노년기의 사회적 관심은 퇴직과 더불어 감소한다. 또한 노년기에는 평생을 함께 해 온 배우자의 돌연한 죽음, 즉 배우자 상실에 대한 준비를 하여야 한다.

4) 발달과업

개인은 누구에게나 정도의 차이는 있지만, 생애 동안 부단한 성숙과 학습의 가능성을 지니고 있으며, 환경과 상호작용을 통해서 지속적인 성장 · 발달을 한다.

이러한 발달과정 가운데 특정 단계에서 반드시 수행해야 할 일들이 있다. 이것을 **'발달과업**(developmental task)'이라고 한다. 발달과업이라는 용어는 Havighurst(1901~1994)에 의하여 처음 사용되었고, 평생교육의 내용으로써 발달과업의 중요성을 강조하였다. 그는 발달과업을 성공적으로 성취하면 행복감을 느끼고, 장차 과업수행에 성공을 가져올 수 있지만, 실패하면 불행을 느끼며 이후 과업수행에 곤란을 겪게 된다고 하였다. 그가 제시한 단계별 발달과업은 다음과 같다. 구체적인 발달과업은 개인, 연령집단, 문화권에 따라 상당한 차이가 있을 수 있다.

(1) 영아 및 유아기의 발달과업

① 걷기
② 고체음식물 먹기
③ 언어 습득
④ 배설 통제 습득
⑤ 성별간의 차이와 성 역할 개념 획득
⑥ 생리적 안정유지
⑦ 사회적 · 자연적 현실에 대한 단순한 개념 형성하기
⑧ 부모, 형제, 타인과의 정서적 관계 맺기
⑨ 선 · 악을 판단하고 양심이 발달

(2) 아동기의 발달과업

① 일상적인 놀이에 필요한 신체적 기술 학습
② 성장하는 자신에 대한 건전한 태도 형성
③ 동년배 친구와 사귀기
④ 적절한 성 역할 습득
⑤ 읽기, 쓰기, 셈하기의 기본기술 습득
⑥ 일상생활에 필요한 개념 학습
⑦ 양심, 도덕, 가치척도 발달
⑧ 인격적 독립 성취하기
⑨ 사회집단, 제도에 대한 태도 발달

(3) 청년기의 발달과업

① 자신의 신체적 기능을 인정하고 효과적으로 활용

② 동성 또는 이성의 친구와 새로운 관계 갖기
③ 부모나 다른 성인으로부터 정서적 독립
④ 경제적 독립의 필요성 느끼기
⑤ 직업선택에 대한 설계 및 준비하기
⑥ 시민생활에 필요한 지적 기능과 태도 형성
⑦ 결혼과 가정생활 준비
⑧ 적절한 과학적 세계관에 맞추어 가치체계 형성
⑨ 사회적으로 책임 있는 행동 수행

(4) 성년기의 발달과업

① 배우자 선택
② 결혼 후 가정생활에 적응
③ 자녀의 양육
④ 원만한 가족관계 유지
⑤ 직업의 선택 및 최소한의 경제적 생활 유지
⑥ 시민의 의무 완수
⑦ 동호집단 모색

(5) 중년기의 발달과업

① 성인으로서 시민적, 사회적 책임수행
② 생활의 경제적 표준 확립 및 수행
③ 청년기 자녀를 자율적이고 책임감 있으며 행복한 어른이 되도록 돕기
④ 성인다운 여가활동
⑤ 배우자와의 인격적 관계 맺기
⑥ 중년기의 생리적 변화를 인정하고 이에 적응
⑦ 연로한 부모 부양에 대한 적응

(6) 노년기의 발달과업

① 체력감소와 건강에 적응
② 은퇴와 수입 감소에 적응
③ 배우자의 사망에 적응
④ 동년배와 친밀한 관계 맺기
⑤ 사회적, 시민적 책임의 이행
⑥ 만족스러운 생활조건 구비
⑦ 인생의 종반을 지혜롭게 지내며 인생의 참된 의미 찾기

위와 같은 발달과업이 교육에 주는 시사점은 첫째, 교육목표의 설정에 지표를 제시해 준다. 둘째, 학습준비의 결정에 도움을 준다. 셋째, 각 단계에서 성취해야 할 과업은 교육과정 계획에서 어떤 학습과제를 가르칠 수 있는 시기를 알려 준다. 넷째, 각 단계에 따른 과업을 성취하지 못했을 경우에 다음 단계의 과업을 가르치기 어렵다(이종철, 2012).

2. 발달이론

1) 심리성적 이론

(1) 주요개념

Freud(1856~1938)의 심리성적 발달(psychosexual development)이론은 인생의 초기 경험에 의해 인간의 성격발달이 이루어지며, 우리의 삶에 의식보다 무의식

이 훨씬 더 영향을 준다는 입장을 체계화한 이론이다. 1986년에 '정신분석'이라는 용어를 처음으로 소개하면서, 인간의 정신은 의식, 전의식, 무의식으로 구성되어 있고, 인간의 성격은 원초아(id), 자아(ego), 초자아(superego)로 구성되어 있다고 하였다.

1 정신적 에너지

인간의 정신적 활동에 작용하는 에너지는 생의 본능과 죽음의 본능으로 구분할 수 있다.

① 생의 본능(Eros)

생명을 유지 · 발전시키고 사랑을 하게 하는 본능, 인간은 에로스 때문에 생명을 지속하며, 종족을 보존한다.

② 죽음의 본능(Thanatos)

생물체가 무생물체로 환원하려는 본능, 이것 때문에 생명은 결국 사멸되고 살아있는 동안에도 자신을 파괴하거나 처벌하며, 타인이나 환경을 파괴하는 공격적인 행동을 하게 된다.

2 리비도(libido)

생물학적인 힘이 아닌 정신적인 힘으로 성적 본능의 에너지를 뜻한다.

3 의식(consciousness)

주의를 기울이는 순간 곧 알아차릴 수 있는 인간 정신작용의 한 부분으로서 정신생활의 극히 일부분만이 의식의 범위 안에 포함된다. Freud는 정신활동의 매우 제한된 부분만이 특정 순간에 의식으로 나타난다고 강조하였다.

4 전의식(preconsciousness)

이용 가능한 기억, 즉 생각해 보면 알 수 있는 것을 뜻한다.

⑤ 무의식(unconsciousness)

인간 정신의 심층에 위치해 있으면서 가장 큰 비중을 차지한다. 전의식과는 달리 전혀 의식되지 않는다. 인간의 억압된 감정이나 생각은 없어지는 것이 아니라 무의식 속에 저장되어 의식적 사고와 행동을 전적으로 통제한다.

⑥ 원초아(id)

원초아는 인간이 생물학적 존재로 태어나면서 타고난 것으로서 원본능이라고도 한다. 먹고, 마시고, 자고 하는 본능들은 모두 원초아에 의한 것이다. 원초아는 성격의 무의식적인 부분으로 기본적 욕구들의 저장고이며 성격의 기초가 된다. 내적이나 외적인 자극에 의해 이 부분의 에너지가 증가되면 긴장을 유발하게 되며, 이때 원초아는 즉각적인 긴장감소를 추구하게 되므로 현실성이나 도덕성을 전혀 고려하지 않고 자기만족만을 추구하게 된다. 이러한 경향성을 '쾌락의 원리(pleasure principle)'라고 부른다. Freud는 원초아의 충동은 주로 성적 본능과 공격적 본능이라고 보았다. 결과적으로 충족되지 못한 욕구는 무의식 속에서 억압될 수밖에 없고, 무의식화된 욕구들은 숨겨진 채로 사람들의 의식적인 삶에 영향을 미치게 된다.

⑦ 자아(ego)

의식과 무의식 세계에 존재하며 약 1세경 이후 원초아의 일부로부터 발달한다. 원초아에 자리 잡은 본능적 욕구들과 외적인 현실 세계를 중재하는 역할을 하는 성격의 합리적인 측면이다. 자아는 '현실원리(reality principle)'에 따라 욕구를 충족시키거나 다른 것으로 대치하게 한다. 현실원리의 목적은 욕구를 만족시키는 적당한 대상이나 환경조성이 성취될 수 있을 때까지 본능적 만족을 지연시켜 개체의 안전을 보장하는 것이다. 예를 들어, 성적인 욕구는 자아에 의해 적당한 대상과 적절한 조건이 성숙될 때까지 지연된다.

⑧ 초자아(superego)

의식과 무의식의 세계에 존재하며 약 3세경 이후 자아로부터 발달한다. 사회적 규범이나 가치관 등을 내면화하는 과정에서 발생하는 일종의 도덕적 힘으로 무엇이 옳고 그른지, 어떤 일을 해야 할지, 말아야 할지 등을 판단하는 임무를 수행한다. 초자아는 '도덕의 원리(morality principle)'를 추구하여, 도덕이나 가치에 위배되는 원초아의 충동들을 견제하고, 자아의 현실적 목표들을 도덕적이며 이상적인 목표로 유도하려 한다. 초자아는 '양심'과 '자아이상'으로 구성되어 있다. 양심(conscience)은 옳고 그름을 판단하는 것으로써 잘못된 행위에 대하여 처벌이나 비난을 받은 경험에서 가지게 된 가치체계가 내면화된 것이고, 자아이상(ego ideal)은 아동 스스로 도달하고자 지향하는 긍정적인 가치체계를 말하여 이는 부모와의 동일시를 통해 획득된다.

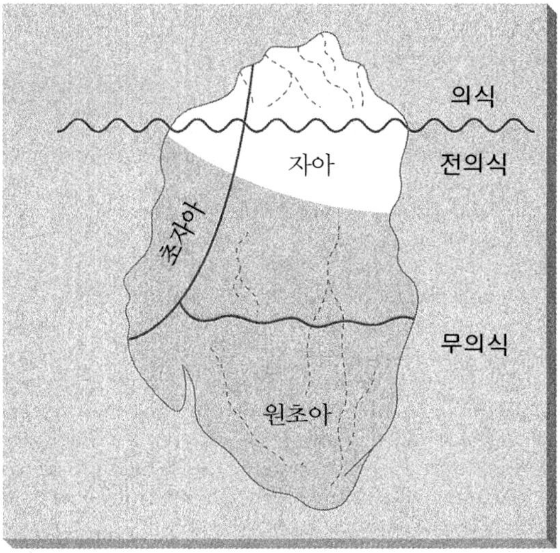

그림 3-1 Freud의 성격구조(이신동 외, 2012)

(2) 성격발달의 단계별 특징

Freud는 리비도(libido)가 집중적으로 표출되고 만족을 얻는 신체 부위의 변화에 따라 심리성적 발달단계를 구분하였다. 각 단계에서 어떤 경험을 하느냐에 따라 개인의 성격이 형성되며, 각 단계별로 리비도가 추구하는 욕구가 적절히 충족될 때 정상적인 성격발달이 이루어질 수 있지만 그렇지 않은 경우에는 **고착**(fixation)이나 **퇴행**(regression)현상이 나타나 다음 단계로의 발달이 순조롭지 않다고 보았다.

① 구강기(oral stage: 0~1세)

리비도가 입과 구강 부위에 집중되는 시기로써 이 시기의 아기는 빨고, 삼키고, 깨물면서 욕구를 충족하며, 자신에게 만족이나 쾌감을 주는 대상인 어머니에게 애착을 형성하게 된다. 이 시기의 주요한 발달과업은 수유와 이유이다. 그러므로 이 시기의 영아에게 어머니는 의미 있는 타인의 역할을 하게 된다. 어머니의 적절한 보살핌을 받지 못하고 추구하는 쾌감을 얻지 못하거나, 반대로 과잉 충족되면 성격적 결함이 나타난다. 구강기 전기에 고착되면 구강 수동적 성격이 되어 낙천적이고 타인에게 의존적이며, 모든 걸 희생해서라도 인정을 받고 싶어한다. 구강기 후기(6개월 이후)에 고착되면 구강 공격적 성격으로 논쟁적이고 비꼬기를 잘하며, 타인을 이용하거나 지배하려 한다. 구강 고착적 행동은 성인기에 손톱을 물어뜯는 행위, 껌을 씹는 행위, 담배를 피우는 행위와 지나친 흡연, 과음, 과식 등으로 나타날 수 있다.

② 항문기(anal stage: 2~3세)

성적 에너지가 항문에 집중되는 시기이다. 이 시기에 유아는 배변훈련을 통하여 항문 근육의 자극을 경험하게 되고 이러한 경험을 통하여 성적 쾌감을 느끼게 된다. 유아는 괄약근이 발달하면서 배변을 마음 내키는 대로 배설하거나 보류할 수 있다. 이 때에 부모는 유아가 적절한 때 적절한 장소에서 배설을 하면 보상을 주나 그렇지 못하면 규제를 한다. 즉 유아는 태어나서 처음으로 배변훈련을 통해 외부의 통제를 경험하게 된다.

Freud는 배변훈련이 인성발달에 매우 중요한 것으로 보았다. 고착된 항문기 강박적 성격은 고집이 세고, 인색하며, 복종적이고, 시간을 지나치게 엄수하며, 흑백논리를 강조하는 특징을 지닌다. 반대로 지나치게 관대하면 유보된 항문기의 공격적 성격은 잔인하고 난폭해지며 소유욕이 강한 특징을 보인다.

③ 남근기(phallic stage: 3~6세)

성적 에너지가 아동의 성기에 집중되는 시기이다. 남아는 어머니에게 성적으로 접근하려는 욕망과 애착을 느끼며 아버지를 경쟁상대로 생각하는 **오이디푸스 콤플렉스**(Oedipus complex)를 가지게 된다. 이 과정에서 남아는 아버지에게 적대감을 느끼며 **거세불안**(castration anxiety)을 갖는다. 반면에 여아는 아버지에게 사랑의 감정을 품고 어머니를 경쟁상대로 생각하는 **엘렉트라 콤플렉스**(Electra complex)를 느낀다. 이 과정에서 여아는 처음에는 어머니를 좋아하다 자기에게는 남근이 없음을 알고 이를 부러워하는 **남근 선망**(penis envy)을 갖는다. 이러한 콤플렉스를 극복하는 과정에서 남아는 거세불안으로 인해 어머니에 대한 성적 충동을 포기하고 실질적으로 소유하고 있는 아버지를 자신과 동일시하는데, 이 **동일시**(identification) 과정을 통해 남아의 남근기 갈등은 극복된다. 남근기에 고착된 남자는 경솔하고, 과장이 심하며 야심이 강하다. 여자는 경박하고 유혹적이거나 남성을 능가하고 지나치게 자기중심적일 수 있다.

④ 잠복기(latency stage: 6~12세)

아동이 초등학교에 다니는 시기로 성적 에너지가 억압 또는 잠재된 시기이다. 원초아는 약해지고 자아와 초자아가 강력해진다. 리비도의 지향대상은 동성의 친구에게로 향하고 에너지는 지적인 활동, 운동, 친구에게 집중된다. 사회 속에서 자기의 역할을 배우고 논리적으로 사고하여 타인의 입장을 고려할 수 있게 된다. 잠복기에 고착되면 성인이 되어서도 이성과의 관계를 회피하거나 정상적인 애정관계를 맺지 못한다.

⑤ 생식기(genital stage: 12세 이후)

아동은 사춘기에 접어들면서 진정한 사랑의 대상인 이성을 찾아 만족을 얻고자 하는 성적 욕구가 다시 생긴다. 생리적 변화가 특징인 원초아가 우세해지면 사회적으로 용납될 수 없는 욕구나 충동을 강하게 느끼고 초자아의 압력으로 불안이 심해진다. 이 시기는 성격발달 단계 중 가장 긴 시기이며, 사춘기에서 노년기까지의 오랜 기간이 포함된다. Freud는 사춘기 이후의 주요과업을 '부모로부터 독립'이라고 하였다.

(3) 정신분석이론에 대한 평가

정신분석이론의 가치와 중요성에 대한 평가는 극명한 대조를 보이고 있다. 정신분석이론을 지지하는 학자들은 정신분석이론이 인간본성에 대한 최초이자 유일한 종합이론이라고 극찬한다. Freud의 방대한 저작은 인간의 본성과 정신의 작동원리에 관해 실제로 대담한 관점을 제시했다. 오늘날 원초아, 자아, 초자아, 무의식, 방어기제, 오이디푸스 콤플렉스 등 수많은 정신분석학 용어들은 일상용어로 사용되고 있다. 정신분석학은 심리학은 물론 사회학, 문학, 예술, 의학 등에 영향을 미쳤다. 심리학에 국한하여 보면 정신분석이론은 현대심리학의 토대를 제공했으며, 성격심리학과 발달심리학을 구축하는 데 큰 역할을 했다.

반면 정신분석이론의 가치를 부정적으로 평가하는 학자들은 이 이론은 죽어버린 이론으로 역사적 가치만 있을 뿐 현대의 성격심리학에 아무 정보를 제공할 수 없다고 주장한다. 정신분석학에 대한 비판을 요약하면 다음과 같다(권대훈, 2013).

① 정신분석이론은 실험과 같은 과학적 방법으로 타당성을 검증할 수 없으므로 과학적 사실이 아니라 신념에 가깝다.

② 일부 사례에 대한 제한된 관찰에 근거하여 인간본성에 관한 보편적인 이론을 구축했다.

③ 성적 욕구만을 지나치게 강조하고 있다. 성욕을 강조하는 그의 이론은 범성설(pansexualism)이라고 불리기도 한다.

④ 성격발달이 5세경에 완성된다는 주장에 대한 비판으로, 학자들은 성격발달이 청소년기와 성인기에도 일어난다고 주장한다.

⑤ 인간의 본성을 부정적으로 기술하고 있다. 그에 따르면 인간의 본성은 자기중심적이고 충동적이고 격렬하다. 그는 초자아가 그러한 본성을 금지하지 않으면 인간은 자기와 타인을 파괴한다고 본다.

⑥ Freud가 여성에 대한 편견을 갖고 있다. 그는 여성을 남성보다 열등한 존재로 본다.

(4) Freud 이론의 교육적 시사점

Freud 이론은 인생의 초기 경험을 강조함으로써 유아교육의 중요성을 일깨워 주고 있다. 즉, 아동의 초기 경험이 정의적 특성의 건전한 발달에 큰 영향을 미치며, 개인의 성격과 사회성이 아동 초기에 형성된다는 입장을 뒷받침하고 있다.

Sigmund Freud(1856-1939)

Freud는 1856년 5월 6일, 당시 오스트리아-헝가리 제국의 일부였던 모라비아의 소도시 프라이베르크에서 출생했다. 그의 아버지는 모피상인이었고, 중산층 유태인 가정에서 두 번째 부인의 맏아들로 태어났다. Freud가 태어난 후 얼마 되지 않아 아버지의 사업이 어려워지기 시작하여 그의 가족은 비엔나로 이주하였으며 1938년 영국으로 옮겨 갈 때까지 비엔나에서 살았다.

유년시절, 어려운 형편에도 그의 아버지는 셋째 아들인 Freud의 교육에

남다른 관심을 가졌다. Freud 역시 총명하였으며 수석을 놓친 적이 없을 만큼 아주 열심히 공부하였다. 그러나 Freud는 유태인이었기 때문에 의학과 법학을 제외한 다른 직업을 가질 수 없었다. 그러므로 마음에 내키지 않는 의학을 전공하기로 결심하고 1873년 비엔나 대학의 의학부에 입학하여 1881년 박사학위를 받았다. 하지만 Freud는 의학보다는 신경학의 연구에 관심을 가졌다.

1885년 신경질환 치료로 유명한 파리의 살페뜨리에르 병원의 Charcot 밑에서 히스테리에 관해 연구하는 기회를 갖게 되었다. 이 몇 개월의 시기는 Freud에게 실로 혁명적 변화를 가져오게 하였다. 당시 Charcot는 히스테리와 최면술에 관심을 쏟고 있었는데, 비엔나에서는 이미 그런 주제들이 거의 고려할 가치가 없는 것으로 여겼지만 Freud는 이 일에 몰두하였다. 이것이 Freud에게는 인간의 정신 탐구를 향한 첫걸음이 된 것이다. 이 시기에 그는 신경학자에서 정신병리학자로 전환하였다.

1886년 비엔나로 돌아온 Freud는 신경질환 상담자로서 개인 병원을 개업한 뒤, 오랫동안 미루어 왔던 베르나즈와 결혼식을 올렸고 세 딸과 두 아들을 두었다. 딸 중의 하나인 Anna Freud는 후에 유명한 아동분석학자로 알려졌다. 이즈음 Freud는 비엔나의 유명한 외과의인 Breuer와 공동연구를 시작하였는데, Breuer는 환자가 불안과 징후를 이야기함으로써, 그것들을 제거시키는 방법인 카타르시스(정화법)를 발견한 사람이다. Freud와 Breuer는 1895년 「히스테리에 관한 연구」라는 책을 공동으로 집필하였다. 그러나 그들 사이의 우정은 Freud가 성욕이 히스테리의 주요원인이라고 주장한 것을 Breuer가 강력히 반대하였기 때문에 오래 가지는 않았다. Freud는 고집을 꺾지 않고 1896년 비엔나 의사회에서 사퇴하였다.

1890년과 1900년 사이 Freud는 고독한 시기였으나 많은 업적을 낳았다. 계속된 연구 결과 그 과정과 저변에 깔린 이론 전반에 변화를 일으키기 시작했고, 마침내 Freud는 자기가 이루어 낸 모든 사상 체계의 궁극적인 발전에 정신분석학이라는 이름을 붙였다. 그 때부터 생을 마감할 때까지 Freud의 모든 지성적인 삶은 정신분석학의 발전과 광범위한 학문의 이론적이고 실제적인 영향을 탐구하는 데 바쳐졌다.

1900년 가장 위대한 저서라고 평가되는 「꿈의 분석」이 나왔다. 처음에 이

걸작은 정신병리학회에서 무시되었으나 1901년부터 일반대중 뿐 아니라 전 세계의 의료인 사이에서도 그의 명성은 높아졌다. 다음 해에 비엔나 정신분석 학회가 창립되었으며 이 학회는 그를 숭배하는 헌신적인 학자들 집단에게만 개방되었다.

의학계에서 Freud에 대해 편견을 가지고 있었던 이유는 그가 발견한 것들의 본질 때문만이 아니라, 비엔나의 관료계를 지배하고 있던 강한 반유태인 감정의 영향 때문이기도 했다. 그가 대학 교수로 취임하는 일도 정치적 영향력 탓으로 끊임없이 철회되었다.

1902년 즈음 점차 Freud 주위로 몇몇 문하생들이 모여들었다. 중요한 인물로는 Adler와 Jung이 있었고, 이후 정신분석학이 점차 확산되기 시작했음을 알 수 있다. Freud의 저서들이 여러 나라 말로 번역되기 시작했고, 특히 미국의 클라크대학에서 강연을 하는 등 정신분석학을 미국에 보급하였다. 그러나 정신분석학의 발전에 장애가 없지는 않았고 1911년 비엔나의 저명한 지지자인 Adler와 Jung이 견해 차이로 결별했다. 뒤이어 제1차 세계대전이 발발하자, 정신분석의 국제적인 확산은 중단되었다.

그리고 얼마 안 가서 곧 가장 중대한 개인적 비극이 닥쳤다. 딸과 손자의 죽음, 그리고 삶의 마지막 16년 동안 그를 쫓아다닌 악성 질환의 발병이었다. 그러나 어떤 질병도 Freud의 관찰과 추론의 발전을 막을 수는 없었다. 그의 사상 체계는 계속 확장되었고, 특히 사회학 분야에서 더욱더 넓은 적용 범위를 찾았다. 그 때쯤 그는 세계적인 명사로서 인정받는 인물이 되어 있었는데, 1936년 그가 여든 번째 생일을 맞던 해에 영국 학술원의 객원 회원으로 선출되는 기쁨을 가졌다. 그 후 Freud는 어쩔 수 없이 비엔나를 떠나 가족들과 함께 영국으로 건너갔고, 1년 뒤인 1939년 9월 23일 런던에서 세상을 떠났다.

2) 심리사회성 이론

(1) 주요개념

Erikson은 개인의 성격이 사회심리 발달과정에 있어서 타인과의 상호작용과 관계성이 변화하면서 발달해 가는 것을 연구하였다. 그는 성격발달과정을 인간 전 생애에 걸쳐 8단계로 구분하였다.

발달은 단계별로 진행되고, 각 단계별로 심리사회적 위기(psychosocial crisis)가 존재한다. 따라서 매 단계마다 그 단계의 위기를 성공적으로 수행하느냐 그렇지 못하느냐에 따라 긍정적인 결과나 부정적인 결과가 나타날 수 있다. 각 단계의 심리사회적 위기를 건강하게 해결하며, 다음 단계에서도 위기의 해결이 건강하게 이루어질 가능성이 높다(이신동 외, 2012).

Erikson은 자아를 중시하여 자아는 원초아와 초자아의 서로 반대되는 욕구를 단순히 중재하는 중재자 이상의 역할을 한다고 보았다.

또한 성격발달에서 부모는 물론 가족, 친구 , 교사, 사회 · 문화적 맥락 등을 포함한 사회 · 문화적 영향의 중요성을 강조했다.

Erikson은 발달의 점성적 원리를 주장하였는데, 즉 인생주기의 각 단계는 이 단계의 과업이 우세하게 출현하는 최적의 시간이 있고, 그리고 모든 단계가 계획대로 전개될 때 완전한 기능을 하는 성격이 형성됨을 암시한다.

(2) 심리사회적 발달단계별 특징

① 신뢰감 대 불신감(trust vs. mistrust: 출생~1세)

영아와 엄마의 상호작용을 통한 사회적 관계는 유아가 세상을 신뢰하느냐 불신하느냐를 결정하게 된다. 영아는 자신의 모든 것을 타인에게 의존하며, 이때 신뢰감이나 불신감을 경험하게 된다. 프로이드의 구강기와 비슷하며, 안전, 생존, 애정 등에 어머니의 양육태도가 절대적인 시기이다. 불신감이 형성되었을지라도 나중에 교사나 친구의 사랑에 의해서 극복될 수 있다.

② 자율성 대 수치감/회의감(autonomy vs. shame and doubt: 1~3세)

이 시기에 아동은 스스로 일을 수행해야 하는 도전에 직면한다. 부모는 이 시기에 아동의 자발적인 행동에 칭찬을 하거나 신뢰를 표현하여 용기를 줄 필요가 있다. 독립성이 조장되면 자율감이 발달하는데 비해 과잉보호를 받거나 금지로 인하여 자신의 능력과 의지를 시험해 볼 기회가 주어지지 않으면 회의와 수치감을 느낀다.

③ **주도성 대 죄책감**(initiative vs. guilt: 4~5세)

자율성의 증가로 왕성한 지적 호기심을 보인다. 신체 및 정신기능이 발달하여 자율적, 자기주장적, 공격적이 되고 솔선하여 새로운 것을 추구하고 계획하며 무엇인가를 혼자서 해 보려고 한다. 이때 부모가 심하게 제지하거나 벌하면 죄책감을 유발하며 성장 후 주도성이 약해진다.

④ **근면성 대 열등감**(industry vs. inferiority: 6~11세)

초등학교를 다니는 시기로 학교에서의 성공과 성취가 아동의 근면성을 발달시킨다. 따라서 교사와 또래 친구들의 영향력이 매우 중요하다. 부모와 교사의 건설적이고 지도적인 칭찬과 강화는 근면성을 기르며, 비난, 거부, 조롱, 어려운 도전으로 인한 실패는 열등감을 유발한다.

⑤ **정체성 대 역할혼미**(identity vs. role confusion: 12~18세)

청소년기에 나타나는 심리, 사회적 문제는 긍정적 측면에서 자아정체감을 갖고 부정적 측면에서는 역할혼미 현상이 일어나는 것이다. 이 시기에는 급격한 신체 성적인 성숙, 고도의 인지능력, 상충된 사회적 요구에 대한 갈등 등으로 종종 혼란에 빠진다.

⑥ **친밀감 대 고립감**(intimacy vs. isolation: 19~24세)

사회에 참여하게 되고 자유와 책임을 가지고 스스로의 삶을 영위하기 시작하는 시기로서, 자기 자신의 문제에만 몰두하는 것에서 벗어나, 직업 선택, 배우자 선택, 친구 선택 등의 다양한 문제를 경험하게 된다. 자아정체감이 뚜렷하면 자신을 잃지 않은 상태에서 자신과 남을 통합하며 원만한 인간관계가 이루어져 친밀감을 형성할 수 있으나 위기해결에 실패하는 사람은 자신을 고립시키게 된다.

⑦ **생산성 대 침체성**(generativity vs. self-absorption: 24~54세)

자녀양육과 지도를 통하여 다음 세대로 문화를 전달, 발전시키는 성숙한 시기이다.

생산성이란 다음 세대를 안내하고 형성하는 것에 대한 관심을 의미한다. 생산적인 성인은 보다 나은 사회를 만드는 데 기여하지만, 생산성이 발달되지 않으면 인간은 침체성을 경험하고 과도한 자기편견을 갖게 된다.

⑧ **통합감 대 절망감**(ego integrity vs. despair: 54세 이후)

노년기는 인생을 되돌아보고 정리해야 하는 시기이다. 전체적인 측면에서 자기가 살아온 삶에 대해 후회가 없으며, 열심히 살았고 가치 있는 삶을 살았다고 생각하면 자아통합을 하게 되지만 그 반대의 경우엔 놓쳐 버린 기회, 나이, 실패로 후회와 좌절, 분노 및 절망감에 빠지기도 한다.

(3) Erikson 이론에 대한 비판

Erikson의 이론이 Freud의 심리성적 발달단계를 발전적이고 확대시켰음에도 불구하고 다음과 같은 비판을 받고 있다(권대훈, 2013).

① 이론이 모호하고 경험적으로 검증하기 어렵다. 가령 주도성이나 통합성을 어떻게 측정하고, 심리사회적인 갈등을 극복하기 위해 어떤 경험을 제공할 것인가에 대한 뚜렷한 지침을 제공하지 못하고 있다.

② 이론의 대부분이 Erikson의 개인적이고 주관적인 해석에 근거하고 있을

뿐, 엄밀한 실험을 통해서 검증되지 못했다.

③ Erikson의 성격발달단계가 여성보다는 남성의 성격발달을 더 정확하게 기술하고 있다.

④ 성격발달의 초기단계는 결국 동일한 특성을 강조하고 있어 분명하게 구분하기 어렵다. 즉, 자율성, 주도성, 근면성은 모두 아동이 능동적으로 행위를 하도록 허용하고 격려하는 것을 강조하고 있다. 회의감, 죄책감, 열등감은 부모나 교사가 동정적인 지지를 해야 할 필요성을 강조하고 있다.

(4) Erikson 이론의 교육적 시사점

Erikson의 이론은 부모나 교사 등 성인들이 '성장하고 있는 개인'을 어떻게 다루어야 하는지에 대해 의미 있는 시사점을 제공해 주는데, 이를 몇 가지로 정리해 보면 다음과 같다.

① 부모들은 자녀들에게 이 세상은 평온하고 안전한 곳이라는 느낌을 전해주어 어린이들이 기본 신뢰감을 형성하도록 도와주어야 한다.

② 인간의 성격이란 주로 내적으로 타고난 시간표에 따라 단계적으로 발달해 가는 것이기 때문에 어린이가 웃을 때 같이 웃어 주고, 어린이가 걸으려 할 때 그들이 걸을 수 있는 환경을 제공해 주어야 한다.

③ "만약 우리가 아동으로 하여금 스스로 살아가도록 그대로 내버려 둔다면 성장에 대한 계획은 거기에 있다(Erikson, 1959)"는 말에서와 같이 교육은 성인의 관점에서가 아니라 아동의 관점에서 계획되어야 한다(김언주 · 구광현, 1998).

Erik Erikson(1902-1994)

Erikson은 독일의 프랑크푸르트에서 출생했다. 정체감 위기란 개념으로 유명한 Erikson은 자기 자신이 인생 초기에 여러 위기를 거치면서 성장하였다. 즉 그의 이론은 자신의 경험을 반영한 것이라고 말할 수 있다. 실제로 그의 부모는 덴마크 사람들이었으나, Erikson이 출생하기 전 이혼하였고 그의 어머니는 친구들이 있는 프랑크푸르트에 와서 있다가 아기를 낳았다. 그 후 Erikson이 세 살 때에 유태인 소아과 의사인 Homburger와 재혼하였다. 이러한 이유로 Erikson에게는 계부의 성이 주어졌다. 37세까지 Homburger란 이름을 사용했으며 1939년 미국 시민이 되면서 Erikson으로 개명하였다. 덴마크계의 혈통을 가지면서 유태계 계부 밑에서 성장하게 된 Erikson은 운명적으로 자아 정체감의 문제가 매우 심각하게 형성되었다.

Erikson의 또 다른 정체감의 위기는 학교생활에서 그의 신체적 외모 때문에 비롯되었다. Erikson은 덴마크 혈통임에도 불구하고 자신을 독일인이라고 생각했다. 그의 급우들은 그의 아버지가 유태인이기 때문에 Erikson을 가까이 하지 않았으며, 동시에 유태인 또래들은 그의 신체적인 특성 때문에 유태인이 아니라고 그를 따돌렸다. 이러한 사실에 Erikson은 "오래 전에, 나의 급우들은 나를 유태인이라고 했지만, 유태인 집단에서는 나를 이방인으로 취급하였다"라고 기술하였다. Erikson의 정체감을 위한 몸부림은 후에 심리적 문제를 유발하였다. 그리고 이러한 몸부림을 통해 Erikson은 정체감 위기에 대한 예리한 통찰력을 획득하였다.

Erikson의 학교 성적은 중간 정도였으나 예술적 재능은 뛰어났다. 자신의 정체감을 찾고자 하는 욕구는 고등학교를 졸업했을 때 최고조에 이르렀다. Erikson은 의사가 되라는 계부의 독려가 있었지만 이를 거절하고 대신에 예술가가 되고자 결심했고 몇 년 동안 여행하면서 방황했다. 그러다가 여행 중 비엔나를 가게 되었고 거기서 정신분석학자인 Freud의 딸 Anna Freud를 만나게 되었다. Erikson은 1927년 Freud가 운영하던 학교에서 아이들을 가르치게 되었다. Erikson은 자신이 결코 알지 못했던 아버지에 대한 탐구를 하면서 부분적으로 Freud에게 매력을 느껴 정신분석에 관심을 갖게 되었다. 그 후에 정식으로 정신분석 훈련을 마친 후 당시에 유명한 비엔나 정신분석연구소의 회원이 되었다. 집을 떠난 후에 몬테소리 교사 자격증을 획득한 것과 Anna Freud와 함께 한 정신분석 훈련이 그가 받았던 유일한 정규교육이었다.

1929년 미국의 미술가이며 작가와 결혼해서 가정을 이루었고, 히틀러의 반 유태 정책을 피하여 미국으로 이주하였다. 그는 하버드 의과대학에서 심리학 연구자로 일했으며, 그 후 3년간은 예일대학교의 인간관계연구소에서 일했다. 후에도 미국의 유명한 대학에 초빙되어 강의와 연구를 했다. Erikson은 Freud와 마찬가지로 그의 탁월한 통찰력으로서 인간의 발달과정을 이론화하였다. 기본적으로는 Freud의 이론을 바탕으로 하여 새로운 이론을 전개했다. Erikson은 인간의 발달은 개인의 세 가지 요소, 즉 생물학적 요소, 자아, 사회의 집단 구성원에 의해 일어난다고 보았다.

Erikson의 가장 중요한 저서는 「아동기와 사회」이며 이 책에서 그는 생애발달의 8단계를 제시하고 있다. 또 다른 두 개의 저서는 「청년 루터」와 「간디의 진리」인데, 이 저서에서 그는 역사적 자료를 정신분석학적 통찰력으로 조명하고 있다. 20세기의 훌륭한 심리학자로 인간이해를 위해 노력한 Erikson은 92세의 나이로 사망할 때까지 자신의 개인적 및 전문적 발달을 위한 노력을 아끼지 않고 계속하였다.

3) 인지발달 이론

(1) 주요개념

Piaget는 인지발달을 개인과 환경의 끊임없는 상호작용의 소산물로 보았다. Piaget의 인지발달 이론에서 설명되어지는 도식(schema), 적응(adaptation), 동화(assimilation), 조절(accommodation), 평형(equilibration)의 개념이 중요한 의미를 갖는다. 다음에서 그 구체적인 내용을 살펴보고자 한다(정옥분, 2004).

① 도식(schema)

유기체가 가지고 있는 이해의 틀을 말하며 이 도식은 유기체가 생리적으로 가지고 태어나는 것이 아니라 유기체가 환경과 접촉해 반복되는 행동과 경험에서 형성되는 것이다. 도식은 사물이나 사건에 대한 전체적인 윤곽을 말하는 것으로 빨기나 잡기와 같은 최초의 도식들은 본질상 반사적이다. 예를 들면, 빨기는 유아가 자라 숟가락을 사용하게 되면 형태상 변화한다. 여기서 빨기 도식은 그 구조상으로는 변했지만 그것을 수행하는 기능면에서는 변한 것이 아니다. 유아는 많은 도식들을 지니고 태어나며 적응의 과정을 통해서 새로운 도식을 개발하고 기존의 것들을 변화시킨다.

② 적응(adaptation)

새로운 경험을 할 때 우리가 가지고 있는 도식은 종종 적절하지 못해서 효과적으로 기능하도록 바꿔야 한다. 적응이란 평형화를 유지하기 위해 도식과 새로운 경험을 서로 조정하는 과정이다. 동식물의 세계는 적응의 예들로 가득 차 있다. 홍관조 수컷은 선명한 붉은 색인 반면 암컷은 눈에 잘 띄지 않도록 엷은 갈색조를 띠어 종의 생존에 대한 위협을 줄인다. 봄꽃의 아름다운 색채는 수분(受粉)작용을 통해서 일어나는 봄꽃의 생식과정에 참여하는 곤충을 유인한다. 이와 같은 적응은 개인의 욕구를 충족시키기 위해 이루어지는 개인 또는 환경의 수정을 포함하는 매우 복잡한 과정이다. 적응은 동화와 조절이라는 두 가지 수단을 통해서 진행된다.

③ 동화(assimilation)

동화는 이미 갖고 있는 도식 또는 체계에 의해 새로운 대상이나 사건을 해석하고 이해하는 인지과정이다. 즉 새로운 환경자극에 반응함으로써 기존의 도식을 사용해 새로운 자극을 이해하는 것을 말한다. 유아가 음식이든 아니든 무엇이나 입으로 가져가는 것은 동화의 한 예이다. 이것은 환경의 요구에 관계없이 하나의 도식을 사용한다는 것을 나타낸다. 이 경우 유아는 자신의 내적 욕구를 만족시키기 위해 환경을 변화시킨다. 따라서 동화는 이미 자기 것으로

되어 있는 도식(schema)을 이용해서 외부의 대상을 변화시켜 내부에 받아들이는 작용이다.

④ 조절(accommodation)

조절은 환경조건에 유기체를 적응하는 과정으로 도식을 변환시키는 과정이다. 즉 기존의 도식으로서는 새로운 사물을 이해할 수 없을 때 기존의 도식을 변경하는 것을 말한다. 아동이 조절을 할 때에는 도식의 형태에 질적인 변화가 일어난다. 아동이 사자를 보고 고양이라고 말할 때 누군가가 "아니야, 그것은 사자란다"라고 말해 줌으로써 잘못을 바로 잡을 수 있다. 이때 아동은 '사자'라고 불리는 새로운 도식을 형성하게 된다. 따라서 조절은 외부의 대상이 자신의 도식(schema)으로 원만하게 받아들여질 수 없게 되었을 때 자신의 도식을 수정하는 작용이다.

⑤ 평형(equilibration)

새로운 상황에서 일관성 · 안전성을 이루려는 시도를 말한다. 이러한 시도는 동화와 조절의 과정을 통해 이루어진다. 즉 평형은 동화와 조절의 균형을 의미한다. 여기서 동화, 조절, 평형이 어떻게 작용하는지 예를 들어, 보고자 한다. 5세 된 아이가 하늘에 날아다니는 물체는 새라고 배웠다고 하자. 하늘에 날아다니는 물체를 볼 때마다 아이는 그 사물이 자기가 가지고 있는 기존체계, 즉 새라는 것에 자신의 생각을 동화시킨다. 그런데 어느 날 아이는 하늘을 날아가는 비행기를 보게 된다. 이 새로운 사물을 보고 아이는 그가 가지고 있는 기존의 개념인 '새'에 결부시키려고 하지만 모양이나 크기 등이 너무 다르다. 그래서 아이는 기존의 체계를 변경하지 않으면 안 되는데 이 과정이 조절이다. 아이는 이제 불평형(disequilibrium) 상태에 놓이게 된다. 즉, 이 새로운 물체가 새인지 아닌지 만약에 새가 아니라면 도대체 무엇인지 알 수 없다. 그래서 어머니에게 저 물체가 무엇인지를 물어 본 결과 그것은 새가 아니라 비행기라는 답을 듣는다. 그리고 아이는 새와 비행기의 차이를 알게 되는데 이것이 평형의 상태이다.

(2) 인지발달의 단계별 특징

[1] 감각운동기(sensorimotor stage: 0~2세)

이 단계에서는 진정한 의미의 사고능력이 없으며, 반사운동, 순환운동, 감각 및 운동을 통해 세계를 이해하고 환경에 적응해 간다. 감각경험과 동작을 통해 세계를 이해하므로 Piaget는 이 단계의 지능을 감각운동지능(sensory-motor intelligence)이라고 부른다. 이 단계 후기에는 사물이 감각적으로 존재하지 않아도 이 세상에 존재한다는 **대상영속성**(object permanence) 개념이 형성되고 **지연모방**(deferred imitation) 능력을 발달시킨다. Piaget는 이 단계에서 독립적이지만 상호 관련된 6개의 하위 단계들을 제시한다.

[2] 전조작기(preoperational stage: 2~7세)

조작(operation)이란 과거에 일어났던 사건들을 내면화시켜 서로 관련지을 수 있는, 즉 논리적인 관계를 이룰 수 있는 것을 뜻한다. 반면, '전조작(preoperation)'이란 정신활동이 조작의 요건을 충족시키지 못해 내재적인 한계가 있음을 의미한다.

전조작 단계는 전개념적 단계와 직관적 사고단계로 구분된다.

① **전개념적 단계**(pre-conceptual stage: 2~4세)

전개념이란 개념을 사용하지 않는다는 것이 아니라 불완전하고 비논리적인 개념을 사용한다는 것을 의미한다.

- 상징적 기능(symbolic fundtion) : 내적표상을 여러 형태의 상징으로 표현하는 것이다. 가상놀이, 그림, 언어 등
- 변환적 추리(transductive reasoning) : 특수사례에서 특수사례로 진행하는 추

리형태로, 논리적 오류를 포함한다. 예를 들어 "암소는 우유를 생산한다. 염소도 우유를 생산한다. 따라서 염소는 암소다"라는 논리가 이에 해당한다.

- 물활론(animism) : 생명이 없는 대상에게 생명과 감정을 부여한다. 태양은 빛을 발하기 때문에 살아 있고, 산은 움직이지 않기 때문에 죽었다고 생각한다.
- 실재론(realism) : 정신현상을 물리적인 현상으로 가정하는 사고이다. 꿈이 실재라고 믿는다.
- 인공론(artificialism) : 존재하는 모든 것은 사람이 만들었다는 사고를 한다.

② **직관적 사고단계**(intuitive thinking stage: 4~7세)

직관적 사고는 대상이나 현상의 가장 두드러진 한 가지 지각적 속성에 구속된 중심화된 사고방식을 지칭한다.

- 가역성(reversibility) 결여 : 사고의 체계성과 논리성이 부족하다.
- 자아중심성(egocentrism) : 다른 사람의 관점을 고려하지 못하는 인지적 한계로 자아중심적 조망(egocentric perspective)과 자아중심적 언어(egocentric speech)로 나타난다.
- 자아중심적 언어(egocentric speech) : 자기가 하는 말을 다른 사람이 이해하는가 고려하지 않고 자기 생각만 일방적으로 전달하는 의사소통방식이다. Piaget는 자아중심성으로 인해서 의사소통이 제대로 이루어지지 않는 전조작기 아동 상호 간의 대화 형태를 집단독백(collective monologue)이라고 부른다.

③ 구체적 조작기(concrete operational stage: 7~11세)

구체적 조작은 직접 경험할 수 있는 사상에 한해 논리적으로 사고할 수 있는 능력을 말한다. 여기서 '구체적'이란 사고조작이 구체적인 대상에 한정된다는 것을 의미한다.

① **가역성**(reversibility)

조작의 순서는 전환될 수 있고, 조작 전 상황의 특성들이 회복될 수 있다는 것을 이해한다.

② **보존**(conservation)**개념**

대상의 겉모습이 바뀌어도 양적 속성이나 실체가 동일하다는 것을 인식하는 능력이다.

③ **유목**(classification)

부분과 전체의 논리적 관계 및 상위유목과 하위유목 간의 논리적 관계를 이해함으로써 전체는 부분보다 크고 상위유목은 하위유목보다 항상 크다는 것을 이해하는 능력이다.

④ **중다분류**(multiplicative classification)

2개 이상의 기준을 사용하여 사물을 분류하는 것이다.

⑤ **서열화**(seriation)

사물들을 크기나 길이와 같은 일정한 기준에 따라 순서대로 배열한다.

⑥ **조망수용 능력**(perspective taking ability)

다른 사람은 자기와는 다른 사고나 느낌을 가질 수 있다는 것을 깨닫고 상대방의 입장에서 생각할 수 있는 능력의 시각에서 보는 조망을 추론해 낼 수 있는 능력이다.

[4] 형식적 조작기(formal operation stage: 11세 이후)

형식적 조작이란 완전히 가설적이고 추상적인 사상(事象)과 개념을 논리적으로 다룰 수 있고, 형식논리에 의해 사고할 수 있는 정신능력이다. '형식적'이란 문제의 내용이 아니라 형식(form)에 반응하고 가설을 형성할 수 있는 능력을 의미한다. 형식적 조작단계의 특징은 다음과 같다.

① **추상적 사고**(abstract thinking)

추상적인 개념을 사용해서 논리적으로 사고하는 능력이다. '사고에 대한 사고', 즉 내적 성찰(interval reflection)이 가능하다.

② **가설연역적 사고**(hypotheticodeductive thinking)

문제를 해결하기 위해 가설을 설정 · 검증함으로써 결론을 도출하는 사고이다.

③ **명제적 사고**(propositional thinking)

명제를 구성하고 명제 간의 관계에 대해 논리적으로 추론한다. 'A인 동시에 B', 'A이지만 B는 아님', ''A도 아니고 B도 아님'과 같은 3개의 명제를 바탕으로 가설을 설정하고 논리적으로 추론하는 능력이다.

④ **상상의 청중**(imagenary audience)

자신이 주위의 집중적인 관심의 대상이 된다고 생각한다.

⑤ **개인적 우화**(personal fable)

자신이 마음먹은 것은 무엇이든 할 수 있다거나 나는 친구들보다 우세하다는 감정을 지니는 자기중심성, 우월감, 전능감 등을 갖게 된다.

⑥ **조합적 사고**(combinational thinking)

문제를 해결할 수 있는 모든 경우의 수를 논리적이고 체계적으로 숙고하는 사고이다.

⑦ **새로운 상황**(new situation)

새로운 상황에 직면했을 때 현재의 경험뿐만 아니라 과거와 미래의 경험을 이용한다. 즉, 구체적 조작기의 아동은 현재의 문제만을 다루지만 형식적 조작기의 청년은 시간을 초월하여 문제를 다룬다.

⑧ **이상주의**(idealism)

자기 관념에 집착하고 그 관념을 달성하기 위해 심혈을 기울이며, 자기의 관념과 일치하지 않는 것을 비판하거나 배척하는 성향을 나타낸다. 더 나은 사회를 건설하기 위해 기존의 사회를 개혁 내지 파괴하려는 청년의 성향은 이상주의에서 기인한다.

(3) Piaget 이론의 교육적 시사점

첫째, 아동은 적극적으로 사고하며, 자발적이고 능동적으로 탐색하려는 존재이며, 인지발달은 아동 스스로가 지식을 구성하면서 이루어진다는 것을 제시했다는 점이다. 따라서 학교교육에서 교사는 아동들에게 지식을 직접 전수하기보다 아동이 능동적이고 적극적으로 주변 세계를 탐색하며 지식을 스스로 발견할 수 있도록 도움을 주는 학습환경을 조성해야 한다.

둘째, 발달적으로 적절한 교육(developmentally appropriate education)을 강조했다는 점이다. 이는 아동의 각 발달단계와 인지발달 수준에 맞추어 교육과정이 계열화되어야 하며, 교사는 아동의 현재 인지발달 수준을 이해함은 물론 인지발달 수준에 적절하게 교육자료와 활동을 구성하고 개발해야 한다는 점을 시사하고 있다(이신동 외, 2012).

셋째, 학생들에게 학습상황을 제공할 때는 학생들의 인지적 성장을 고무하기에 알맞은 정도로 불평형이 유지되어야 한다는 점이다. 왜냐하면, 문제가 너무 단순해서 학생들이 지루해 해서도 안 되고, 교수내용을 이해할 수 없어서 뒤처져서도 안 되기 때문이다. 오류를 가져오는 상황을 설정하는 것은 적절한 불평형 수준을 만들어 내는 데 도움이 될 수 있다. 예를 들어, 커다란 나무토막을 물 속에 담그기 전과 후를 학생들에게 보여줬을 때, 학생들은 그 상황에서 '일어나야 한다고 생각하는 일(나무토막은 크기 때문에 가라앉을 것이다)'과 '실제로 일어나는 일(가라앉지 않고 떴다)' 사이에 불평형을 경험하게 된다(Woolfolk, 2001).

넷째, 학습자의 개인차를 인정해야 한다는 점이다. Piaget 이론에서는 모든 아동들이 인지발달에서 동일한 발달순서를 거치지만, 그 속도에는 개인차가 있다고 본다. 따라서 교사는 전체 학급에 대한 교실활동보다는 개인과 소집단을 위한 교실활동을 계획하는 데 노력해야 하며, 아동 각각에 대해 이전의 발달수준과 비교하여 교육적인 진전도를 평가해야 한다(이신동 외, 2012).

(4) Vygotsky의 사회문화이론(sociocultural theory)

러시아의 심리학자 Vygotsky는 인지발달의 근원을 사회적 상호작용에 두고, 타인의 중재를 통해 타인의 인지기능이나 기술이 아동에게 점차 내면화된다고 보았으며, 인간의 고등정신기능은 원래 집단적 행동의 형태로서, 다른 사람과의 협력을 통한 개인 간 정신기능(interpsychological functioning)에서 출발하여, 점차 자신의 내적 기능이 발달되는 개인 내 정신기능(intrapsychological functioning)으로 변화된다고 보았다(구광현 외, 2013).

Jean Piaget(1896-1980)

Piaget는 1896년 8월 9일 스위스의 대학도시인 뇌샤텔에서 출생했다. 그의 아버지는 근면하고 비판적인 정신의 소유자로 중세 역사학자였으며, 세심하고 체계적인 사상가였다. 반면에 그의 어머니는 매우 감정적인 여자로서 그녀의 행동은 때로 가족 내에 긴장된 분위기를 조성하기도 하였다. 그러나 아주 지적이었고 독실한 종교인이었다. Piaget는 그의 자서전에서 어머니의 신경증적 기질은 가정생활에 다소간 걱정거리였다고 쓰고 있다. 이러한 부모의 영향으로 Piaget는 어린 시절부터 지적인 활동에 몰두하게 되었고, 자연현상에 대해서 남다른 관심과 탐구의 재질을 보였다. 즉 기계, 새, 화석 및 바다, 조개껍데기 등에 진지한 흥미를 지닌 소년으로서, 11세에 공원에서 본 알비노 참새에 관한 논문을 썼다. 그 후 뇌샤텔의 자연 역사 박물관장에게 방과 후 박물관장을 도울 수 있는 기회를 얻어 수집한 조개껍데기에 이름을 붙이는 등 많은 것을 배웠다.

4년이 지난 후 고등학교 때는 연체동물에 관한 연구를 했는데, 이 결과로 제네바 자연 역사박물관의 관장에 의해 연체동물 수집의 관리자 지위를 제의받았다. 그러나 아직 학생이었으므로 지위를 사양하였다. Piaget는 뇌샤텔 대학에서 자연과학으로 학위를 받았고, 1918년인 21세에 자연과학 분야에서 연체동물에 관한 논문으로 박사학위를 받았다.

청소년기에 Piaget는 철학, 종교 사회학, 심리학에 대해 광범위하게 공부했다. 1920년 Piaget는 파리의 Binet실험실에서 일하면서 영국의 Burt가 제작한 추리력 검사를 프랑스의 어린이들에게 맞도록 표준화시키는 작업을 하면서 아동에 관해 연구하기로 결심하였다. 또한 대학에서 Freud와 Jung의 이론을 접하게 된 이후 심리학에 심취하게 되었다. 이로써 1921년 24세의 젊은 생물학자였던 Piaget의 관심은 동물에게서 어린이에게로 옮겨졌고, 심리학자가 되어 그에게 일생의 과업이 된 인식의 연구에 착수했다.

다음 10년간 Piaget는 "루소 연구소"의 부속 학교인 「어린이집」의 어린이들과 "제네바 학교"의 어린이들과의 연구에 기초를 두어 몇 권의 책을 출판하였다. 그는 연구소의 학생인 Chatenay와 결혼했으며, 아내와 함께 세 아이(Jacqueline; 1925, Lucienne: 1927, Laurent: 1931)의 출생을 계기로 아동의 인지적 행동에 관한 일련의 연구들을 시작하게 되었다. Piaget가 어린이에 관한 연구를 시작할 무렵인 1920년경 많은 심리학자들은 어린이들도 본질적으로 어른들과 똑같은 방식으로 사고하고 추리한다고 생각했다. 그러나 Piaget는 바로 이 점에 의문을 갖고 반론을 펴게 된다. 즉 어린이들은 어른의 축소가 아니라고 주장한다. 따라서 사고의 체계도 어른의 사고체계와는 질적으로 다르며, 어린이들은 그들 나름대로의 독특한 방식으로 사고한다고 믿었다. 그는 어린이의 연령이 증가함에 따라 사고의 과정이 어떻게 발달해 가는가 하는 것에 많은 관심을 가지고 연구하였다. 그 이후 세 자녀와 어린이들의 행동을 세심히 관찰하여 아동기 인지발달에 많은 업적을 남겼다. Piaget는 세기의 아동발달 심리학자로서 '지식은 어떻게 구성되어지는가', '어린이들은 어떻게 자기의 세계를 이해하는가'에 관한 연구를 60여 년간 지속하였다. Piaget는 매일 아침 일어나서 글을 썼고 하루 일과는 어김없이 강의, 산책, 사고, 독서 등으로 이어졌고, 이런 엄격한 학문생활은 1980년 9월 16일 84세로 일생을 마칠 때까지 계속되었다.

Vygotsky 이론의 견해와 주요개념을 요약하면 다음과 같다(권대훈, 2013).

① 정신은 사회 및 문화 환경에 의해 결정된다.

② 문화적인 형태로 존재하는 지식은 사회적 상호작용을 통해 아동에게 전달되고(중재: mediation), 아동은 그것을 내면화한다. 사회적 상호작용에서 아동은 유능한 아동 및 성인의 도움을 얻어 지식을 획득하는 도제로 간주된다.

③ 개인은 내면화(internalization)를 통해 지식을 획득한다.

④ 언어는 학습 및 발달에서 핵심역할을 한다. 정신기능을 내면화하는 과정에는 언어가 중추적 역할을 한다. 또한 언어는 사고의 도구로 사고에 필요한 개념과 범주를 제공함으로써 사고를 가능하게 하고, 자기의 행동을 조절하고, 사회적 상호작용을 가능하게 하는 수단이 된다. 언어는 문화의 토대를 이루고 있다.

⑤ 언어와 사고는 처음에는 독자적으로 발달하여 유아기에는 언어와 사고가 별개의 기능을 갖고 있어 이 시기의 사고는 언어와 관계없이 나타나며 그러다 2세 무렵부터 사고와 언어가 상호의존적으로 발달하여, 성인이 되면 언어와 사고가 통합된다.

⑥ 학습이 발달보다 선행하므로 적절한 학습이 발달을 유도한다.

⑦ 언어의 기능은 사회적 언어(외적 언어), 자아중심적 언어, 내적 언어 순으로 발달한다.

- 사회적 언어(social speech: 3세 이전) : 초보적 언어기능으로 다른 사람의 행동을 통제하기 위해 감정이나 사고를 전달하는 기능을 한다.
- 자아중심적 언어(egocentric speech: 3~7세) : 자신의 행동을 조정하기 위해 자신에게 하는 언어를 말한다.
- 내적 언어(inner speech: 아동 이후) : 내적 자기대화를 의미한다. 사고와 행동을 조정하며 고등정신기능을 가능하게 하는 토대가 된다.

⑧ 아동들의 학습은 근접발달영역 내에서 일어난다. **근접발달영역**(zone of proximal development: ZPD)이란 아동이 현재 혼자서 스스로 과제를 해결할 수 있는 수준인 실제적 발달수준과 자신보다 유능한 성인이나 또래의 도움을 받아 과제를 해결할 수 있는 수준인 잠재적 발달수준 간의 차이를 말한다. 즉, 아동이 혼자서는 과제를 해결할 수는 없지만 유능한 타인의 도움을 받으면 과제를 해결할 수 있는 영역을 말한다. 이것은 실제로 학습이 이루어질 수 있는 영역이므로 교육이 성공할 수 있는 영역이다(이신동 외, 2012).

⑨ **발판화**(비계설정: scaffolding)는 교사나 유능한 동료로부터 주어지는 조력 또는 학습과 발달을 촉진시키는데 필요한 교수적 지원을 학생의 수준에 맞추어 변화 · 조정하는 방법이다. 교수시 활용할 수 있는 발판의 유형들은 다음과 같다.

표 3-1 발판의 유형

발판의 유형	예
모델링	미술교사는 학생들에게 혼자서 새로운 스케치를 시도하도록 요구하기 이전에 두 점 원근법의 스케치를 시범 보인다.
입으로 중얼거리면서 생각하기(think aloud)	물리교사는 칠판에서 운동량 문제를 풀면서 생각을 소리 내어 말한다.
질문	모델링하고 입으로 중얼거리면서 생각하기 한 후, 물리교사는 학생들을 몇 문제들을 쉽게 풀게 하고 중요한 시점에서 질문을 던져 문제를 구체적으로 이해할 수 있게 한다.
수업자료를 조절하기	초등학교 체육교사가 농구 슛 기술을 가르치는 동안 바스켓의 높이를 학생들에게 낮추어 주고 숙달되면 다시 높여 준다.
단서 제공	취학 전 아동들에게 신발 끈 묶는 법을 가르칠 때 토끼가 굴 속에 들어가는 예를 들어 필요한 힌트를 제공한다.
절차적 촉진자(procedural facilitator)	묵시적 기능(implicit skill)의 학습을 도울 경우, 예컨대, 교재를 읽은 후 누가, 무엇을, 어디에, 언제, 왜 그리고 어떻게 질문을 하는가와 같은 '신호 단어(signal word)'를 사용하도록 격려한다.
어려운 분야 예상하기	수업의 모델링과 설명 단계에서 교사는 잠정적인 학생들이 범할 수 있는 오류들을 예상하고 토의한다.
난이도 조절하기	묵시적 기능이 포함된 과제를 도입할 경우, 간단한 문제들로 시작하고 각 단계 후에 연습하게 하고, 점차 과제의 복잡성을 증가시킨다.
절반쯤 행해진 예들을 제공하기	학생들에게 절반쯤 행해진 문제의 예들을 제공하고서 결론을 도출하게 하는 것이 궁극적으로 학생 스스로 문제를 해결하는 방법을 가르치는 효과적인 방법일 수 있다.
상호교수(reciprocal teaching)	교사와 학생들이 교사의 역할을 교대한다. 교사는 학생들이 토의를 이끌고 질문하는 것을 학습할 때 학생들에게 지원을 제공한다.
체크리스트 제공하기	학생들에게 자신의 반응의 질을 조절하는 것을 돕기 위해 자기점검절차(self-checking procedures)를 가르칠 수 있다.

출처: Eggan & Kauchak, 2001; Woolfolk, 2001

발판화를 제공할 때는 근접발달영역을 감안하여 실제적 발달수준보다 약간 높은 수준의 과제를 제시한 다음 도움을 주는 것이 효과적이다. 그리고 중요한 것은 문제해결 능력이 높아짐에 따라 도움을 점진적으로 줄여 나가다 결국 스스로 문제를 해결할 수 있도록 하는 것이다.

Lev Semyonovich Vygotsky(1896-1934)

Vygotsky는 유복한 유태인 가정에서 8남매 중 둘째로 태어나 은행지점장인 아버지와 교사 교육을 받은 어머니로부터 따뜻하고 지적인 가정환경을 제공받았다. 어린 시절 비고츠키는 가정교사로부터 소크라테스식 문답법에 기초한 교육방법으로 지도를 받았는데 이는 비고츠키의 사고를 일깨워 주는데 큰 역할을 하였다. 15세 때 그는 철학, 문학, 예술, 역사에 관한 지적 토론을 자주 이끌었기 때문에 '꼬마 교수'로 불리기도 하였다. 이러한 그의 성장배경은 이후 그의 이론 정립에 영향을 미친다. 매우 영민했던 그는 유태인에게 입학 정원의 단 3%만 허용하는 모스크바 대학교에 입학하였다. 모스크바 대학교와 샤니아프스키(Shaniavsky) 인민 대학교에서 법학과 문학, 철학, 예술, 심리학을 공부한 비고츠키는 1924년 Pavlov의 조건반사이론을 비판하는 논문을 발표하면서 관심을 끌기 시작하였다. 그는 아동의 인지발달에서 사회적 · 문화적 맥락의 중요성을 강조하였으며, 1934년에 결핵에 걸려 38세의 젊은 나이로 세상을 떠날 때까지 180편이 넘는 논문과 책을 출판하였다. 그는 심리학의 모차르트로 불릴 만큼 천재적인 심리학자로 평가받고 있으며, 만약 그가 Piaget처럼 장수하면서 소련의 탄압을 받지 않고 자유롭게 연구 활동을 할 수 있었더라면 현대 심리학의 판도가 달라졌을 것이라는 평가까지 나오고 있다.

4) 도덕성 이론

(1) Piaget의 도덕성 발달 이론

Piaget는 아동들의 도덕성 발달을 인지발달의 한 양상으로 보았다.

그는 다음 이야기를 다양한 연령대의 아동들에게 들려준 다음 아동들을 면담하였다.

> 존이 저녁을 먹으러 내려와 식당 문을 연 순간, 문 바로 뒤 의자 위에 쟁반과 함께 컵 15개가 있었는데 그것을 알지 못했던 존이 문을 열자 문이 쟁반에 맞으면서 컵이 모두 산산조각 나버렸다.
>
> 헨리는 어머니가 외출하고 없을 때, 어머니 허락 없이 과자 통에서 과자를 꺼내 먹으려고 의자에 올라갔다가 그 옆에 있는 컵 1개를 깼다.
>
> 존과 헨리 중 누가 더 나쁜가(Piaget, 1965)?

Piaget는 아동들의 반응을 바탕으로 도덕성 발달을 크게 3단계로 구분하였다.

표 3-2 Piaget의 도덕성 발달 3단계

단 계	연 령	특 성
① 전도덕성 단계 (pre-moral stage)	2~4세경	규칙을 전혀 이해하지 못하며 규칙을 따라야 한다는 생각도 없다.
② 타율적 도덕성 단계 (heteronomous stage)	4~8세경	**도덕적 사실주의**(moral realism): 행위에 대한 규칙이나 게임의 규칙은 절대적이고 변화시킬 수 없다고 생각한다. 결과를 중심으로 선악을 판단한다.
③ 자율적 도덕성 단계 (autonomous stage)	8~12세경	**도덕적 상대주의**(moral relativism): 규칙이나 질서가 다른 사람과의 협의에 의해 결정된다는 것을 이해하고 다른 사람과의 상호작용을 고려하며 행동의 결과보다는 의도를 기준으로 선악을 판단한다.

(2) Kohlberg 도덕성 이론

Kohlberg는 Piaget의 도덕성 발달이론이 자율적 도덕성과 타율적 도덕성으로 양분되는 것이 지나치게 단순하다고 보았다. 그는 주로 아동을 연구대상으로 했던 Piaget 이론을 성인으로까지 확대시켜 도덕성 발달단계를 제시하였다. 그는 인간에게는 반드시 지켜야 할 보편적인 정의의 원리와 도덕률이 있다고 생각하였다. 도덕이란 사회집단이 가지고 있는 행동 규범을 의미하고, 도덕성이란 본래 가지고 있는 주관적 · 자율적인 도덕의식을 의미한다. 그는 다음과 같은 'Heinz의 딜레마'라는 상황을 제시하여 도덕성 발달 수준을 판단하였다.

Heinz의 딜레마

유럽에서 Heinz라는 남자의 부인이 암에 걸려 죽어가고 있었는데, 그 부인을 살릴 수 있는 약이 발명되었다. 그것은 같은 마을에 사는 어느 약사가 발명한 라디움 종류의 약이었다. 이 약은 가격이 매우 높았는데 왜냐하면 약값을 제조원가의 10배로 책정했기 때문이었다. 즉, 원가는 200달러였으나 판매는 2,000달러에 하는 것이었다.

Heinz는 돈을 구하려는 모든 노력을 다 하였으나 약값의 절반인 1,000달러밖에 구할 수가 없었다. Heinz는 약사에게 자기 부인이 죽기 직전에 있다는 것을 설명하고, 그 약을 싸게 팔거나 아니면 일단 외상으로라도 자기에게 팔아 달라고 간청하였다. 그러나 약사는 "절대 안됩니다. 그 약은 내가 발명한 것이니 나는 그 약으로 돈을 벌어야 되겠습니다."라고 매몰차게 거절했다. 절망에 빠진 Heinz는 마침내 부인을 위하여 약을 훔쳤다. 남편은 정당한 일을 하였는가? 만약 정당하다면 왜 그러한가?

표 3-3 Kohlberg의 도덕성 발달 단계

수 준	특 징	단 계
① 전인습 수준 (4~10세)	도덕, 규칙, 선, 악의 개념은 행위결과나 도덕, 규칙을 강요하는 사람의 힘과 권위와 관련지어 생각함	**단계 1 : 처벌과 복종지향** 벌을 회피하고자 규칙을 지키게 됨 **단계 2 : 개인적 쾌락주의** 상대적 쾌락주의, 보상을 바라고 규칙을 지킴. 대인관계에서 자기중심적이고 조작적이며 시장원리에 의거함
② 인습 수준 (10~25세)	개인이 가정, 집단, 국가의 기대를 따르는 그 자체를 가치로운 것으로 인정함	**단계 3 : 대인관계에서의 조화지향** 타인의 인정과 비난회피를 위해서 규칙을 따름 **단계 4 : 사회질서와 권위 지향** 사회적 관습과 규칙을 맹목적으로 수용. 의무수행 강조, 권위를 존중하며 주어진 사회적 질서를 유지
③ 후 인습 수준 (25세 이후)	도덕적 가치나 원리가 개인과 집단의 권위와는 무관하게 그자체로서 타당성을 가진 것으로 생각함	**단계 5 : 사회적 계약 지향** 법이란 맹목적으로 혹은 그 자체를 위해 준수해야 하는 것이 아니라 '최대 다수의 최대 행복'이라는 공익의 원칙에 기초해야 하며, 인간의 권리와 존엄을 위협하는 법은 부당하다고 생각함 **단계 6 : 보편적 원리 지향** 옳은 것은 보편적 도덕 원리에 맞는 것으로 인간의 평등, 개인의 가치와 권리존중

Kohlberg에 따르면 도덕성 수준과 단계의 순서는 불변적 순서로 발달하는 인지능력의 발달에 의존하기 때문에 도덕성 수준과 단계의 순서는 불변적이다. Kohlberg는 Piaget와 마찬가지로 도덕성은 단계적으로 발달하며 모든 사람들이 이 단계를 같은 순서로 밟게 되지만, 그 진행 속도는 서로 다르다고 보았다(이신동 외, 2012).

Lawrence Kohlberg(1927-1987)

Kohlberg는 미국 뉴욕주 브룽스빌에서 출생하였다. 1945년 엔도버 고등학교를 졸업, 상선에서 근무를 한 후 1948년 시카고 대학을 졸업하고 같은 대학원 심리학과에 진학하였다. 처음 임상심리학에서 관심이 있었지만 곧 Piaget에 흥미를 느끼고 도덕적 문제에 관해 그 결과를 박사논문으로 씀으로써 새로운 도덕성 발달단계 이론의 성립을 보았다. 1958년 시카고 대학에서 박사학위를 취득하였으며, 논문이 나온 이래 20여 년 동안 피험자들을 대상으로 종단연구를 했고, 예일 대학교에서 교수생활을 시작하여 하버드대학에서 교육학과 사회심리학을 가르쳤다. 유년기에서 성년기에 이르기까지 도덕발달의 단계들을 확립하는 이른바 도덕성 발달이론을 일관되게 탐구했던 그는 30여 년간 화려한 학문적 공헌을 하였으며, 1987년 59세의 나이로 생을 마감했다. 주요 저서로 「도덕 발달의 철학」, 「도덕 발달의 심리학」, 「교육과 도덕발달」 등이 있으며 Kohlberg는 Piaget의 전통을 이은 학자로서 도덕성 발달단계이론을 수립하였다. 인지심리학의 기수인 Kohlberg의 도덕교육이론은 인지심리학의 기본명제들에 기초하였다. 그는 교육의 과업을 개인의 심리적 · 인지적 구조와 사회적 환경의 상호작용에 의해 촉진되는 도덕발달의 자연적 과정을 자극하는데 있다고 보았다.

(3) Gilligan의 배려의 윤리

Gilligan(1982)은 「다른 목소리로(In a Different Voice)」라는 저서에서 서양의 기존 윤리관을 남성중심의 성차별적 윤리관이라 규정하며 이에 대한 대안으로서 배려의 윤리를 주장하였다. 그녀는 Kohlberg의 도덕성 발달이론이 추상적인 도덕 원리를 강조하며, 백인 남성과 소년만을 대상으로 도덕성 발달단계를 설정한 것에 대해 비판하였다. 또한 Kohlberg의 초기 연구 결과로 여성의 도덕 발달이 남성에 비해 낮다(성인 남성은 4,5단계에 이르는 도덕성 발달이 이루어지고 대부분의 여성은 3단계에 해당하는 도덕적 수준을 가진다)고 규정한 주장이 여성의 도덕발달을 적절하게 설명하지 못하고 있다고 비판하였다.

Gilligan에 따르면, 소년은 독립적이고 추상적 사고를 할 수 있도록 교육받는 반면, 소녀는 양육적이고 돌보기를 중요시하도록 양육되고 있으므로 남녀는 각기 다른 유형의 도덕적 추론을 할 수밖에 없다고 한다. 즉, 남성은 추상적 판단에 기초한 정의 관점(justice perspective)으로 도덕적 판단을 하고 여성은 인간관계와 타인을 돌보는 것을 기초로 하는 배려(care)와 책임감(responsibility)을 중심으로 판단한다(신명희 외, 2013).

Gilligan의 배려윤리의 발달단계는 세 가지 수준의 단계와 각 단계 사이의 2개의 전환기로 설명된다.

표 3-4　Gilligan의 배려윤리 발달단계

단 계	특 징
수준 1	**자기지향**(orientation to individual survival): 여성이 자기의 이익과 생존에 자기중심적으로 몰두하는 단계. **[전환기 1] 이기심에서 책임감으로**(from selfishness to responsibility): 책임감과 배려를 도덕적 판단기준으로 통합해 감.
수준 2	**자기희생으로서의 선**(goodness as self-sacrifice): 자신의 욕구를 억제하고 타인의 요구에 응하려 노력하게 되고 타인에 대한 배려, 책임감, 자기희생을 지향. 이 수준에서의 타인은 사적인 관계이며, 공적인 관계를 의미하지 않음. **[전환기 2] 선에서 진실로**(from goodness to truth): 도덕적 판단 기준이 자신 주변의 타인과의 일치에서 보다 넓은 범위의 타인의 욕구와 통합되는 것으로 발전해 감.
수준 3	**비폭력 도덕성**(the morality of nonviolence): 개인의 권리 주장과 타인에 대한 책임이 조화를 이룸. 자신에 대한 이해와 도덕성에 대한 재정의를 형성. 비폭력, 평화, 박애 등은 이 시기 도덕성의 주요 지표.

5) 직업관 이론

(1) Ginzberg의 발달이론

1 이론의 배경

직업선택이란 1회적인 행위, 즉 단일 결정이 아니라 장기간에 걸쳐서 이루어지는 일련의 결정이며, 직업선택 과정은 비가역적이라는 것이다. 따라서 나중에 이루어지는 결정은 그 이전의 결정의 영향을 받게 된다. 직업선택은 4가지 요인인 가치관, 정서적 요인, 교육의 양과 종류, 실제 상황적 여건의 상호작용으로 결정된다. 즉, 이상의 4가지 요인의 상호작용으로 태도가 형성되고, 태도는 직업선택을 결정하게 된다. 특히 직업선택 과정은 바램(wishes)과 가능성(possibility) 간의 타협(compromise)으로 볼 수 있으며, 이와 같은 타협 때문에 직업선택 과정은 비가역적이라는 것이다.

2 직업선택의 과정

① **환상적 직업선택 단계**(fantasy period: 6-10세)

이 단계에서는 현실여건, 자신의 능력이나 가능성을 고려하지 않고, 독단적으로 특정 직업을 택해서 그 직업에서 하는 일을 놀이 활동을 통해서 표출하려고 한다. 이 연령층의 어린이들은 현실적인 장애를 의식하지 못하기 때문에 자기가 원하는 것은 무엇이든지 다 할 수 있다고 믿는다.

② **시험적 직업선택 단계**(tentative period: 11-17세)

청소년 초기 단계인 이 때부터는 선택과정에서 흥미, 능력, 가치가 고려된다. 그러나 이 시기에는 현실적인 요인들이 고려되지 않기 때문에 시험적 단계라 불린다. 시험적 선택 단계는 다시 네 개의 하위단계로 세분된다.

- 흥미단계(interest stage) : 대략 11~12세가 이 단계에 속하며, 이 연령층의 어린이들은 자신의 흥미에 입각해서 직업을 선택하려는 경향이 있다.

• 능력단계(capacity stage) : 이 단계에 도달하면 자신이 흥미를 느끼는 분야에서 성공을 거둘 수 있는 능력을 지니고 있나 시험해 보기 시작한다. 그리고 이 세상에는 다양한 직업이 있으며, 직업에 따라서 보수도 다르고 필요로 하는 교육이나 훈련의 유형도 각기 다르다는 사실을 처음으로 인식하게 된다. 12세에서 14세가 이 단계에 해당된다.

• 가치단계(value stage) : 15~16세에 해당하는 이 시기에 와서는 직업을 선택할 때에 고려해야 하는 다양한 요인들을 인정하게 된다. 즉, 특수한 직업선호와 관련된 모든 요인들을 알아보며, 그러한 직업선호를 자신의 가치관 및 생애목표에 비추어 평가해 본다.

• 전환단계(transition stage) : 이 시기는 고등학교 3학년인 17~18세 전후가 되는데, 이때부터는 점차 주관적인 요소에서 현실적인 외적 요인들로 관심을 돌리게 된다.

③ **현실적 직업선택 단계**(realistic period: 18-22세)

청소년 중기에 해당되는 이 단계에서 비로소 현실적인 선택이 이루어지게 된다. 그래서 자신의 흥미, 능력, 가치, 기회뿐만 아니라 직업의 요구조건, 교육기회, 개인적 요인 등과 같은 현실요인을 고려하고 타협해서 결정에 도달하게 된다. 현실적 직업선택 단계는 정서적 불안, 개인적 문제, 재정적인 풍족함 등의 원인 때문에 늦어지기도 한다.

• 탐색단계(exploration stage) : 자신의 직업선택을 위해 필요하다고 판단되는 교육이나 경험을 쌓으려고 노력하는 단계이다.

• 구체화 단계(crystalization stage) : 직업목표를 정하고, 자신의 결정에 관련된 내적 · 외적요소를 종합할 수 있는 단계이다.

• 특수화 단계(specification stage) : 자신이 한 결정을 보다 구체화시키고, 보다 세밀한 계획을 세우는 단계이다.

(2) Super의 발달이론

1 이론의 배경

Super는 Ginzberg 이론의 미흡성을 비판하고 그의 직업선택 및 직업발달에 대한 지식을 충분히 분석 · 종합하여 보다 포괄적이고 발전된 이론을 정립하려고 하였다. 특히 Super는 진로발달이 아동기로부터 성인 초기까지 만으로 국한된 과정이라고 한 Ginzberg의 초기 이론에 이의를 제기하고 진로발달은 인간의 전 생애에 걸쳐서 이루어지고 변화되는 것이라고 하였다. 또한 직업선택을 타협의 과정으로 본 Ginzberg의 이론을 보완하여 타협과 선택이 상호작용하는 일련의 적응과정으로 보고, 발달을 개인과 환경과의 상호작용으로 인한 결과임과 같이 개인과 환경과의 상호작용에 의한 적응과정이라고 하였다.

2 자아개념(self-concept)

Super 이론의 기저를 이루고 있는 것은 자아개념이다. Super에 의하면 인간은 자아 이미지와 일치하는 직업을 선택한다고 한다. 즉, “나는 이런 사람이다” 하고 느끼고 생각하던 바를 살릴 수 있는 직업을 택한다는 것이다. 직업발달에 있어서 본질적인 역할을 하는 자아개념은 유아기에서부터 형성(formation), 전환(translation), 실천(implementation)의 과정을 거쳐서 사망에 이르기까지 계속 발달 · 보완된다. 그러나 청년기 이후에는 대개의 경우 자아개념에 큰 변화가 오지 않는다.

3 진로발달 요인과 주요 명제

Super는 진로유형 연구를 통하여 진로발달의 요인을 다음과 같이 10가지로 요약하였다.

① 개인차, ② 다양한 가능성, ③ 직무능력의 유형, ④ 동일시와 모델의 역할, ⑤ 적응의 계속성, ⑥ 생애단계, ⑦ 진로유형, ⑧ 발달의 지도가능성, ⑨ 상호작용의 결과로서의 발달, ⑩ 직무만족

이러한 진로발달 요인을 기초로 Super는 다음과 같은 10가지 명제를 내세우고 있는데, 이는 곧 그의 이론의 중심개념이기도 한다.

첫째, 인간은 능력, 흥미, 성격 등에 있어서 차이가 있다.

둘째, 인간은 이러한 특성의 차이로 인해 특정한 직업들에 대하여 적합성을 지니게 된다.

셋째, 각 직업에는 각기 요구되는 일정 범위의 능력, 흥미, 인성특성이 있다.

넷째, 개인의 직업적 선호와 능력, 생활 장면 및 자아개념은 시간의 경과와 경험에 따라 변화한다. 따라서 직업의 선택과 직업에의 적응은 계속적인 과정이 된다.

다섯째, 일련의 생애단계로서의 성장기, 탐색기, 확립기, 유지기, 쇠퇴기의 과정으로 특징지을 수 있다.

여섯째, 개인의 진로유형의 본질은 부모와 사회·경제적 수준, 개인의 정신능력 및 인성특성, 주어진 직업기회 등에 의해서 결정된다.

일곱째, 개인의 발달단계를 통한 성장은 능력과 흥미의 성숙과정을 촉진시키거나 자아개념의 발달을 도와줌으로써 지도될 수 있다.

여덟째, 직업발달 과정은 본질적으로 자아개념을 발달시키고 실천해 나가는 과정이다.

아홉째, 개인의 사회적 요인, 이른바 자아개념과 현실성간의 타협이란 역할수행의 하나이며, 이러한 역할은 환상이나 상담, 면접 또는 학급, 클럽, 여가활동, 취업활동 등에서 수행된다.

열째, 자신의 직업과 인생에 대한 만족은 얼마나 자기의 능력, 흥미, 성격특성, 가치관에 맞는 길을 찾느냐에 달려 있다.

4 직업발달의 단계

① **성장기**(growth stage: 0-14세)

이 기간 중에는 가정과 학교에서의 주요 인물과 동일시함으로써 자아개념을 발달시킨다. 이 시기의 초기에는 욕구와 환상이 지배적이나 사회참여와 현실 검증이 증가함에 따라 흥미와 능력을 중요시하게 된다. 이 단계는 세 개의 하위단계로 구분된다.

- 환상기(4－10세) : 욕구가 지배적이며 환상적인 역할수행이 중요시된다.
- 흥미기(11－12세) : 개인의 취향이 곧 활동의 목표 및 내용을 결정하는 요인이 된다.
- 능력기(13－14세) : 능력을 보다 중요시하며 직업의 요구조건을 고려하게 된다.

② **탐색기**(exploration: 15-24세)

학교생활, 여기활동, 시간제 일을 통해서 자아검증, 역할시행, 직업적 탐색을 행한다. 탐색기는 다시 세 개의 하위단계로 구분된다.

- 잠정기(15－17세) : 욕구, 흥미, 능력, 가치, 직업적 기회 등을 고려하기 시작하며, 잠정적인 진로를 선택하고 그것을 환상, 토의, 일, 기타 경험을 통해서 시행해 본다.
- 전환기(18－21세) : 취업을 하거나 취업에 필요한 훈련이나 교육을 받으며, 자신의 자아개념을 실천하려고 함에 따라 현실적 요인을 중요시하게 된다.
- 시행기(22－24세) : 자신에게 적합해 보이는 직업을 선택해서 최초의 직업을 가지게 된다.

③ **확립기**(establishment stage: 25-44세)

자신에게 적합한 분야를 발견하고 거기에서 영구적인 위치를 확보하기 위한 노력을 한다.

- 시행기(25－30세) : 자신이 선택한 일의 분야가 적합지 않을 경우, 적합한 일을 발견할 때까지 몇 차례의 변동이 있게 된다.
- 안정기(31－44세) : 진로유형이 분명해짐에 따라 그것을 안정시키고 직업세계에서 안정된 위치를 굳히기 위한 노력을 한다.

④ **유지기**(maintenance stage: 45-65세)

이 시기에는 이미 정해진 직업에 정착, 그것을 유지하기 위한 노력을 한다.

⑤ **쇠퇴기**(decline stage: 65세 이후)

정신적, 신체적 힘이 약해짐에 따라 직업전선에서 은퇴하여 다른 활동을 찾게 된다.

5 직업발달의 과업

① **구체화**(crystallization: 14-17세)

자신의 흥미, 가치는 물론, 장차 일어날지도 모를 일, 그리고 선호하는 직업을 위한 계획 등을 인식하여 일반적인 직업 목적을 형성하는 지적과정 단계과업이다. 이 과업은 선호하는 진로에 대하여 계획하고 그 계획을 어떻게 실행할 것인가를 고려하는 것이다.

② **특수화**(specification: 18-21세)

잠정적인 직업에 대한 선호로부터 특정한 직업에 대한 선호로 옮기는 단계의 과업이다. 직업선택을 객관적으로 명백히 하고, 선택된 직업에 대해서 더욱 구체적으로 이해하여 진로계획을 특수화하는 것이다.

③ **실행화**(implementation: 22-24세)

선호하는 직업을 위한 교육훈련을 마치고 취업하는 단계의 과업이다.

④ **안정화**(stabilization: 25-35세)

직업에서 실제 일을 수행하고 재능을 활용함으로써, 진로선택이 적절한 것임을 보여주고 자신의 위치를 확립하는 단계의 과업이다.

⑤ **공고화**(consolidation: 35~)

승진, 지위획득, 경력개발 등을 통하여 자신의 진로를 안정되게 하는 단계의 과업이다.

제 4 장

동기와 학습

1. 동기
2. 학습과 동기
3. 성취동기와 귀인성향
4. 욕구이론

1. 동　기

1) 동기의 개념

동기(motive)란 사람들의 행동을 자극 또는 유발시키는 내면의 상태를 말한다. 어떤 의미로 심리학의 전영역은 행위의 저변에 깔려 있는 원인의 견지에서 그 행위를 설명하는 것과 관련이 있다. 따라서 동기란 행동을 일으키고, 어떤 행동을 할 것인가를 마음먹고, 그 행동을 지속하게 하는 심리적 기제를 설명하는 가상적인 개념이다. Linsdely에 의하면 동기는 어떤 목표를 지향하는 행동을 일으키고, 방향을 잡고, 유지하게 하는 힘의 종합이다. 다시 말하면 동기란 행동을 일으키는 에너지와 방향이다.

동기란 말은 라틴어의 'moveers'에서 온 것으로 '움직인다(move)'를 뜻한다. 동기란 움직임을 가져오는 과정이며, 이 움직임은 맹목적인 것이 아니고 방향이 있는 것이다. 또한 동기는 행동에 활력을 주며 어떤 목표를 향하도록 방향을 제시할 뿐만 아니라 목표달성을 위해 효과적인 행동을 하도록 강화한다. 동기는 행동을 유발하고 방향을 제시하고 유지하는 신체적, 심리적 상태이다. 배고픔과 같은 특수한 동기는 음식을 획득하기 위한 더 특징적인 목표지향적 행동(goal directed activity)을 말한다.

이것은 유기체로 하여금 욕구(일차적 동기) 뿐만 아니라 요구(이차적 동기)까지도 만족시키도록 충동을 가하거나 혹은 활력을 부여해 주는 것으로, 목표지향적 행동양상의 역동적 요소를 나타내는 개념인 것이다. 이런 식의 동기는 개인 내에서 비교적 불변적으로 또 지속적으로 존속한다고 가정한다. 이차적 동기는 그것들이 주로 외적으로 유발시키는 자극을 통해 활성화되기까지는 잠재적으로 존재한다. 다음은 동기의 종류에 대해서 구체적으로 살펴보고자 한다.

2) 동기의 종류

동기는 1차적 동기와 2차적 동기, 일반 동기와 특수 동기, 내재적 동기와 외재적 동기로 분류할 수 있다.

(1) 1차적 동기와 2차적 동기

① **1차적 동기**(primary motive)

학습되지 않은 생득적 성향을 말하는데, 신체적, 생리적 평형 상태를 유지하고, 유기체의 생명 보존, 종족 보존에 필요한 동기를 가리킨다. 즉, 갈증, 수면, 휴식, 반사 활동, 배설, 성욕 등이다. 대표적인 1차적 동기로는 '성 동기'와 '공격성(aggressiveness)'이 있다. 사회가 발전하고 복잡해질수록 인간행동의 동기화과정에서 생리적인 1차적 동기보다는 학습된 2차적 동기가 더욱 중요한 역할을 한다. 환경적 요인이나 상황요인에 따라 학습한 동기, 특히 대인관계 속에서 형성하는 사회적 동기는 모두 2차적 동기의 범주에 속한다.

② **2차적 동기**(secondary motive)

사회적 동기는 1차적 동기를 제외한 후천적 학습 및 경험으로서의 동기를 가리키며, 상벌, 경쟁, 우월, 독립, 소속감, 사회적 인정 등이다.

대표적인 2차적 동기의 예는 '권력동기'와 '성취동기'이다. 권력동기는 타인으로부터 인정을 받고 타인이나 집단을 통제하거나 그들에게 영향을 미치려는 욕구를 의미한다. 또한 금전이나 명예 때문이 아니라 그 일 자체에 즐거움과 의미를 부여하는 동기에 의해 그 일을 성취하는 경우 이를 성취동기라고 부른다. 따라서 어떤 보상을 위해서가 아니라 성취를 위하여 한 영역에서 뛰어나고자 하는 사람들은 높은 성취동기가 있는 것으로 간주한다.

(2) 일반 동기와 특수 동기

① 일반 동기(general motive)

학습상황에서 지식의 습득, 기능의 숙달을 위해 노력하는 지속적이고 폭넓은 경향을 말한다. 일반 동기는 일단 형성되면 초등학교, 중 · 고등학교, 대학, 직장, 그 밖의 사회생활에까지 계속 유지된다는 것을 말한다. 또한 '폭넓은'이란 뜻은 일반 동기가 교육과정 전반에 영향을 준다는 것이다.

즉, 과목에 따라 약간의 차이가 있을 수도 있겠지만 긍정적인 동기유발은 특정 과목이나 주제 영역을 뛰어넘어 광범위한 영역에서 활성화될 수 있다.

② 특수 동기(special motive)

특정 영역이나 내용의 학습에 관해서만 동기화되는 것이다. 학습에 있어서의 특수 동기는 특정 과목 혹은 특정 수업시간의 학습체험에서만 학생들의 학습을 촉진시킨다. 따라서 특수 동기는 교사의 통제 범위 안에 들어 있으며 특정 전략에 의해 변화될 수 있다.

(3) 내재적 동기와 외재적 동기

동기는 보상의 유형에 따라 두 가지로 구분된다. 보상에는 자발적으로 행동의 과정이나 결과에 대해 만족을 느끼는 내적 보상과 외부로부터 주어지는 외적 보상이 있어, 이에 따라 동기 역시 내재적 동기와 외재적 동기로 구분한다.

① 내재적 동기(intrinsic motive)

욕구, 흥미, 호기심, 즐거움 등 내적이고 개인적인 요인, 즉 내부적인 요인들에 의해서 유발되는 동기이다. 내재적으로 동기화되어 있는 경우에는 활동 그 자체가 보상으로 작용하기 때문에 어떤 유인물이나 처벌이 필요하지 않다. 내재적으로 동기화된 사람은 주어진 과제 자체나 그것이 가져다 주는 성취감을 즐긴다. 학습과 관련하여 내재적으로 동기화된 사람은 학습활동 자체를 좋아하기 때문에 아무도 학습을 강요하지 않는 상황에서도 자발적으로 학습활동에 몰입한다. 이는 활동 그 자체가 보상받는 것이므로, 외부의 별다른 보상을 필요로 하지 않는다.

② **외재적 동기**(extrinsic motive)

외적이고 환경적인 요인, 즉 보상, 사회적 압력, 처벌 등으로 유발되는 동기이다. 외재적으로 동기화된 사람은 활동 그 자체에는 흥미가 없으며, 그것이 가져다 줄 보상에만 관심이 있다. 성적이나 보상, 교사와 부모의 처벌에 관심이 있다.

특정 행동이 내재적으로 동기화된 것인지 혹은 외재적으로 동기화된 것인지는 어떤 활동을 하는 '원인의 소재(locus of causality)', 다시 말해서 원인의 위치가 그 활동을 하는 사람의 내부에 있는가 혹은 외부에 있는가에 따라 구분할 수 있다.

3) 동기의 기능

동기는 여러 가지가 복합적으로 결부되어 표현되고 있으나, 사람의 행동을 결정해 준다는 면에서 크게 4가지의 기능을 한다.

(1) 동기는 유기체의 행동에 에너지를 부여하며 이를 조정한다.

유기체 내부의 불균형은 선이나 신경 또는 근육의 운동을 일으키며, 외적 자극은 유기체의 내적 조건과 결부되어 새로운 적응행동이 일어나게 되는 것이다. 예컨대, 배고프다는 것은 위의 수축 운동을 일으키고, 구심성 신경에 자극을 주어 에너지를 촉발하며 음식물이 유인되어 식욕을 유발시키기도 한다. 다른 사람이 성공한 것을 보면 나도 성공하고 싶은 충동을 느낀다.

또한 유기체의 내적 조건과 외적 자극에 의해서 유발되는 동기의 강도는 에너지의 양을 조절한다. 외적 자극이 충격적이며 내적 불균형 상태가 커지면, 촉발되는 에너지의 양도 증대되어 긴장의 정도가 높아진다.

(2) 동기는 선택의 기능을 한다.

당면한 사태로 인해서 개체가 느끼는 동기는 개체로 하여금 어떤 형태로 반응할 것인가를 선택하게 한다. 예를 들면, 애정의 욕구가 생겼을 때는 우선 통찰과 선택적 행동을 통해서 여러 가지 반응 형태 중에서 어떻게 행동할 것인가를 결정하게 된다. 그래서 애정을 추구하는 행동이 나타나게 된다. 또한 힘의 욕구를 충족시키고자 하는 학생의 경우 자신이 원하는 것과 할 수 있는 것, 해야 하는 것들을 고려한 후에 공부를 하기로 결정을 하게 된다. 이와 같이 인간의 행동은 내적 동기를 실현시키고자 하는 선택을 한 후에 이루어지는 것이라고 할 수 있다.

(3) 동기는 행동하게 하고 행동을 방향 지워 준다.

개인의 동기를 이용하여 기대 수준까지 행동하게 하고, 목표를 지향한 행동을 하게 한다. 즉 근로자들의 동기를 이용하여 생산율을 올린다든지, 학습자에게 상이나 벌, 흥미, 또는 명예욕 등의 동기를 부여하여 성적을 향상시킬 수 있다.

(4) 동기는 강화적 기능을 한다.

동기는 특정한 목표에 지향하는 행동이 일어날 확률을 증가시키기도 하고 감소시키기도 하는 강화적 기능이 있다. 이 기능은 학습자로 하여금 학습목표에 대한 행동의 결과가 학습자에게 주는 만족감이나 성취감 등으로 어떤 보상이 주어지느냐에 따라 동기유발의 수준이 달라진다. 따라서 학습자의 욕구가 만족될 만한 행동은 선택되고 강화되지만 그렇지 않은 행동은 점점 약화되거나 소멸된다. 이러한 동기의 기능을 최대한도로 살려서 학습을 하면 훨씬 효과적이다(구광현 외, 2013).

4) 동기유발

(1) 동기화

동기화(motivation)는 인간 행동 과정에서 행동의 활성을 증감시키고 행동의 방향을 정해 주는 심리적 요인으로서 개체의 행동을 특정한 목표로 이끄는 내적 충동 상태를 의미한다. 바람직한 어떤 행동의 기초가 되는 심리적 과정을 활성화시키는데 필요한 외부 자극작용의 과정을 두고 동기유발이라고 한다.

(2) 동기유발 방법

① 보상 또는 칭찬과 벌

일반적으로 보상을 주는 것이 주지 않는 것 또는 무관심한 것보다 효과가 크다고 하는데 공개적인 칭찬, 개인적인 질책, 공개적인 질책, 개인적인 조롱, 공개적인 조롱의 순으로 효과가 있다고 한다. Hurlock은 결과에도 개인차가 있는데, 개인적인 벌은 우수한 학생에게, 공개적인 칭찬은 열등한 학생에게 보다 효과적이며 질책은 남자에게, 칭찬은 여자에게 더 효과적이라고 한다.

② 경쟁과 협동

경쟁이 협동보다 더 좋은 성적을 올리는 경향이 있다. 경쟁은 어린이나 청소년의 경우, 남녀 간의 경쟁이 동성보다 더 효과적이고 집단경쟁보다 개인경쟁이 더 효과적이라고 한다. 그러나 경쟁이라는 것도 전인류에게 보편적인 것은 아니라고 한다.

③ 개인과 집단

작업은 혼자서 하는 것보다 여럿이 함께 집단적으로 할 때 더 효과적이다. 이것은 집단 내에서 남으로부터 작업시간의 통제를 받으며, 집단 내에서의 개인적 경쟁성이 작용하기 때문이다.

④ 성공감

어느 정도 자기의 목표에 대해서 성공감을 지니면 동기가 유발되고 성취의 욕구를 만족시키는 것이 된다. 기대수준이 너무 높아 실패를 자주 경험하게 되면 욕구좌절을 일으키게 되고 용기를 감소시킨다. 따라서 개인에게 주는 문제나 욕구를 능력에 맞게 마련하여 주는 것이 필요하다.

⑤ 목적과 결과의 인지

행동의 목적을 안다는 것이 욕구를 유발시키는 원동력이 된다. 자기의 일이 무엇 때문에 하는 것인지, 학습의 목표가 무엇인지를 모르면 동기유발이 되지 않아 의욕을 잃게 되며 성과가 오르지 않는다. 결과의 인지도 작업의 효과에 영향이 크다. 학업 성적을 매 시험마다 알려준 집단과 마지막에 알려준 집단 간에는 전자가 더 효과가 컸다고 한다. 반대로 자기의 요구 수준에 학습의 결과가 훨씬 미달될 때, 오히려 열등감과 좌절에 의해서 효과가 감소될 수도 있다. 이러한 작업 결과에 대한 지식은 예기되는 결과에 대한 지식 또는 편견에 대해서도 영향을 받는다.

5) 동기이론

(1) 행동주의적 관점

행동주의 심리학자들은 외적인 보상(reward)이나 유인가(incentive)와 같은 개념을 사용하여 동기와 동기화의 과정을 설명한다. '보상'이란 어떤 특정한 행동의 결과에 대해 주어지는 매력적인 사물이나 사건을 의미한다. 유인가란 행동을 조장하거나 단념시키는 사물이나 사건을 말한다. 즉 어떤 행동이 지속적인 강화를 받으면 그 행동의 강도나 빈도는 증가한다.

학습의 결과에 대한 좋은 성적이나 상장을 주거나 바람직하지 못한 행동에 대해서 벌점을 가하는 것은 유인물, 보상, 처벌 등의 외적인 수단을 사용하여 동기화시키는 방법이다.

행동주의 동기이론에는 강화이론(reinforcement theory)과 동인감소이론(drive reduction theory) 등이 있다.

(2) 인본주의적 관점

인본주의 심리학자들은 동기의 내적 원천은 자아실현(self-actualization)을 위한 개인적 욕구, 생득적인 실현 경향성을 위한 욕구 혹은 자기결단을 위한 욕구라고 주장한다. 이런 주장의 공통점은 사람들을 지속적으로 동기화시키는 힘으로 자신의 잠재능력을 실현시키려는 생득적 욕구로 보는 것이다. 즉, 인본주의 입장에서 보면 학교에서 학생들을 동기화시키기 위해서는 학생들의 내적 자원인 유능감, 자아 존중감, 자율성과 자아실현 등을 격려해 주어야 한다. 따라서 인본주의 동기이론은 개인의 지각과 내부적 욕구에 대한 반응에 초점을 맞춘다. 다음의 정의는 인본주의 심리학의 기본 입장을 잘 보여 준다.

인본주의 심리학(humanistic psychology)은 행동주의적이며 자연과학적인 방법을 존중하는 연합 중의 인간을 지나치게 분석적 · 결정론적으로 보는 입장에 반대하는 심리학적 조류에서 시작한다. 연합주의와 정신분석학은 주로 동물이나 비정상인을 대상으로 인간을 반응객체로 보고 인간현상을 기술하려 했음에 반하여, 인본주의 심리학은 건전한 인간 자체를 대상으로 삼았으며 인간을 능동적인 성장가능의 잠재력을 가지고 있는 주체로 보았다. 또한, 인간은 보다 자기 조절적이고 자기 통제적이며 자기 선택적이기 때문에 강요와 통제를 지양하고, 그 보다는 자발성과 자율성을 더욱 강조하여야 한다고 하였다(서울대 교육연구소, 1994).

대표적인 이론에 Maslow의 욕구위계론(hierarchy of need theory)이 있다.

(3) 인지주의적 관점

인지주의 동기이론은 인간을 긍정적이고 적극적으로 사고하는 이성적인 존재로 보며, 인간의 동기를 외적인 힘에 의한 수동적인 것으로 인식하는 행동주의의 입장과는 달리 내재적인 동기를 강조한다. 즉, 어떤 행동이 과거에 보상되었는가 아니면 처벌이 후속되었는가에 의해서가 아니라 개개인의 사고에 의해서 행동이 결정된다고 보는 것이다. 인지주의 동기이론에는 귀인이론과 자아효능감 이론이 있는데, 좀 더 자세히 살펴보고자 한다.

① 귀인이론

Weiner(1979)는 어떤 일의 성공이나 실패에 대하여 자신의 행동에 대한 원인을 귀속시키는 경향성에 대한 이론을 귀인이론(attribution theory)이라고 정의하였다. 귀인이론이란 학교에서 학생들이 그들의 성공과 실패를 어떻게 설명하는가에 대해 체계적으로 이해하고자 하는 것이다.

어떤 사람의 행동과 사태를 보고 이를 귀인시킬 때는 크게 두 가지 방향으로 원인의 귀착을 조망한다. 하나는 행동을 한 당사자의 성격, 능력, 동기 등에 돌리는 것으로 이것을 **내부귀인**(internal attribution)이라고 부른다. 반대로 환경,

상황, 타인, 우연(운) 등의 탓으로 돌리게 되는 경우로 이를 **외부귀인**(external attribution)이라고 말한다. 인간은 일반적으로 타인의 행동은 내부귀인으로 귀속시키는 반면에 자신의 행동은 외부에 귀인시키려는 경향이 있다.

Weiner는 이러한 요인들을 분석하여 사람들이 자신의 성공이나 실패의 원인으로 가장 많이 귀인하는 '능력, 노력, 운, 과제의 난이도'라는 네 가지로 설정하였다. 이와 같은 귀인들은 원인의 소재, 안정성, 통제 가능성이라는 3가지 차원의 모형을 기준으로 분류되었다.

첫째, **원인의 소재**(locus of causality)는 사람들의 성공 또는 실패에 대한 원인의 근원을 의미한다. 다시 말해서 성공이나 실패의 원인이 사람들의 내부에 존재하는지 아니면 외부에 존재하는지에 따라 원인의 소재가 달라진다.

둘째, **안정성**(stability)이다. 원인이 시간의 경과에 따라 변화될 수 있는가 아니면 변화될 수 없는가를 뜻한다.

실패의 원인을 분석하여 그 대책으로 과업에 들이는 노력의 양을 적절히 조절한다거나, 보다 많은 도움을 요구한다거나, 때에 따라서는 공부하는 습관을 바꿀 수도 있다. 이러한 것들은 변화가 가능한 안정적 귀인이지만 실패를 능력의 탓으로 돌린다면 이는 변화가 어려운 불안정한 귀인이 되는 것이다.

셋째, **통제가능성**(controllability)이다. 원인을 행위자가 의도적으로 변화시킬 수 있는가 아니면 변화시킬 수 없는가를 가리킨다. 즉, 지능지수는 통제 불가능한 원인이 될 수 있고, 노력은 통제 가능한 원인이 된다. 이처럼 통제가능성은 통제 가능(controllable) 귀인과 통제 불가능(uncontrollable) 귀인으로 구분된다.

동기에 대한 귀인이론은 **학습된 무력감**(learned helplessness)을 설명할 수 있다. 학습된 무력감은 삶을 전혀 통제할 수 없고, 무엇을 하더라도 실패를 피할 수 없다는 신념을 가리킨다. 학습된 무력감은 내적 능력이나 외적 상황에 의해 개인의 통제가 불가능하다는 지각에서 비롯될 수 있다. 학업장면에서 학습된 무력감은 아무리 노력하더라도 실패할 것이라는 기대로 나타난다. Seligman

(1975)은 개를 대상으로 실시한 실험에서 학습된 무력감을 확인했다.

표 4-1 귀인과 각 차원과의 관계

귀인요소	원인의 소재	안정성	통제 가능성
능력	내적	안정적	통제불가
노력	내적	불안정적	통제가능
운	외적	불안정적	통제불가
과제의 난이도	외적	안정적	통제불가

② 자아효능감 이론

Bandura(1986)는 자아효능감(self-efficacy)이란 어떠한 과제를 성공적으로 조직하고 실행하는 자신의 능력을 지각하는 특성이라고 정의하였다.

자아효능감은 자기개념(self-concept)이나 자기존중(self-esteem)과 구분된다. 즉, 자아효능감은 개인적 능력에 대한 판단이지만, 자기개념은 자기 자신에 대한 총체적인 판단이고, 자기존중은 자신의 가치에 대한 판단이다.

자아효능감은 결과기대와도 구분된다. 자아효능은 어떤 행위를 수행할 수 있는가에 대한 신념이지만, 결과기대(outcome expectation)는 어떤 행위를 하면 어떤 결과가 나타날 거라는 신념이다. 그래서 어떤 행위를 하면 긍정적인 결과가 있을 것이라는 신념(즉, 결과기대)을 갖고 있으면서도 막상 그 행위를 수행할 수 있는 능력에 대한 신념이 낮을 수 있다. 이러한 학생은 결과기대가 높지만 자아효능감은 낮다(권대훈, 2013).

자아효능감 이론에서는 학업과제에 대한 내재적 동기가 피험자의 능동적이고 자율적인 상태와 관련되어 있다고 가정한다. 자아효능감은 다양한 수준에서 교사와 학생 모두에게 영향을 미친다. 자아효능감은 동기와 직결되며, 학생들의 학업성취는 이러한 동기에 영향을 받는다.

자아효능감은 학습을 하는 동안에 진행되는 학생들의 사고뿐만 아니라 과제를 회피하거나 집중하려는 경향에도 영향을 준다. 효능감을 지니고 있는 학생은 과업에 직접적으로 집중하지만 그렇지 않은 학생들은 스스로 무력감을 느끼게 되어 과제를 회피하려고 한다. 또한 높은 자아효능감을 가진 학생들은 자아효능감이 낮은 학생에 비해 실제 자기 능력보다 높은 성취를 가져왔다는 연구결과는 교사들이 학생들에게 높은 자아효능감을 갖도록 해야 함을 강조하고 있다. 자아효능감은 단순히 학생들에게만 영향을 미치는 것이 아니다. 자아효능감은 교사의 수행에도 영향을 주는데, 자신의 능력에 신뢰감을 느끼고 있는 교사와 그렇지 않은 교사가 학생들의 학업성취에 상이한 결과를 미친다는 연구 결과가 있다.

2. 학습과 동기

1) 학습동기와 학업성취

학습은 자기활동의 과정이므로, 먼저 학습자가 학습과제에 흥미를 느끼고 그것을 자기 것으로 하려는 강한 의지가 전제되지 않으면 안 된다. 따라서 **학습동기**(learning motive)는 학습자로 하여금 어떤 학습목표를 향해서 학습하게 하는 학습자의 모든 심리적인 상태로써 학습과정에 대하여 중요한 기능을 가지게 되는데, 하나는 목표달성을 위하여 야기된 긴장상태에서 탈피하여 필요한 행동을 하도록 하고 활동력을 불어넣어 주는 활성적 기능(energetic function)이며, 다른 하나는 적절한 행동이나 반응을 나타나게 하여 방향성을 결정해 주는 기능인 지향적 기능(directive function)이다.

2) 학습동기에 관한 학자들의 견해

① Harten(1980)은 학습의 기능에 부응하기 위해서는 학습동기, 특히 학습의

내적 동기를 형성하여 주는 게 중요하다고 하였다. 학습동기는 학습에 관련된 여러 정의적 변인들 중 하나이며, 지능, 학습행동 등과 함께 학업성취를 결정하는 개인의 내재적 요인이다. 지능은 학업성취를 결정하는 학습자의 지적 요인 중에서 가장 큰 영향력을 미치는 변인이다. 그러나 학습현장에서 학업성취와 지능 사이의 상관관계가 완전하지 않다는 것이 밝혀졌다. 이에 지능과 학업성취 사이에 여러 가지 매개변인이 있을 것으로 여겨지며, 매개변인으로 주목을 받는 것이 학습동기와 학습행동이었다. 학습행동은 공부하는 습관, 공부하는 방법들을 말한다.

② Koestner(1995)는 학생들의 학업성취가 저조한 것보다 더욱 심각한 문제는 공부하려는 욕구가 없다는데 있다고 하였다. 이에 개인이 자신의 지적 능력을 충분하게 발휘하고, 효율적인 방법을 적절하게 활용하기 위해서는 학습동기가 중요하다고 밝혔다.

③ McClelland(1961)는 대학생의 성취동기와 학업성취 사이의 높은 상관이 있음을 밝혔다.

④ Taba(1955)는 기대와 성취동기에 영향을 주는 소속감의 결여가 많은 학생들로 하여금 학문적 특별활동에 참여하지 못하게 함으로써 학업성취도가 낮았다는 사실을 밝혔다. 그 만큼 학습동기는 학업성취 수준과 밀접한 연관이 있음을 알 수 있다.

학습동기의 자율성 개념 측면에서 과제에 대한 흥미를 전제로 하는 내재적 동기가 성장될수록 스스로 공부할 수 있도록 행동을 결정해 준다. 내재적 동기를 가진 대학생은 학습을 완수하려는 목표를 수립하고 학습능력에 자신감을 보이며 실패에 부딪혔을 때 문제해결적인 관점을 취한다는 것을 발견하였다.

⑤ Wang은 고등학교 남녀 학생들을 대상으로 연구한 결과 학업성취와 정적 상관관계를 갖는 동기는 두 가지가 있음을 발견하였는데, 하나는 진로계획과 같은 장기적인 목표이고 다른 하나는 공부하는 동안에 즐거움을 경험하는 것을 강조하는 내재적 동기이다.

⑥ Koestner는 학교 학습과제를 대할 때, 외적 동기를 지나치게 강조하면 과제 자체보다 수행의 성과에 관심을 갖게 되기 때문에 과제 수행을 어렵게 인식하고 해결을 지연시킨다고 하였다.

3) 학습동기를 증진시키는 변인

(1) 교사의 열정(passion)

Wlodkowski와 Jaynes(1990)는 교사의 열정이란 가르치는 내용이 중요하다는 사실을 끊임없이 학생들과 의사소통하는 것이라고 정의한다. 교사의 열정은 교과목에 대한 흥미를 전달함으로써 학생들의 동기를 증진시키게 된다. 일반적으로 교사는 언어적 행동과 비언어적 행동 모두를 사용하여 자신의 열정을 학생들에게 전달할 수 있다.

(2) 교사의 온정(warmth)과 감정이입(empathy)

온정은 교사가 인간으로서 학생을 대우하고 관심을 보여주는 능력이며, 감정이입은 학생들의 느낌과 그들의 생각을 이해할 수 있는 능력이다.

(3) 교사의 기대(expectation)

학생의 성취는 단순히 교사의 기대만으로도 차이가 생길 수 있는데, 교사의 기대는 흔히 **자성예언**(self-fulfilling prophecy)이라는 용어로 설명된다. 자성예언이란 교사가 학생에 대한 기대 수준에 근거하여 학생을 판단하며, 그러한 판단에 근거하여 학생을 대하는 것을 의미한다(Good & Brophy, 1991).

(4) 완전학습(mastery learning)

모든 학생에게는 충분히 과제를 수행할 수 있는 능력이 있다는 기본가정은 학생들의 동기화에 직접적인 관련을 갖는다. Guskey(1985)는 완전학습이 학생들에게는 개인적인 자존심과 확신, 그리고 행복의 느낌을 갖게 하며, 교사에게는 만족감과 열정을 가져다 준다고 한다. 그러나 완전학습이 동기화를 증진시키는데 절대적인 것은 아니다. Nicholls(1983)는 학생들에게 그들의 수준에 적합한 학업속도를 제시하는 완전학습 프로그램이 우수한 학생과 열등한 학생 간에 경쟁 상황을 불러일으킬 수 있다는 것을 발견하였다. 따라서 최적의 동기화를 조성하기 위하여 교사가 완전학습 프로그램을 사용할 경우에는 신중하고 세심한 주의가 필요하다(임규혁 외, 2013).

(5) 협동학습(cooperative learning)

협동학습은 학생들 간의 경쟁을 줄일 수 있고 자신의 학습에 대하여 보다 강한 책임감을 제공할 수 있는 교수방법이다(Nicholls, 1983).

(6) 그 외의 변인

그 외 학생들의 각성 수준과 행동 수준, 좌절의 원인, 시험 불안 등은 모두 학생의 학습동기를 증진하는 데 고려해야 할 변인들이다(임규혁 외, 2013).

3. 성취동기와 귀인성향

1) 성취동기

(1) 성취동기의 개념

인간의 여러 가지 동기 중에서 학교교육과 가장 밀접한 관계가 있는 성취동기의 연구에 중요한 업적을 남긴 연구자는 Atkinson(1964)과 McClelland (1965)이다.

성취동기(achievement motivation)란 도전적이고 어려운 과제를 훌륭히 성취하고 싶어하며, 성취결과보다는 성취과정에 만족을 얻으려는 내적 욕구라고 하였다.

즉, 성취동기란 특정한 일을 성공적으로 이루겠다는 내적인 의욕이며, 도전적이고 어려운 문제를 해결하려는 과정에서 만족을 얻으려는 기대를 말한다.

Atkinson(1957)의 성취동기이론에 따르면 성취행동은 성공추구경향성(성공에 대한 희망)과 실패회피경향성(실패에 대한 두려움)의 절충에 의해 결정된다. 그리고 동기는 성공확률(즉, 기대)과 밀접한 관계가 있다. 구체적으로 동기는 성공확률이 50%일 때 가장 높지만, 성공확률이 그보다 높거나 낮으면 낮아진다. 과제가 너무 어려우면 실패의 두려움이 크고 성공확률이 낮아지므로 동기가 낮아진다. 또 과제가 너무 쉬우면 성공의 유인가가 0이 되므로 동기를 유발하지 못한다. 그러므로 동기를 높이려면 난이도가 중간 정도인 과제를 제시해야 한다. 성취동기의 측면에서 보면 성취동기가 높을수록 난이도가 중간 정도의 과제를 선호하지만 너무 쉬운 과제나 어려운 과제는 선호하지 않는다. 반면 성취동기가 낮을수록 매우 쉬운 과제나 반대로 매우 어려운 과제를 선택하는 경향이 있다. 쉬운 과제는 노력을 하지 않고도 성공할 수 있고, 어려운 과제는 실패했을 때 변명할 수 있기 때문이다(권대훈, 2013).

(2) 성취동기와 행동

일반적으로 성취동기가 높은 사람은 다음과 같은 행동 특성을 보인다.

① 과업 지향적(task-oriented) 행동

성취동기가 높은 사람은 어렵고 힘든 일, 자신의 능력을 과시할 수 있는 일에 흥미를 가지며 보상보다는 일 자체를 성취해 나가는 과정을 만족스럽게 여긴다.

② 적절한 모험성(adventuresome)

성취동기가 높은 사람은 어느 정도의 모험성을 포함하는 일에 도전하여 자력으로 성취하는 과정에 크게 만족한다. 또한 과업이 자기능력에 비해 너무 어렵거나 지나치게 모험적일 때도 역시 흥미를 갖지 않는다.

③ 자신감(self-confidence)

성취동기가 높은 사람은 그렇지 않은 사람에 비해 과업 수행에 보다 높은 자신감을 갖는다. 성취동기가 높은 사람은 사실적 근거에 뚜렷하지 않은 경우, 과업의 성취 가능성에 대한 주관적 판단, 즉 자신감을 높이 갖는다.

④ 정력적 · 혁신적 활동(energetic, revolutional activity)

성취동기가 높은 사람은 보다 정열적으로, 그리고 열심히 일한다. 그들은 성취동기가 낮은 사람에 비해 자기가 하는 일에 보다 열중하고 더 많은 새로운 과업을 찾고 계획하여 성취해 나가는데 온갖 정력을 쏟는다.

⑤ 자기 책임감(responsibility)

성취하려는 과업이 결과적으로 어떻게 되었건 자기가 계획하고 수행하는 일에 대해 일체의 책임을 갖는다.

⑥ 행동결과에 대한 지식(knowledge of the result)

성취동기가 높은 사람은 수행하는 일의 종류를 불문하고, 그 일이 어떻게 진행되고 있으며, 예상되는 결과가 어떠한 것인가에 대하여 구체적이고 객관적인 정보를 추구하여 정확한 판단을 한다.

⑦ **미래 지향형**(future- orientation)

성취동기가 높은 사람은 새로운 일을 이루기 위하여 언제나 장기적인 계획을 세우고 미래에 얻게 될 성취 만족을 기대하면서 현재의 작업에 열중한다.

(3) 성취동기를 높이기 위한 대안

첫째, 성공적으로 학습과제를 수행할 수 있다는 기대를 높여 준다. 매우 가치 있고 보람 있는 목표일지라도 그러한 목표에 도달할 방법이 없다고 생각할 때, 누구든지 시도조차 하지 않으려고 한다. 또한 성취동기도 생기지 않는다. 과제 수행의 성공에 대한 기대의 가능성을 높여 주는 방법은 과제를 현재보다 더 쉽고 용이하게 다룰 수 있도록 몇 개의 하위단위로 나누거나, 과제수행에 요구되는 기술, 훈련, 도움을 학생들에게 제공하는 것이다.

둘째, 주어진 과제를 성공적으로 수행하였다면 이는 자신의 능력과 노력에 귀인하고, 만일 실패하였다면 자신의 노력 부족에 귀인하도록 훈련해야 한다. 즉, 교사는 학생들이 과제수행에 성공하였을 때마다 성공의 원인이 자신의 능력과 노력에 있었음을 상기하게 하며, 실패하였을 때마다 노력이 부족하였음을 깨닫게 해 주는 것이다.

셋째, 교실 내에서 학생이 가지고 있는 기존적인 성취동기를 높여 주어야 한다.

2) 귀인성향

개인은 자신과 타인의 행동이나 성취결과 및 여러 사건에 대해 '왜'라는 의문을 가지고, 그 원인에 대해 지각하고 해석함으로써 개인의 행동과 성취결과에 대한 인과관계를 추론하려는 성향을 가지고 있다. 이에 관련된 이론이 **귀인이론**(attribution theory)이다.

개인이 행동에 따라 수반하는 보상을 개인 자신의 '능력'이나 '노력'과 같은 내적인 것에 귀인하는 것으로 지각하거나, '우연'이나 '타인의 힘'과 같은 외적인 것으로 지각하는 기대, 신념 및 태도가 귀인성향이다.

귀인이론 중에서 성취-관련 행동에 대한 Weiner(1992)의 귀인모델은 교육에 대한 직접적인 함의를 제공해 준다. 그는 성취결과에 대한 원인 지각이 학생들의 정서 상태와 추후기대에 영향을 미친다고 가정하고, 학생들이 성공과 실패의 원인으로 가장 많이 귀인시키는 요인들을 판별하여 인과성의 소재, 안정성, 통제가능성 차원이라는 세 가지로 분류하였다.

(1) 인과성의 소재(locus of causality) 차원

Heider가 행동결과의 주요한 귀인요소를 개인 내적 요인의 능력, 노력, 그리고 외적 요인인 환경적 요인으로 본 것에서 비롯하였다.

통제소재를 내(internal)－외(external)의 상반된 두 차원으로 설정하고, 개인의 행동결과가 자신의 능력과 노력에 의해 나타났다고 생각하는 동시에, 그 결과를 통제할 수 있다고 믿으면 그 개인은 '내적 통제소재(internal locus of control)'를 가졌다고 말한다. 반면에 자신의 행동과 그 후에 나타난 결과 간에 아무런 관련이 없다고 믿고, 그 결과를 통제할 수 없다고 여기면 '외적 통제소재(external locus of control)'를 가진 것으로 분류한다. 따라서 개인이 행동이나 사태결과의 원인을 추론함에 있어서 그 원인을 행위자의 내적인 것에 귀인하는가, 아니면 외적인 힘에 귀인하는가로 구분한다. 내적인 것은 능력, 노력, 기분, 성격특성, 태도, 동기, 피로 및 질병 등과 같은 것이며, 외적인 것은 운, 과제의 난이도 및 타인의 도움과 같은 것이다.

(2) 안정성(stability)의 차원

강화를 가져온 원인에 대한 개인의 지각에는 안정적인 것과 불안정적인 것의 차원이 있다는 것이다. 능력이나 과제의 난이도는 안정적인 것이어서 동일 과제를 다시 반복할 때에 변하지 않지만, 노력과 운은 가변성이 큰 것으로서 같은 과제에 있어서도 시행할 때마다 변할 수 있다는 것이다.

(3) 통제 가능성(controllability) 차원

행위자가 그 원인을 통제할 수 있느냐 없느냐의 차원이다. 노력은 통제 가능(controllable)하지만, 운은 통제 불가능(uncontrollable)하다.

Levenson은 귀인성향을 3차원의 독립된 개념구조인 내적지향(internality), 타인지향(powerful others), 우연지향(chance)으로 제안하였다.

Weiner에 의하면 '능력'은 내적－안정적－통제 불가능한 원인이고, '노력'은 내적－불안정적－통제 가능한 원인이고, '과제곤란도'는 외적－안정적－통제 불가능한 원인이다.

'운'은 외적－불안정적－통제 불가능한 원인이다. 이러한 세 차원은 모두가 동기와 관련이 있다.

다음의 예화를 통해 분류된 귀인을 적용해 보자.

선생님이 성적표를 나누어 주는 동안 네 명의 학생이 소곤거리고 있다. 영미가 조용히 물었다. "철수야, 어땠어? 잘 봤니?"

철수는 약간 짜증스럽게 대답했다. "망쳤어! 난 도무지 답을 쓸 수가 없더라! 휴, 난 아무래도 논술형에 약한가 봐. 도저히 주제를 풀어 나갈 수가 없었어. 넌 어때?"

"나도 망쳤지 뭐. 공부를 거의 못했으니 시험을 못 볼 수밖에…… 공부를 좀 더 했더라면 그렇게 어려운 시험은 아니었는데." 영미가 무덤덤한 표정으로 철수의 말을 받았다.

그때 철민이가 자신의 성적표를 받고는 억울하다는 듯이 투덜거렸다. "이게 웬일이지? 내성적이 '우'라고? 말도 안 돼! 선생님이 내 답안지를 읽어 보지도 않으셨나 보네."

속상해 있는 세 명의 학생과는 대조적으로, 민영이는 싱글벙글하고 있었다. "우와! 난 겨우 두 시간 공부했는데 '우'란 말이야? 공부한 시간에 비하면 대단한 점수 아니니? 이 정도면 난 성공한 거야!"

표 4-2 시험 실패에 대한 귀인 내용

	내적		외적	
	안정	불안정	안정	불안정
통제 가능	전혀 공부를 안한다.	그 시험을 위해 공부하지 않겠다.	교사가 편파적이다.	친구들이 도와주지 않았다.
통제 불가능	낮은 적성, 흥미	시험 당일에 아팠다.	학교의 요구 수준이 너무 높다.	운이 나빴다.

4. 욕구이론

1) Maslow의 욕구위계론

Maslow(1908~1970)는 사람의 욕구는 위계적으로 작용한다고 주장한다. 욕구위계론(hierarchy of need theory)에 따르면 생리적 욕구, 안전 욕구, 소속과 사랑의 욕구, 자존감의 욕구, 지적 욕구, 심미적 욕구 그리고 자아실현의 욕구가 위계를 이루고 있어 각 욕구는 하위단계의 욕구들이 충족되었을 때, 비로소 상위의 욕구가 등장한다. 낮은 단계에 있는 욕구가 다소나마 만족되어야만 더 높은 단계의 욕구에 대한 인식이나 동기가 부여된다는 가정을 전제하고 있다. 예를 들어, 소속과 사랑에 대한 욕구가 발생하기 위해서는 우선 생리적 욕구와 안전에 대한 욕구가 충족되어야 한다. 따라서 욕구위계의 가장 높은 단계인 자아실현의 욕구는 그 아래 모든 단계의 욕구들이 어느 정도 충족된 다음에야 기대할 수 있다. Maslow의 이론에 의하면 이 욕구들은 결핍욕구와 성장 욕구로 구분할 수 있는데, 결핍욕구와는 달리 성장욕구는 완전히 충족될 수 없으며, 그것을 성취하려는 동기는 끊임없이 유발된다(그림 4-1).

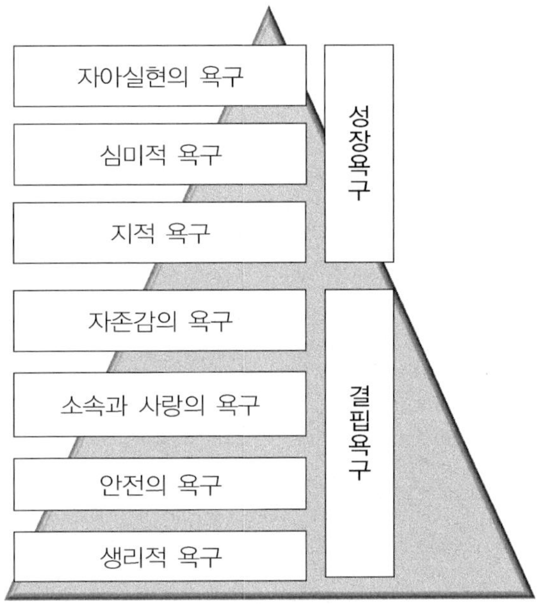

그림 4-1 Maslow의 욕구위계

(1) 결핍욕구

1 생리적 욕구

생리적 욕구는 생명의 유지를 위해 필요 불가결한 것으로서(음식, 공기, 휴식 등에 관한 욕구) 출생의 초기부터 나타난다. 그리고 특수한 개인의 경우를 제외하고는 이 욕구가 충족되지 않는 한 다른 욕구를 추구하기 위한 활동은 기대할 수 없는 것이다.

② 안전의 욕구

신체적, 정신적 위험에 대한 공포나 기존의 생존 욕구의 위협에서 벗어나 안정을 찾으려는 욕구이다. 즉, 자기 보존을 위해서 건강과 안전을 추구하려는 욕구이다. 의식주를 해결할 수 있는 직업, 저축, 보험가입 등의 선호는 부분적으로 안전의 추구 때문에 동기가 부여된다.

③ 소속과 사랑의 욕구

사회적 욕구라고도 하는데, 집단에 소속되고자 하며, 그 속에서 사랑, 우정, 애정 등을 얻고 싶어하는 욕구이다. 이러한 욕구가 충족되어야 정신적으로 안정을 찾고 사회구성원으로서의 역할을 충분히 수행할 수 있게 된다. 그렇지 못했을 경우에는 고독감, 사회로부터의 소외감, 배타감을 느끼게 된다.

④ 자존감의 욕구

사회적 욕구가 충족되고 나면 그 다음 단계로 존경의 욕구가 생기는데 이는 자존심의 욕구라고도 한다. 존경의 욕구를 두 가지로 구분했는데 자기존중과 다른 사람들로부터의 존경이 그것이다. 전자는 개인이 자신이 가치 있다고 생각하는 것을 말하며, 후자는 자기의 행위나 의견이 남으로부터 인정받고 칭찬과 존경을 받고 싶어하는 욕구를 말한다. 존경의 욕구가 충족되면 자신감, 명성, 힘 그리고 통제 등의 감정이 생기고 유능한 인물로서 주위에 영향력을 갖고 있다고 느끼게 된다. 한편 이 욕구가 충족되지 못하면 열등감, 무력감, 허탈감에 빠지기 쉽다.

(2) 성장욕구

① 지적 욕구

인지적 욕구이다. 호기심, 탐구심 또는 더 많은 지식을 얻으려는 욕구가 이에 속한다.

② 심미적 욕구

질서, 구조, 미에 대한 것이다.

③ 자아실현의 욕구

자아실현의 욕구는 개인의 전체적, 인격적 욕구로서 인간의 최상의 욕구이다. 자아실현이란 자기 자신이 잠재적으로 지닌 것을 실현하려는 것으로, 참된 삶의 추구로서 자신이 성취할 수 있는 모든 것을 성취하고 싶은 것이다. 자아실현의 욕구는 인생의 최대 가치와 목적을 이루려는 욕망이다. 또한 사회적, 경제적 지위야 어떻든 간에 나름대로 소망한 직업에서 만족과 행복감을 추구하려는 것이다. 이 욕구가 잘 충족된 사람이 바로 사회적으로 건강한 사람이 된다.

2) Glasser의 선택이론

Glasser에 의하면, 우리의 뇌는 생리적 욕구를 관장하는 무의식적인 구뇌와 심리적 욕구를 관장하는 의식적인 신뇌가 있는데 구뇌는 신뇌의 명령을 받아서 우리의 행동을 움직이게 한다. Glasser는 구뇌와 신뇌에 자리한 인간의 기본적인 욕구를 5가지로 제시하였다. 이 욕구들은 개인의 행동을 유발시키는 근원이 된다. 즉, 모든 인간의 행동은 언제나 최선의 선택이고 우리가 선택할 때는 그 욕구들 중의 한 가지 혹은 그 이상의 욕구를 충족시키려고 하는 것이다. 인간의 욕구는 기본적이고 본질적인 것이지만 욕구를 충족시켜 주는 구체적인 대상인 바람은 각 개인에 따라 독특하고 고유하다. 이 바람들은 비현실적일 수도 있고 변할 수도 있으며 서로 갈등을 일으키는 것이기도 하다. 현실에서 얻고 있는 것이 바람을 충족시켜 주지 못할 때 욕구좌절을 경험하게 된다. 한편 인간의 기본적인 욕구충족에 따르는 구성요인은 관계 맺기 및 존중과 존경의 욕구이다. 따라서 관계 속에서 타인의 욕구 충족 행동을 방해하지 않으면서 자신의 욕구를 충족시키기 위해서는 현실적이고, 책임 있고, 옳은 것을 실행함으로써 효율적인 욕구충족이 이루어지도록 해야 한다.

(1) 생존에 대한 욕구

살고자 하고 생식을 통한 자기 확장을 하고자 하는 속성으로 구뇌에서 생선된 것이다. 땀, 호흡, 소화, 혈압 등 신체적인 변화를 통해서 건강유지의 업무를 담당한다. 그런데 구뇌 단독으로는 효과적으로 작용할 수 없기 때문에 뇌의 다른 부분인 신뇌의 도움을 필요로 한다.

(2) 사랑과 소속의 욕구

사랑과 소속의 유전자는 사랑하고 사랑을 받으며 서로 나누고 협력하고자 하는 인간의 속성이다.

(3) 힘에 대한 욕구

경쟁하고 성취하고 중요한 존재이고 싶어하는 속성이다. 모든 살아있는 피조물 중에서 인간만이 힘의 욕구를 끝까지 포기하려 하지 않는다.

(4) 자유에 대한 욕구

자유에 대한 욕구는 이동하고 선택하는 것을 마음대로 하고 싶어하는 속성이다. 자유의 욕구는 상대방이 원하는 것을 내게 강요하는 욕구와 내가 원하는 것을 상대방에게 강요하는 욕구 간에 균형을 잡기 위한 진화의 의지이다.

(5) 즐거움에 대한 욕구

즐거움은 배움에 대한 유전적인 보상이다. 많은 새로운 것을 배우고 놀이를 통해 즐기고자 하는 속성이다. 인간은 유일하게 다른 동물과는 다르게 즐거움에 대한 욕구가 충족되면 웃는다. Glasser는 인간이 웃는 주된 이유는 웃는 순간에 즐거움을 추구하려는 욕구가 충족되었다는 강한 느낌을 경험하기 때문이라고 한다.

3) Alderfer의 ERG이론

ERG이론은 Alderfer에 의해 주장된 욕구단계이론으로서 Maslow의 욕구단계설이 직면했던 문제점들을 극복하고자 제시되었다. Alderfer는 Maslow와 마찬가지로 욕구의 범주를 구분하는 것, 즉 저차적 욕구와 고차적 욕구간의 기본적 구별이 필요하다고 생각하고 Maslow의 5단계를 3단계로 구분하고 인간의 욕구를 존재욕구, 관계욕구, 성장욕구로 나누었다.

(1) 존재욕구(Existence needs)

배고픔, 갈증, 안식처 등과 같은 생리적 · 물질적 욕망들이다. 또 봉급과 부가급여 및 육체적 작업조건 등과 같은 물질적 욕구가 이 범주에 속한다. 이러한 형태의 욕구는 Maslow의 생리적 욕구, 안전욕구와 비교할 수 있다.

(2) 관계욕구(Relatedness needs)

가족구성원, 감독자, 공동작업자, 하위종업원, 친구 등과 같은 타인과의 관계와 관련되는 모든 욕구를 포괄한다. 따라서, 상호간의 수용과 확인, 이해 및 영향 등 관련과정의 요소가 되고 있으며, 동시에 이들 요소들은 활동과정과 상호간의 감정에 의존하게 된다. 이러한 욕구는 Maslow의 안전욕구, 사회적 및 존경욕구의 계층과 유사하다.

(3) 성장욕구(Growth needs)

창조적 성장이나 개인적 성장과 관련된 모든 욕구를 포괄하고 있다. 이러한 욕구는 한 개인이 자기 능력을 최대한으로 이용할 수 있을 뿐만 아니라 새로운 능력개발을 필요로 하는 일에 종사함으로써 욕구충족이 가능한 것이다. 그러므로 이 욕구는 Maslow의 자아실현의 욕구와 비교될 수 있다.

4) McClelland의 학습된 욕구이론

McClelland는 인간의 욕구는 학습된 것이며, 행동에 영향을 미칠 수 있는 잠재력을 지닌 욕구단계는 개인에 따라 차이가 있다고 주장하고 있으나, Maslow는 인간은 누구에게나 공통의 욕구단계가 있다고 주장하고 있다.

(1) 성취욕구

성취욕구가 강한 사람은 성공에 대한 강한 희망을 갖고 있으며 도전받기를 원한다. 또 실패에 대해서는 비슷한 정도의 두려움을 느끼고 있다. 그리고 직무에 대하여 책임을 지기를 좋아하고 수행하고 있는 방법에 대하여 즉각적인 피드백을 받기를 좋아한다.

(2) 권력욕구

높은 권력욕구를 가지고 있는 사람들은 영향력과 통제를 행사하는 데 큰 관심을 가지고 있다. 이러한 사람들은 리더로서의 일을 찾고 강압적이고 자기 본위적인 경향이 강하다.

(3) 친화욕구

친화욕구가 높은 사람들은 다른 사람과 친근한 관계를 가지려고 하며 사회 집단으로 소외되는 아픔을 피하고자 하는 경향이 강하다.

제 5 장

인지적/정의적 특성과 교육

1. 인지적 특성
2. 정의적 특성

1. 인지적 특성

1) 지능

(1) 지능의 개념

지능(intelligence)이라는 용어는 널리 알려져 있으며 흔히 사용하는 용어이기도 하지만 지능이 무엇을 뜻하는지 밝히는 것은 그리 쉽지 않다. 왜냐하면 지능은 그렇게 쉽게 밝혀 낼 수 없는 의미를 담고 있기 때문이다.

지능이 문화에 따라 매우 다르고 고유하다고 주장하면서 지능 개념의 일반화 경향성에 문제를 제기하는 학자들도 있다(Berry, 1974; Sternberg, 1990). 그럼에도 불구하고 일반적으로 지능은 인간의 지적 능력을 나타내는 대표적인 심리학적 개념이라고 할 수 있으며 그동안 자주 인용되어 온 몇 가지 대표적 지능의 정의들을 홍순정(1993)은 다음과 같이 요약 · 정리하고 있다.

- Terman : 추상적으로 사고하는 능력
- Woodrow : 습득된 정신능력
- Thorndike : 옳은 반응을 할 수 있는 능력
- Wenzl : 의미, 관계 그리고 뜻의 연관을 이해하고 해석하는 능력
- Deaerborn : 학습하는 능력
- Peterson : 생물학적 기능
- Colvin : 환경에 적응하는 것을 학습하는 능력
- Binet : 인식능력, 이해, 창조, 판단의 능력
- Jsapers : 합목적적으로 이용되는 일체의 도구
- Wechsler : 목적적으로 행동하고, 합리적으로 사고하며, 능률적으로 환경

을 처리하는 종합적 능력

- Piaget : 인지구조 작용의 고도로 발전된 균형 상태, 생명적 · 활동적 조작의 체계, 균형화에 이르는 동화 · 조절의 모든 과정

이처럼 지능에 대한 개념 정의는 여러 가지로 설명되어지고 있으며 지금까지의 연구결과들을 토대로 살펴본다면 지능이란 하나의 요인으로만 되어 있는 것이 아니고 여러 가지 요인으로 구성되어 있다.

지능에 대한 개념을 명확히 이해하기 위해서는 지능을 구성하고 있는 요인들에 대한 이해가 선행되어야 할 것이므로 지능을 설명하는 이론에 대해서 살펴보고자 한다.

(2) 지능에 대한 분석적 이론

① Spearman의 일반요인 이론

영국의 심리학자인 Spearman은 1927년 지능에 대한 인지론적 연구를 한 결과 지능구조는 일반적 지적 요인인 일반요인(general fact)과 특수한 지적 요인인 특수요인(specific fact)으로 이뤄진다는 '이요인 이론(two factor theory)'을 제안한다. 일반요인에 해당하는 지능은 경험의 인지관계의 추출, 상관의 추출을 들 수 있다. 경험의 인지는 자기의 경험을 사고와 반성을 통해서 인지하는 능력이고, 관계의 추출은 둘 또는 그 이상의 관념이 의식에 떠올랐을 때 그 관계를 인지하는 능력, 상관의 추출은 어떤 성질과 그것에 관련 있는 관념이 의식에 떠올랐을 때 양자의 상관된 성질을 인지하는 능력이며 이는 유전적으로 결정된 지능이라고 한다. 특수요인에 해당하는 지능은 특수한 학습과 경험에 의해 결정되는 지능으로 언어, 수, 주의, 상상 등을 들 수 있다.

결국, 개인 간의 지능의 차이는 'S 요인'이 서로 다르게 형성됨에 따라 나타난다. 예를 들면, 일반적인 능력 면에서는 별로 뛰어 나지 않고 평범한 개인이지

만, 미술이나 음악 등에서 탁월한 재능을 나타낼 수도 있다.

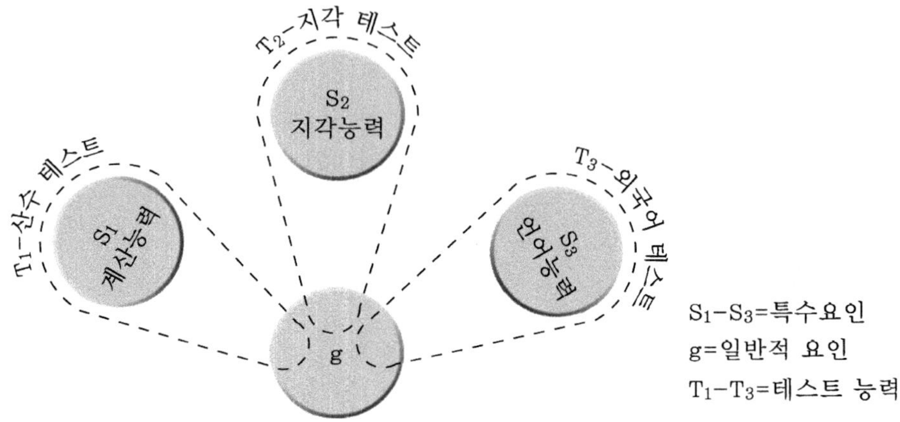

그림 5-1 Spearman의 모델

② Thorndike의 다요인 이론

Thorndike는 1913년에 다요인 이론(multiple factor theory)에서 개인의 정신적 기능은 여러 개의 개별적인 요인에 의해서 이루어진다고 설명한다. Thorndike는 개인의 지능구성 요인을 여러 개로 생각하였는데, 실제 지능을 측정하는데 사용한 요인은 CAVD, 즉 문장완성(sentence completion), 수리추리력(arithmetic reasoning), 어휘력(vocabulary), 명령 또는 지시에 따르는 능력(direction) 등이라고 하였다.

③ Thurstone의 군집요인 이론

Thurstone은 개인의 기본 정신능력은 군집되어 있는 하나하나의 요인들이 각각 독자적인 기능을 하고 있다고 보고, 군집요인 이론(group factor theory)을 제시하였다.

그는 21가지 지능검사의 결과를 요인 분석하여 거기에는 동일한 요인 혹은 동일한 지능 요인 7개를 찾아내었다. 이와 같은 7개 요인이 '기본 정신능력(PMA: primary mental abilities)으로서 그 내용은 다음과 같다.

① **수리 능력**(numerical ability: N-factor)

숫자를 취급하여 계산하는 능력이다.

② **언어 능력**(verbal comprehension: V-factor)

언어의 의미와 그 활용 능력이다.

③ **기억 요인**(memory ability: M-factor)

자료를 기억하고 재생하는 능력이다.

④ **지각 요인**(perceptual speed ability: P-factor)

지각의 속도를 정확하게 이해하고 문제를 파악하는 능력이다.

⑤ **공간 요인**(ability to visualize spatial relations: S-factor)

물체를 시각화하는 능력이다.

⑥ **말의 유창성 요인**(word fluency ability: W-factor)

상황장면에 따라서 적절하게 언어를 구사하는 능력이다.

⑦ **추리 요인**(reasoning ability: R-factor)

목적을 성취할 수 있도록 생산적인 사고를 하는 능력이다.

Thurstone은 Spearman의 일반적 요인을 부정하고 지능의 7가지의 독립적인 기본정신능력을 주장하였지만, 이 7개의 기본정신능력 간의 높은 상관관계가 밝혀짐으로 인해서 결국은 Spearman의 일반적인 요인을 대치시킨 것이라고 할 수 있다. 그리고 Thurstone의 모델은 7가지의 기본정신능력이 특수한 테스트 상황에서 서로 다르게 관여하는가를 나타낸다.

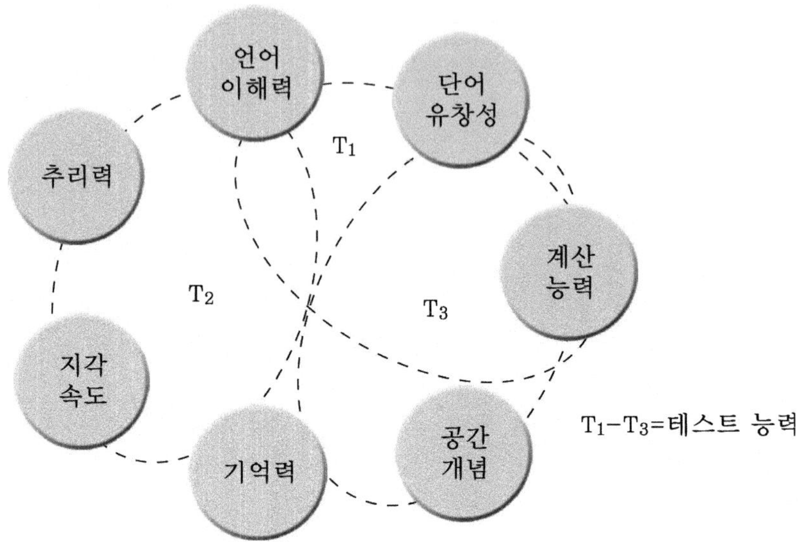

그림 5-2 Thurstone의 모델

④ Sternberg의 삼원지능이론

Sternberg는 지능의 독립적인 구조를 강조하는 Gardner의 이론과 달리 지능의 작용과정을 강조한 이론으로써 전통적인 기능의 개념에 실제적 지능의 개념을 포괄하는 삼원지능이론(Triarchic theory of intelligence)으로 지능에 대한 새로운 접근을 시도하였다. 그의 삼원지능이론에 의하면 인간의 지능은 분석능력(analytic ability), 창의 능력(creative ability), 실제적 능력(practical ability)의 세 가지 측면으로 구성되어 있으며, 이 세 가지 능력이 삼원지능이론의 세 가지 하위이론인 요소하위이론(componential subtheory), 경험하위이론(experiential subtheory), 상황하위이론(contextual subtheory)을 구성하는 핵심요소가 된다. 이렇듯 삼원지능이론은 크게 세 가지 하위이론으로 나누어지고, 이 세 하위의 이론은 다시 연속적으로 더 폭이 좁은 하위이론들로 나누어진다는 점에서 그 이론은 위계 구조로 되어 있다(그림 5-3).

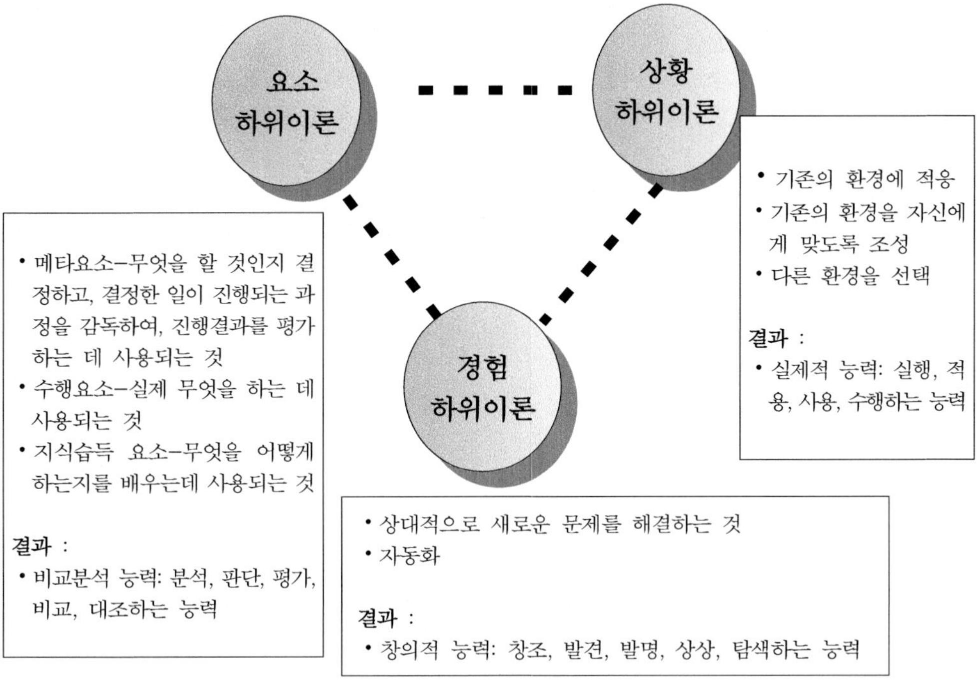

그림 5-3 Sternberg의 삼원지능이론(Sternberg & Williams, 2002: 130)

① 분석 능력

요소하위이론의 핵심 능력이며, 요소하위이론은 메타요소, 수행요소, 지식습득요소의 세 가지 요소로 구성된다. 이는 대부분의 학교 장면에서의 과제를 수행하는 데 영향을 주는 요소들이다. 메타요소는 고차원적인 정신과정으로 어떤 일을 계획하는 것, 일을 하는 동안 점검하는 것, 일을 평가하기 위한 집행, 통제과정이다. 수행요소는 메타요소의 지시를 실행하는 하위수준의 과정이다. 그러므로 메타요소의 계획에 따라 문제를 해결한다. 또한 지식 습득요소는 궁극적으로 메타요소와 수행요소가 하는 것을 어떻게 해야 하는지를 학습하는 것과 관련되어 있다. 즉, 문제를 해결하는 방법을 학습하는 것과 관련된 과정이다.

② 창의 능력

경험하위이론을 구성하는 능력으로 과제수행에서 경험의 영향을 중시하고 지능 측정에서 매우 중요한 함의를 제공한다. 즉, 인간의 정보처리 과정은 과제에 대한 이전 경험의 정도에 영향을 받을 수밖에 없으며, 적절하게 새로우면서도 어느 정도 익숙한 과제로 측정할 때 지능을 가장 잘 판단할 수 있다고 가정한다. 지능의 구성이 인간의 경험과 긴밀하게 관련되어 있어, 인지활동을 위한 지능을 이해하는데 반드시 고려해야 할 부분이다. 경험은 새로운 과제를 처리하고 정보처리를 자동으로 할 수 있는 능력을 증가시킨다.

③ 실제적 능력

상황하위이론을 구성하는 요인으로, 학교 과제를 수행하는 상황이 아닌 일상생활에 인간의 정신작용이 적용되는 것과 관련된 것으로 현실 상황에의 적응력을 강조한다. 이 능력은 정규 학교교육을 통해 길러지는 것이 아니라 일상의 경험을 통해 획득하고 발달하는 능력이다. 실제적 능력은 일상적 문제 해결 능력, 실제적인 적응 능력, 사회적 유능성 등을 포함한다.

삼원지능이론은 실제적 지능이 인생의 성공에 매우 중요하며 문화에 따라 지능적인 행동이 왜 달라지는지를 설명하는 데 도움을 준다. 하지만 일부 학자들은 창의성이나 실제적 지능을 지능으로 보기보다 지능이 아닌 것으로 보려는 경향이 있다(Sternberg & Williams, 2002). 그럼에도 불구하고 Sternberg의 삼원지능이론은 교육에서 지능의 지적 측면뿐만 아니라 실제적이고 실용적인 측면도 강조해야 하고, 학생들의 문화적 배경과 관련된 지능적 행동에 대해서 고려해야 하며, 학생들의 강점을 활용한 수업을 해야 한다는 점 등은 학교교육에 매우 의미 있는 시사점이라 할 수 있다.

5 Gardner의 다중지능 이론(theory of multiple intelligence)

지능의 구조에 대한 기존 이론들과는 달리 상관계수와 요인분석에 기초한 것이 아니라, 두뇌의 해부학적 구조와 개인이 속한 문화의 시각에서 지적 능력을 분석하여 이론화하였다. 인간의 지능은 서로 독립적이며 다른 여러 유형의 능력들로 구성되지만 이들은 서로 상호작용하고 있다고 보았다. Gardner는 1983년에 7개의 지능을 제시하였고 후에 자연 지능을 더 추가하였는데 그 내용은 다음과 같다.

① 언어적 지능

언어 구상의 다양성, 말의 의미 순서에 민감, 말하기, 읽기, 쓰기, 작문 등에 사용하는 지능이다. 〈시인, 언론인〉

② 논리 · 수학적 지능

논리적이고 추상적인 사고를 하는 지능이다. 〈과학자, 수학자〉

③ 공간적 지능

시각적 세계를 인지, 지각에 따라 재창조, 변형 및 변용하는 능력이다. 〈건축가, 항해사, 엔지니어, 조각가〉

④ 신체 운동적 기능

기민한 신체적 율동과 대상을 잘 다룰 수 있는 능력이다. 〈운동선수, 배우, 무용가〉

⑤ 음악적 지능

음질의 인식, 멜로디와 소리에 대한 민감성이다. 〈작곡가, 음악가, 연주가〉

⑥ 대인관계 지능

다른 사람을 이해하고 그들을 대하는 능력이다. 〈교사, 종교인, 정치가, 심리치료사, 영업사원〉

⑦ 개인 내적 지능(자기이해 지능)

자신을 이해하는 능력이다. 〈소설가, 임상가〉

⑧ 자연 지능

다양한 동물, 식물을 알아보고 분류하는 능력, 물리적 세계의 차이점과 유사점을 인식하는 능력이다. 〈생물학자〉

⑥ Guilford의 지능구조(structure of intelligence)

개인의 지능에는 세 개의 차원, 즉 정신능력의 요인에 포함되는 정보의 매체로서의 차원, 그 요인에서 요구하는 정신작용의 차원, 정신작용이 내용에 작용해서 나타나는 결과의 차원이 존재한다고 보았다. 내용차원, 작용차원, 결과차원 각각의 하위 범주들은 상호독립적인 것이며, 각 차원의 요인들이 조합되어 5×6×6=180개의 정신능력이 만들어진다고 하였다. Guilford의 이론은 종래 지능검사에 의해서만 측정되던 지능의 협소한 개념을 연구자나 교사들이 확장시킬 수 있도록 하였다는 점에서 매우 중요한 의미를 갖는다. Guilford의 모델을 살펴보면, 학교에서는 평가, 발산적 사고, 관계성의 탐구와 같은 부분들이 실질적으로 무시되는 반면, 정의나 사실 그리고 규칙 등의 암기와 같은 지능의 일부분에만 시간과 자원을 불균형하게 사용하고 있음을 쉽게 알 수 있다. 그러나 Guilford 이론은 그 모델의 복잡성으로 인해 교실에서의 공식적인 적용은 어렵다는 한계를 가지고 있다(그림 5-4).

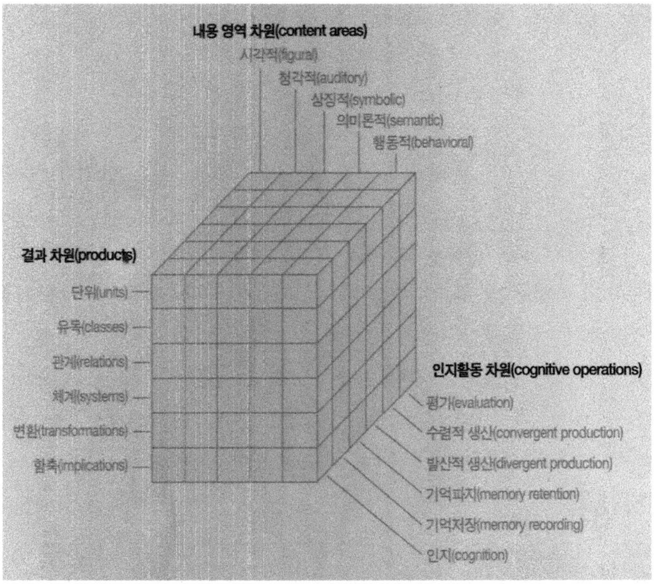

그림 5-4 Guilford의 SOI모형

7 Meili의 지능이론

스위스의 심리학자 Meili(1944)는 Thurstone과는 반대로 모든 지적 능력의 조건으로 볼 수 있는 기본적인 지적 요인은 형태주의 이론(Gestalt theory)에 기초해서 복잡성(complexity), 유연성(plasticity), 전체성(totality), 유동성(fluency)이라고 했다. 이 4가지 지능요소들은 상호독립적으로 작용하지만 어떤 지적인 활동에서는 모든 요소들이 관여하기 때문에 다른 한편으로는 '내적인 종속' 관계를 갖고 있다. 그리고 지적 활동의 정도 차이에 따라서 이 요소들의 참여도 혹은 강도가 달라질 뿐이라고 했다. 그 후 1963년도에는 다음과 같이 체계화함에 따라서 일반적인 요인은 기본적인 지적 능력으로서 모든 지적 활동에 관여하는 반면에, 집단요인은 사고과정에서 특별히 필요할 때만 작용한다. 또한 지능의 기본 요인은 유전적인 것이라고 가정하고 조건요인들은 경험에 의한 것, 즉 환경적인 것으로 본다. 따라서 한 개인이 처해있는 환경에 따라 조건요인은 다르게 나타난다.

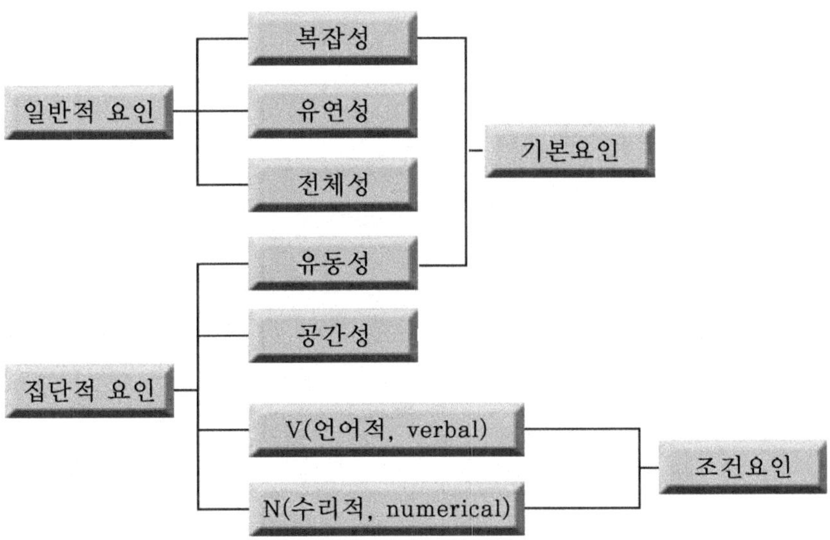

그림 5-5 Meili의 모델

기본요인의 특징을 살펴보면 다음과 같다.

① **복잡성**

Piaget의 가역성(Reversibility)과 같은 것으로 '정신적 탄력성'을 의미하며, 모든 문제의 구조화과정에서 필요하다.

② **유연성**

주어진 구조를 재구조화할 수 있는 정신능력을 말하는데, 유연성은 특히 지능의 역동성과 관계가 있으며 전체성 요인이 효과적으로 작용할 수 있는 전제조건이라고 할 수 있다.

③ **전체성**

분리되어 있는 요소들을 하나의 전체로 짜 맞추며 새로운 사실들을 기존의 경험과 관계지울 수 있는 능력을 의미한다.

④ **유동성**

Thurstone의 단어 유창성(word fluency) 요인과 비교될 수 있는 것으로서 하나의 생각을 다른 생각과 연결시킬 수 있는 능력이다. 이 요인은 특히 한 문제를 해결하기 위해서 여러 가지 제안이나 방법을 강구하는데 필요하다.

(3) 지능의 결정요인

지능의 발달은 유전적 요인에 의한 것인가, 환경적인 요인에 의한 것인가에 대해서는 오랫동안 논란이 되어 왔다. 이러한 논란을 뒷받침할 수 있는 많은 연구들이 이루어져 왔으며 유전과 환경이 적절히 상호작용하여 발달한다는 견해가 대부분의 학자들에 의해서 논의되고 있다. 즉 인간은 태어날 때 유전적인 기질을 가지고 태어나면서 생활환경의 영향을 받게 되는 것이다.

1 지능과 유전

지능과 유전에 대한 연구들은 주로 일란성 쌍생아들을 대상으로 연구되었는데 일란성 쌍생아들의 유전인자는 동일하기 때문이다. 그래서 지능발달이 일란성 쌍생아들에게 어떻게 이루어지는가를 밝히는 것이다. Bouchard와 McGue(1981)에 의한 연구에 의하면 같은 이들의 지능지수의 비교는 주로 상관법(correlational method)을 통해서 이루어진다. 이때 중요한 것은 상관관계수가 얼마나 정확한 것인가는 물론 상관계수의 순서이다. 즉 두 사람 사이의 유전적인 관계가 가까울수록 지능지수의 상관이 높고, 서로의 유전적 관계가 멀어질수록 지능의 상관은 낮아진다.

Jensen(1969)에 의하면 지능의 80% 정도는 유전적인 것이고 나머지 20%만이 환경에 의해서 발달한다고 주장하였다. 그에 의하면 흑인들은 백인보다 유전적인 요인에 의해서 낮은 지능지수를 가지고 있다.

표 5-1 IQ와 가족관계의 상관

관 계	상관계수
일란성 쌍생아(함께 자람)	.87
일란성 쌍생아(따로 자람)	.75
이란성 쌍생아(동성간)	.53
이란성 쌍생아(이성간)	.53
형제자매(같이 자람)	.49
형제자매(따로 자람)	.24
부모와 자식	.50
양부모와 자식	.25
관계없는 사람(같이 자람)	.22
서로 전혀 관계가 없는 사람(따로 자람)	.05

대부분의 IQ검사에서 흑인이 백인보다 낮은 IQ점수를 나타내는 것은 사회적인 계층 때문이 아니다. 흑인들은 하류계층 뿐만 아니라 중·상류계층의 흑인들도 백인보다 더 낮은 지능점수를 보였다고 주장하였다. 이러한 연구결과는 지능이 유전적인 요인에 의해서 발달한다는 사실을 어느 정도 증명하여 주고 있다(김선 외, 1997).

② 지능과 환경

환경이 지능에 미치는 영향은 유전적인 요인에 의한 생득적이고 생물학적인 경우와는 달리 문화적 · 사회적이라고 할 수 있다. 1940년대 이후부터 사회문화적인 측면과 가정환경이 지능에 미치는 영향을 경시할 수 없다는 연구가 늘어남에 따라서 환경적인 요인에 의한 주장들이 활발하게 대두되었다.

환경적인 요인에 의한 연구들은 주로 교육수준, 사회적인 지위, 경제적 조건 등에 의해서 이루어졌으며 지능의 발달이 환경적인 요인에 의해서 이루어진다고 밝혀지고 있다. 이러한 연구를 뒷받침하는 학자들은 유전은 단지 지능이 발달할 수 있는 잠재적인 가능성이라는 생각을 하기 때문에 아무리 부모에게서 좋은 유전적인 기질을 물려받았다고 하더라도 좋은 환경을 통해서 발달할 수 있는 기회가 주어지지 않는다면 지적 능력을 충분히 발휘하지 못하게 될 것이라고 주장한다. Newman, Freeman, Holzinger 등의 1937년도의 연구에 의하면 일란성 쌍생아를 서로 다른 환경에서 양육한 다음 지능지수를 비교해 본 결과 좋은 환경에서 자란 아이들이 지능지수가 좋지 못한 여건 속에서 자란 아이들보다 훨씬 높은 경향으로 나타났다. 앞서 언급한 Jensen의 지능의 유전론 주장에 반대되는 논문 결과이다.

지능의 환경론을 지지하는 Skeels는 1930년대에 고아들을 대상으로 연구한 결과 환경이 지능의 발달에 미치는 영향을 밝혔는데 고아원의 한방에서 생활하는 아동 약 35명을 3명 내지 4명의 보모들이 옷을 입혀 주고, 먹여 주고, 씻겨 주지만, 아동들과 놀아 주거나 책을 읽어 줄 시간이 거의 없었다. 많은 아동들은 지체아로 분류되어 지체아 수용소에 옮겨졌다. 이들 중 13명은 어른들의 보호 속에서 자랄 수 있었다. 이들의 지능지수는 처음에는 64점이었는데 18개월 후 28점이 상승하고 92점이 되었다. 이것은 이 아동들이 18개월 동안 어른들에게 따뜻한 애정을 받았고, 놀이 시간과 이야기 시간을 함께 가진 결과라 볼 수 있다.

그러나 같은 기간 동안 고아원에서 그대로 생활한 아동들의 지능은 평균

85에서 61로 떨어졌는데 30년이 지난 후 성인의 보호 아래 자란 13명은 모두 성공적으로 직업에 종사하여 자기부양을 할 수 있었으나 고아원에 그대로 남았던 아동들은 거의 직업을 갖지 못하였고, 가졌다 할지라도 접시를 닦는 일이 전부였다.

이상에서와 같이 지능발달에 영향을 주는 유전과 환경의 요인은 각각의 요인들이 독립적이라고 보기는 매우 어렵다. 어쩌면 유전과 환경은 상승적(相乘的)인 관계라고 할 수 있으며 일반적으로 환경을 유전보다 우세하게 보는 연구자보다는 오히려 환경보다 유전적인 요인의 비율이 높다고 보는 견해들이 많다.

결론적으로 유전은 지능의 상한을 결정하고 환경은 그 한계에 이르는 정도를 결정하는 관계에 있다고 볼 수 있다. 즉, 유전인자는 개인의 잠재능력을 규정하고 경험은 잠재능력이 발현되는 정도를 결정한다고 볼 수 있다.

(4) 지능검사의 종류

① Binet의 지능검사

1905년 Binet와 Simon이 일반학교의 교육에 적합하지 않은 학생들을 선발하기 위해 표준지능검사를 제작하였다. Binet-Simon 척도라 불리는 이 검사는 세 가지 능력, 즉 판단력, 이해력 및 추리력이 학습과 가장 많은 관계를 가진다고 믿고 이 능력들을 재는 문제상황을 쉬운 것에서부터 어려운 순서의 배열에 의한 것으로 하였다. 즉 이 세 가지 능력이 Binet와 Simon이 생각하는 지능의 핵심이었다.

Binet는 1908년 1905년에 발표한 문제들을 수정하고 보완하여 두 번째 검사를 발표하였다. 이 두 번째 검사는 문항의 수도 많아졌지만 그보다 더 큰 차이는 검사문항들을 연령수준별로 구분했다는 것이다. 그리고 그 연령에 도달하면 정상적인 어린이의 대다수가 그 문제의 정답을 할 수 있다는 것을 기준으로 그 연령 배당이 되었기 때문에 어디까지 할 수 있는가에 따라 몇 세 정도의 지능지수에 도달했는가를 알 수 있다. 이것이 **정신연령**(Mental age: MA)이다.

그 이후 1911년에는 성인까지 측정할 수 있는 개정판이 이루어졌다.

표 5-2 Binet의 지능검사 문항(예)

연 령	문 항 내 용
3세	① 눈, 코, 입을 가리켜라. ② 두 자릿수를 따라해 보라. ③ 그림에서 대상이 무엇인지 말해 보라. ④ 6음절 문장을 따라 하라.
7세	① 오른손과 왼쪽 귀를 보여라. ② 그림을 말해 보라. ③ 동시에 주어진 3가지 명령을 실천하라. ④ 6개의 동전값을 말해 보라.
15세	① 7자리 숫자를 따라하라. ② 1분 안에 주어진 단어의 3개 운을 찾아보라. ③ 26음절로 된 문장을 따라하라. ④ 일련의 주어진 사실들을 해석하라.

② Stanford-Binet 검사

이 검사는 Binet-Simon의 검사를 개량하여 발달시킨 것으로, Binet- Simon 검사가 최초로 정신연령 개념을 도입하여 지능을 측정하였다면 Stanford-Binet 검사는 IQ(Intelligence Quotient) 개념의 지능검사를 도입하였다. 그리고 검사하위 내용은 언어(verbal), 추상 및 시각(abstract & visual), 수리(quantitative), 단기기억(short-term memory)의 4개 영역으로 구성된다. 즉 Stanford-Binet 검사는 15종류의 검사도구와 4가지 영역의 검사내용, 그리고 종합점수로 구성되어 있다. 이 검사는 연령에 따라서 다양한 도구를 쓸 수 있게 되어 있고 검사내용도 4가지 영역으로 확대시켰다.

③ Wechsler 지능검사

Wechsler가 제작한 지능검사에는 세 가지 종류가 있다. 4세부터 7세까지의 취학 전 아동을 위한 WPPSI(Wechsler Preschool-Primary Scale of Intelligence), 7세에서 16세까지의 아동을 대상으로 하는 WISC(Wechsler Intelligence Scale for Children), 그리고 성인용 WAIS(Wechsler Adult Intelligence Scale) 등이다.

이 검사들의 하위 검사 항목은 다음과 같다.

표 5-3 하위 검사 항목

검 사		하위검사 문항
WPPSI	언어영역(6)	일반지식, 일반이해, 산수, 유사성, 어휘, 문장
	동작영역(5)	나무토막 조립, 그림완성, 동물의 집, 미로 찾기, 기학적 도형
WISC	언어영역(6)	일반지식, 일반이해, 산수, 유사성, 어휘, 수암기
	동작영역(6)	그림완성, 그림배열, 나무토막 조립, 물건퍼즐, 부호기입, 미로 찾기
WAIS	언어영역(6)	일반지식, 일반이해, 수리력, 수암기, 유사성, 어휘
	동작영역(5)	그림완성, 그림배열, 물건퍼즐, 나무토막 배열, 숫자부호

④ 집단검사(group intelligence test)

집단지능검사의 효시는 제1차 세계대전 당시 입대자를 신속하게 선별하고 분류하기 위해 개발된 Army alpha test이다. 이 검사는 언어성 검사로 개발되었다. 그 후 입대자 중 문맹자의 지능을 측정하기 위해 비언어성 검사인 Army beta test가 개발되었다. 우리나라 최초의 집단지능검사는 정범모(1954)가 제작한 간편 지능검사로 알려져 있다.

Stanford-Binet 검사나 Wechsler 검사와 같은 전통적인 지능검사들이 아직도 많이 사용되고 있지만 이들이 가지고 있는 한계 때문에 지능검사의 타당도 향상을 위한 노력과 문화적 편향을 고려한 새로운 지능검사를 제작하는 노력을 하고 있다.

(4) 지능지수에 대한 오해

지능지수는 의미하는 바가 불확실하기 때문에 논란이 되고 있다. 이에 지능검사나 지능지수에 대한 오해를 몇 가지 소개한다(권대훈, 2013).

1 지능지수가 지능과 동일하다는 오해

IQ는 지능을 나타내는 하나의 지표에 불과하다. 지능검사는 지능 이외의 다른 여러 요인들 — 과거경험, 동기, 피로 등 — 의 영향을 받는다. 또한 같은 사람이라도 지능검사를 받는 시점에 따라 IQ가 상당히 달라질 수 있다.

2 지능지수가 변하지 않는다는 오해

지능을 포함한 인간의 모든 특성은 연령이 증가함에 따라 변화된다.

3 지능검사가 중요한 능력을 모두 측정한다는 오해

대부분의 지능검사는 언어능력, 수리력, 공간관계능력, 유추능력과 같이 비교적 한정된 능력을 측정하고 있을 뿐 인간관계기술, 심미적 능력, 창의력과 같이 중요한 능력은 측정하지 못한다.

4 지능검사가 공정하다는 오해

대부분의 지능검사는 문화적으로 공정하지 않다. 지능지수의 인종차는 상당히 민감한 문제이다. 문화공정검사(culture-fair test)는 이와 같은 편향성(bias)을 제거한 검사이다.

2) 창의성

(1) 창의성의 개념

창의성(creativity)이란 인간의 지적 능력 가운데서도 가장 고차적인 기능이며, 정도의 차는 있으나 누구에게나 잠재적으로 가지고 있는 능력이다. 그러나 창의성은 어떤 조건하에서나 무조건적으로 길러지는 것이 아니라 성장할 수 있는 기회와 조건 하에서만 육성된다고 하는 점에 교육적 관심이 모아지고 있다(정인석, 1989).

Guilford(1959)는 창의성에 대한 정의를 '새롭고 신기한 것을 낳는 힘'이라고 정의하였고, Taylor(1961)는 '생산적 사고와 창조적 사고를 표현하는 복잡한 심리적 과정으로서 인내성과 성취, 변화, 개선을 구하는 태도, 소신을 낳게 하는 정열 같은 것'이라 정의하였다. Gallagher(1985)는 '새로운 아이디어나 산물을 창출하거나 기존의 아이디어와 산물을 참신한 방법으로 재생산하는 정신적 과정'으로 정의하고 있다. 여러 가지 정의를 기초해 볼 때, 창의성이란 '기존의 지식, 경험, 산물에 근거하여 놀랄 만한 새로운 발명이나 생산적, 독창적인 사고 및 착상 등 고차원적인 사고 능력을 포함하여, 일상생활에서 당면하는 여러 사태나 문제를 새롭고 참신한 방법으로 재생산해 내는 과정'을 의미한다.

(2) 창의성 구성요인

Guilford가 인간의 사고를 **수렴적 사고**(convergent thinking)와 **확산적 사고**(divergent thinking)로 구분하였고 그 이후 상당 기간 동안 그의 지능구조모형에서 조작차원의 확산적 사고를 창의성으로 간주하고, 다음과 같이 확산적 사고를 6개의 하위요인으로 세분했다.

1 민감성(sensitivity to problem)

주변의 상황변화를 재빠르게 파악하는 활동이다. 상식적이지 않은 것을 금방 알아차리거나, 미세한 변화를 포착하는 활동자료를 이용해 자극할 수 있다.

2 유창성(fluency)

아이디어의 풍부함에 대한 양적인 측면이다. 주어진 자극에 대하여 제한된 시간 동안 어느 정도 반응을 보일 수 있는가의 능력으로 단어, 연상, 표현, 관념의 유창성이 있다.

① 언어의 유창성

주어진 문자를 조합하여 언어를 만드는 등의 능력을 말한다.

② 연상의 유창성

동의어를 몇 개나 답하는가에 관한 검사에 의하여 측정되는 기능으로 작문을 위해서 중요한 능력이다.

③ 표현의 유창성

문장을 만드는 검사 등에 의해서 이 득점은 다른 방법에 의한 창의성 측정치와 높은 상관을 나타낸다.

④ 관념의 유창성

이야기의 제목을 생각하도록 하는 검사에 의해서 조사되는 것으로써 질보다는 양이 문제가 된다.

3 유연성(flexibility)

다양한 아이디어를 창출할 수 있는 개인의 능력으로서 변화하는 상황에 잘 적응할 수 있도록 현상을 변화시키는 능력이다. 즉, 질적으로 서로 다른 방안을 산출하는 능력으로써, 자발적 유연성과 적응적 유연성으로 세분화된다.

4 정교성(elaboration)

문제해결을 위해서 아이디어를 정교하게 하고 세련되게 할 수 있는 개인의 능력이다.

5 독창성(originality)

참신하면서도 드러나지 않았던 아이디어로 문제해결을 도출할 수 있는 개인의 능력으로, 기존의 지식의 단순한 통합이 아닌, 새롭고 흔히 볼 수 없는 반응을 도출하는 능력을 말한다.

6 재구성력(reorganization)

복잡한 문제상황을 단순화하여 새로운 의미를 부여하고 사물을 구조적이고 기능적으로 관련짓는 능력을 말한다.

한편, Perkin(1988)은 Guilford(1967)의 구성요인과는 달리 창의성의 요인을 단순화하여 잠재력, 계획, 가치라는 세 수준으로 분류하고 있다.

① 잠재력

심리적인 현상을 효율적으로 수행할 수 있는 능력으로 지능, 아이디어, 유창성과 융통성, 연상력 및 다중지능 등이 포함된다.

② 계획

개인이 지닌 잠재력의 전개가 조직되는 패턴으로 도식이나 틀과 동일한 의미가 있다. 문제 찾기, 유추적 사고, 수학적인 문제의 해결을 위한 발견법 등의 요인이 포함된다.

③ 가치

개인의 노력을 결정하는 보다 큰 가치를 말한다. 여러 가지 방법들 중에서 가장 빈번하게 사용되는 기준이 가치이며, 독창성을 소중히 여기고 모호성을 허용할 것인가의 선택은 창의적인 활동에 기여하는 개인의 성향에 영향을 줄 수 있다.

(3) 창의성 검사

Hocevar(1981)는 창의성을 측정하는 검사를 확산적 사고검사, 태도와 흥미검사, 성격검사, 자전적 목록검사, 교사평정, 동료평정, 감독자 평정, 제품평가, 명성, 자기보고로 10개의 유목으로 분류하였다.

창의성을 평가하는 다양한 검사가 개발되어 있다.

1 TTCT(Torrance Tests of Creative Thinking)

① 언어검사 7 문항

그림을 보면서 답하는 것으로 '그림 속의 장면에 대해 질문하기', '결과 이야기하기'와 같은 문항으로 이루어져 있다.

② 도형검사 3문항

'그림 구성하기', '도형 완성하기', '평행선 완성하기' 문항으로 이루어져 있다.

2 CPS(Creative Personality Scale)

Gough과 Heilbrun(1983)이 개발한 '형용사 체크리스트(ACL)'에 포함되어 있는 창의성과 관련된 프로파일을 제시하는 30개의 문항으로 구성되어 있다.

3 CAT(Consensual Assessment Technique)

Amabile(1982)에 의해 개발되었다. 피검사자에게 창의적 산물을 만들게 하고 전문가들이 창의성 정도를 평가하는 것이다. 예를 들어, 예술적인 창의성을 알아보기 위해 콜라주를 만들도록 한 후 이 분야의 전문가인 심리학자, 미술교사, 미술가 등에게 5점 척도로 평가하도록 한다.

4 국내의 창의성 검사

국내에서 최초로 개발된 검사도구(이영덕 · 정원식, 1978)로 표준화 창의성 검사가 있다. 이 밖에도 한국교육개발원의 '초등학교용 간편 창의적 문제해결력

검사', 초등학교 4~6학년을 대상으로 개발한 김춘일의 '어린이 창의성 검사', 하주현이 개발한 '창의 인성검사' 그리고 대학생을 대상으로 이신동이 개발한 '창의적 성격검사' 등이 있다.

(4) 창의성 계발

[1] 브레인스토밍(brainstorming)

Osborn(1963)에 의해 제안된 브레인스토밍은 창의적인 아이디어 창출을 위해 자유로운 집단 토의방법을 사용하는 것을 말한다. 효과적인 브레인스토밍을 위한 절차는 다음과 같다.

① 자유로운 사고

과거의 지식, 경험, 전통 등에 구애됨이 없이 새로운 아이디어를 산출하도록 하며, 가치가 없고 보잘 것 없는 아이디어라도 자연스런 분위기에서 발표하도록 한다.

② 비평금지

산출된 아이디어에 대해서는 끝날 때까지 평가를 하지 않는다. 이는 창조적이고 발산적 사고를 억압하지 않기 위함이다.

③ 다양한 아이디어의 양 산출

아이디어의 질에 관계없이 양적으로 많은 아이디어를 산출하도록 한다. 아이디어가 많으면 많을수록 유용한 해결책을 내놓을 가능성이 높기 때문이다.

④ 종합 및 평가

제한된 아이디어에 새로운 아이디어를 결합하여 수정, 개선 방안을 모색한다.

[2] 속성열거법(attribute listing)

Crawford의 속성열거법이란 문제의 대상이나 아이디어의 다양한 속성을 목록으로 작성하여 세분화된 목록에 의하여 주의를 돌리는 방법이다. 이들 세분화 목록에 나타난 속성을 분석하고 그 속성에 대한 집중적인 사고를 통하여 개선·수정·발전의 탐색을 구한다. 각 속성들에 대한 아이디어를 산출할 때는 브레인스토밍 방법이 적용되기도 한다.

3 발견적 문제해결법(synectics)

Gordon(1961)의 발견적 문제해결법은 문제에 대한 포괄적인 접근으로부터 출발하여 얻어진 해결책을 직접적으로 문제에 관련을 짓고, 구체적인 해결방안을 강구하도록 하는 것이다. 발견적 문제해결법의 절차는 다음과 같다.

① 참가자 구성

문제해결에 요구되는 지식과 기술 분야의 전문가를 포함한다.

② 문제 제시

포괄적이고 추상적인 문제를 부여한다.

③ 문제 축소

문제의 범위를 점차 축소시킨다.

④ 종합 판단

산출된 아이디어를 결합하고 수정, 개선하여 문제와 관련된 새로운 아이디어로 산출한다.

4 생산적 사고 프로그램(productive thinking program)

Covington의 생산적 사고 프로그램은 초등학교 고학년 학생들이 문제의 불일치를 인지하고 가설을 세우는 방법을 프로그램 학습화한 것이다. 이 프로그램은 만화형태의 책자로 만들어졌다. 프로그램을 읽는 학생은 만화에서 제공되는 다양한 정보를 활용하여 문제를 해결한다. 학생들이 프로그램을 읽는 동안 규칙적으로 피드백을 받으면서 문제를 해결한다.

2. 정의적 특성

개인은 여러 상황 내에서 개인 나름대로의 전형적인 사고, 행위 및 감정을 표현하는 속성을 갖고 있다. 이러한 속성을 구분하면, 개인의 전형적인 사고와 관련이 있는 인지적 특성(cognitive characteristics), 개인의 전형적인 사고와 행위 양식과 관련이 있는 심리 운동적 특성(psycho-motor characteristics), 그리고 개인의 전형적인 정서 및 감정과 관련이 있는 정의적 특성(affective characteristics) 등이 있다.

정의적 특성의 기본요소는 첫째, 정의적 특성과 비정의적 특성을 구분해 주는 감정, 둘째, 정서반응과 정서 특성을 구분해 주는 감정의 일상적 방식, 셋째, 감정의 강도, 넷째, 감정의 방향, 다섯째, 감정이 지향하는 목적 등이 있다. 이러한 기본요소를 포괄하고 있는 개인의 특성이 곧 정의적 특성이다.

1) 자아개념

(1) 자아개념 정의

자아개념(self-concept)이란 나는 누구인가, 어떤 능력을 가지고 있는가, 나의 장·단점은 무엇인가, 가정, 학교, 사회에서의 나의 위치와 역할은 무엇인가 등, 자신에 대해 갖고 있는 총체적인 신념, 태도, 지각을 의미한다.

Rogers(1951)는 자아, 자아개념, 자아구조를 동일한 개념으로 사용하였다. Rogers는 자아개념이란 '개인의 의식 속으로 들어올 수 있도록 용인된 자아 지각의 조직된 형태'이며, 각 개인은 이러한 자아개념을 계속 유지하고 환경적 요인이 허용하는 한 그 자아를 실현하고 신장하려는 경향이 있다고 주장하였다.

Byrne(1963)도 Rogers와 마찬가지로 자아개념이란 '한 개인이 자기의 행동, 능력, 신체, 한 인간으로서의 자기 가치와 관련하여 지니고 있는 태도, 판단 등의 전체 집합체로서 자기 자신을 어떻게 평가하고 지각하느냐 하는 것'이라고 정의하였다.

이러한 여러 정의 속에는 자아개념이란 '자신에 대한 지각, 신념, 태도'라는 의미가 담겨 있다. 이 중 지각과 신념은 인지적 속성이며, 태도는 정의적 속성이다. 결국 자아개념은 인지적 속성과 정의적 속성을 모두 포함한다.

(2) 자아개념의 구조

발달이 진행됨에 따라 자아개념은 점차 분화된다. 어린 아동들은 자기를 총체적으로 지각하기 때문에 자기개념이 분화되지 않는데 비해 연령이 증가함에 따라 자아를 구성하는 여러 측면에 대한 개별적인 자아개념이 형성되어 다면화된다(이종철, 2012).

① Song과 Hattie 자아개념

일반적인 자아개념은 위계적 구조모형이 가장 높은 차원에 위치하고, 두 번째 차원은 학업적 자아개념(하위요인: 학급자아개념, 능력자아개념, 성취자아개념), 사회자아개념(하위요인: 친구자아개념, 가정자아개념), 자아표현(하위요인: 자아신뢰, 신체자아개념) 등이 포함되어 있다.

② 김용래의 자아개념 구조

학업자아개념은 학습자가 주어진 환경 내에서 자신과 중요 타인간의 상호작용과 제반 경험에 의해서 학교환경, 학교수업, 학업능력, 학업성취 및 교과목 등에 대해 형성된 자신에 대한 견해와 느낌을 기반으로 한 평가적인 태도와 신념의 정도이다. 학업자아개념의 하위요인으로는 학교일반자아개념, 수업자아개념, 학업능력자아개념, 학업성취자아개념 및 교과자아개념을 들 수 있다.

비학업자아개념은 학습자가 주어진 환경 내에서 자신과 중요 타인간의 상호작용과 제반 경험에 의해서 신체, 가정, 사회 성격 및 도덕 등에 대해 형성된 자신에 대한 견해와 느낌을 기반으로 한 평가적인 태도와 신념의 정도이다. 비학업자아개념 하위요인으로는 신체자아개념, 가정자아개념, 사회자아개념, 성격자아개념 및 도덕자아개념을 들 수 있다.

(3) 자아개념의 특성

① 조직적(organized)

개개인은 자신에 대한 자각에 기초하여 많은 정보를 수집하여 자신에 대해 일반적인 그림을 그리고 점점 더 영역을 넓혀 가면서 정보를 조직하게 된다.

② 다면적(multifaced)

자신의 신체적 매력, 사회적 인정, 체력, 학업능력 등과 같은 여러 부분에 대한 자기지각을 구성하게 되므로 자아개념은 어느 한 부분만을 의미하지 않는다.

③ 위계성(hierarchical)

즉, 자아개념은 조직화되고 다면적이며 위계적이다.

④ 안정적(stable)

일반적인 자아개념은 거의 변하지 않고 안정적이다. 그러나 특별한 상황에 따라 변화할 수도 있다.

⑤ 발달적(developmental)

아이는 성장하면서 사건과 상황들을 조직하는 영역과 개념을 발달시킨다. 사춘기 이후와 후기 청소년기 동안에는 자아개념이 나이와 함께 대체로 낮아지는 경향을 보여 준다.

⑥ 평가적(evaluative)

어떤 상황에서 자신에 대한 평가를 할 때, 어떤 학생은 자신을 성공적인 성취자로 평가하고, 또 어떤 학생은 열등한 실패자로 평가한다. 그러므로 자아개념은 자신을 어떻게 평가하느냐라는 준거틀로써 매우 중요한 역할을 한다.

(4) 자아개념의 발달

자아개념의 발달은 사회적 환경과 경험의 영향을 받는다. 자아개념은 자신에게 중요한 타인, 즉 부모 · 교사 · 친구 등의 평가나 애정 및 수용 등이 자아개념 발달에 영향을 미친다. Mistry는 부모의 정서적인 보호가 긍정적인 자아개념 발달에 중요한 역할을 하고 있다는 연구결과를 제시했다. Coopersmith는 그의 연구에서 자아존중의 결정요인은 다음 조건들, 즉 어린이가 느끼는 부모에 의해서 받아들여진 인정 정도, 허용행동의 명백한 한계, 개인의 행동에 대한 존중과 관용도, 부모의 높은 자아존중감의 조합이라고 결론을 내리고 있다(이종철, 2012).

2) 정서지능

20세기를 지배해 왔던 인지적 지능, 그 지능을 측정하고자 시도되어 왔던

IQ의 한계가 끊임없이 지적되며 지능검사가 안고 있는 여러 가지 문제점이 부각되면서 많은 비판을 받아 왔다. 그 중 가장 크게 부각된 비판은, 지능지수가 높다고 해서 반드시 사회적으로 훌륭한 삶을 살아가는 건 아니라는 점이었다. 그리고 인간의 두뇌에 관한 신경생리학적 연구결과들은 감성이 이성보다 우선한다는 주장을 뒷받침하는 데 크게 기여하였다. 이러한 배경 속에서 정서지능의 개념이 등장하게 되었다.

Salovey와 Mayer(1990)에 의하면, 정서지능이란 사회지능(social intelligence)의 한 하위요소로서, 자신과 타인의 정서를 점검하고 변별하는 능력과 정서적 정보를 통하여 사고와 행동을 조절하는 능력이다.

Mayer, Caruso 및 Salovey는 종래의 개념 규정을 다소 확장하여 정서지능이란 "정서의 의미를 이해하고, 이들 의미의 관계를 인식할 수 있는 능력, 이를 바탕으로 문제를 추리하고 해결할 수 있는 능력, 정서를 지각할 수 있는 능력, 정서와 관련된 감정을 동기화시킬 수 있는 능력, 이들 정서가 지닌 정보를 이해할 수 있는 능력, 그리고 이들 정서를 관리할 수 있는 능력과 관련되어 있다"고 하였고, 정서지능의 구성요소에 관해 4영역 4수준 16요소 모형을 수정하여 인지와 정서체계를 통합하여 정서지능을 정서의 지각, 정서의 통합, 정서의 이해, 정서의 관리 네 가지 요인을 중심으로 한 정서지능의 4요인 모델을 제안하기도 하였다(Mayer, Salovey, & Caruso, 2000).

정서지능을 대중화한 사람인 Goleman은 정서지능을 능력으로만 보지 않고 특정 개인의 다른 재능이나 성격적 특성까지도 포함하는 보다 포괄적인 개념으로 보았는데, Goleman(1995)은 혼합모델의 관점에서 "정서지능이란 정서를 지각하고, 정서를 조절하며, 스스로에게 동기를 부여하고, 타인의 정서에 대해 인식하며, 대인관계를 다루는 능력이다." 라고 정의하였다. 그는 정서지능의 하위 구성요소를 다섯 가지로 제시하였는데, 정서의 자기인식, 자기동기화, 자기조절, 감정이입, 그리고 대인관계 기술이다.

자기인식(self-awareness)이란 자신의 내적 상태에 지속적인 주의를 기울이고 스스로의 감정 상태를 깨닫는 능력이다. **자기동기화**(self-motivation)란 난관에 봉착했을 때 어려움을 무릅쓰고 문제를 해결하기 위해 계속 노력하려는 정서적 능력인데 여기에는 집중력, 만족지연 능력, 낙관성 같은 하위 요소들이 있다. **감정이입**(empathy)이란 '공감'이라고 불리기도 하는데, 타인의 생각이나 느낌을 대리적으로 느끼고 타인의 입장을 자신의 입장으로 받아들이고 이해할 수 있는 능력이다. **자기조절**(self-management)이란 주로 충동성이나 공격성 등의 자기 감정을 통제하고 제어할 수 있는 능력인데 자기조절의 목적은 정서의 억압이 아니라 정서의 '균형'이다. **대인관계기술**(social skills)이란 상대방의 감정을 이해하고 내가 어떤 행동을 하는 것이 상대방의 기분을 상하지 않게 할 것인가를 파악한 뒤 실천에 옮김으로써 원만한 인간관계를 형성할 수 있는 능력이다. 대인관계기술에서 핵심적인 내용은 '정서표현'이다(임정훈 외, 재인용).

Baron(2001)은 'Emotional intelligence and self-actualization'에서 정서지능을 '정상생활의 요구에 대처하는데 도움이 되는 정서적, 개인적 및 사회적 능력인 다중요인의 결함'이라고 하였으며, 정서지능의 요인구조를 이루는 핵심인 정서적, 개인적 및 사회적 능력들을 다음과 같이 제시하였다.

- 자기배려 : 개인 자신을 정확하게 지각하고 평가할 수 있는 능력
- 정서적 자기의식 : 정서를 의식하고 이해할 수 있는 능력
- 단정성 : 개인의 정서와 이를 구조적으로 표현할 수 있는 능력
- 스트레스 인내 : 개인이 자신의 정서를 효과적으로 관리할 수 있는 능력
- 충동통제 : 개인 자신의 정서를 통제할 수 있는 능력
- 현실에 대한 검증 : 개인이 자신의 감정과 사고를 객관적으로 타당화할 수 있는 능력
- 융통성 : 새로운 상황에 대해 개인 자신의 감정과 사고를 적응시킬 수 있는 능력
- 문제해결 : 개인적인 문제와 대인간의 문제를 해결할 수 있는 능력
- 감정이입 : 타인의 정서를 의식하고 이해할 수 있는 능력

• 대인관계 : 타인과 좋은 관계를 맺을 수 있는 능력

종합해 보면 정서지능이란 '개인이 자신과 타인의 정서를 지각할 수 있는 능력, 사고를 지원하는 자신의 정서를 평가할 수 있는 능력, 일반적인 정서와 더불어 유발하는 개인 자신의 정서에 대한 의미를 이해할 수 있는 능력 및 훌륭한 정서와 사려 깊은 사고를 지니도록 자신의 정서를 조절할 수 있는 능력' 이다.

3) 자아효능감

(1) 의미

자아효능감(self-efficacy)이란 용어는 Bandura(1969)의 사회학습이론에서 비롯한 것으로서, 어떤 과제나 행동을 성공적으로 수행해 낼 수 있는가에 관한 개인의 신념을 의미한다.

즉, 자아효능감은 원하는 결과에 대한 개인의 '능력인지'로 볼 수 있다.

① Bandura(1977)

자아효능감이 행동변화를 매개하는 공통적 인지기제이며, 개인이 소유하고 있는 기술을 어느 정도 행할 수 있는가 하는 판단을 의미한다고 하였다.

② Schunk(1990)

자아효능감을 '애매하고 예상할 수 없거나, 긴장되는 요소가 많이 포함되어 있는 구체적인 상황에 대처하기 위해 요구되는 행동을 개인이 얼마나 잘 조직해서 수행할 수 있는가에 대한 판단'이라고 정의하였다.

③ Wood, Mento와 Locke 등 (1987)

자아효능감을 '개인 자신의 전략적인 수행능력에 대한 믿음으로부터 초래하는 것으로서, 과제상황을 다루기 위해 요구되는 특별한 행동을 수행할 수 있는 자신의 능력에 대한 개인적인 평가'라고 정의하였다.

④ Schunk(1995)

특정한 과제에서 개인 자신이 성공할 것이라고 상상하는 능력은 그 과제에 대한 자아효능감에 의해 결정되며, 학습자는 자신의 능력에 관한 개인적 판단, 신념에 따라 활동의 선택, 자기확신, 노력 및 지속성 등이 변할 수 있다.

⑤ Bandura(1997)

자아효능감을 높이기 위한 방안들은 자아효능감과 행동과의 관계에 영향을 미치는 요인들을 고려해야 한다고 보았다.

(2) 효능신념과 결과기대감

Bandura(1997)는 효능신념에서 결과기대감을 분리하였다. 결과기대감이란 특정행동이 어떤 결과를 가져오리라는 신념이라면 효능신념은 어떤 상황에서 특정행동을 잘 수행할 능력 또는 가능성에 대한 자기인식과 관련된다는 것이다.

한 개인이 어떤 방향으로 행동하면, 어떤 결과가 초래될 것이라고 믿는다 할지라도 그 결과를 위해 필요한 행동을 수행할 수 있을까의 여부를 의심하게 된다면 그 행동을 할 수 없게 된다. 효능신념과 결과기대는 이러한 점에서 구분된다. Bandura는 이 두 요소의 구분을 통해 자아효능감을 설명하고, 이것이 개인의 행동변화에 결정적인 역할을 한다고 주장하였다.

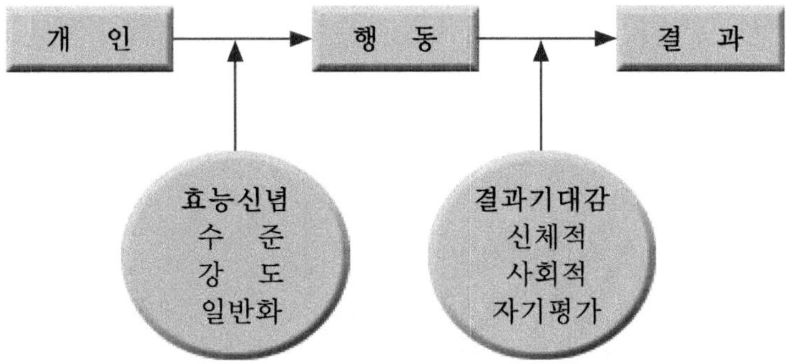

그림 5-6 효능신념과 결과기대감 간의 관계

(3) 자아효능감의 차원

Bandura에 의하면 자아효능감은 수준, 강도 및 일반화의 세 가지 차원을 지닌다고 하였다. 이 세 가지 차원은 실제의 행동 실체에 중요한 영향을 미치며, 자아효능감은 이 세 차원에 있어서 각기 그 정도는 다르다.

① 수준

자아효능감의 수준은 개인이 과제나 상황을 얼마나 어렵게 이해하느냐의 정도와 관련이 있다.

② 강도

'강도'는 어려운 상황에서 자아효능감이 얼마나 오랫동안 지속되는가와 관련된 변인으로서 약한 자아효능감은 어려운 상황에서 회피하거나 쉽게 소거되지만, 강한 자기효능감은 쉽게 소거되지 않으며 대처행동을 찾게 된다.

효능신념을 조직하는 것 중에 가장 근본적인 것은 자기 신념이다. 효능신념은 강도에 있어서 다르다.

③ 일반화

자아효능감의 일반화는 자아효능감이 어느 정도 범위까지 적용될 수 있는가 하는 문제와 관련이 있다.

(4) 자아효능감의 정보원

자아효능감은 성취완성, 대리경험, 언어적 설득 및 생리적 상태 등의 네 가지 주요한 정보원을 갖는다.

① 성취완성

일반적으로 성공은 자아효능감을 높이고, 실패는 자아효능감을 낮게 한다. 성공적인 수행이 갖는 정보적 가치는 다음과 같은 요소에 대한 개인의 인지적 평가에 따라 다르다.

① 상황에 대한 판별

개인 자신이 수행할 상황의 안전도를 어떻게 평가하느냐에 따라 성공적 수행이 갖는 정보적 가치는 달라진다.

② 과제의 난이도

개인은 어려운 과제의 수행이 쉬운 과제의 수행보다 더 강한 자아효능감을 형성한다.

③ 귀인

성공적 수행의 원인을 주로 능력으로 생각하느냐 아니면, 노력으로 생각하느냐에 따라 다른 자아효능감이 형성된다.

④ 수행의 유형

개인이 성공적인 수행을 하였으나, 이전의 수행보다 성취 정도가 낮은 경우보다 수행의 정도가 점차 진보된 경우에는 강한 자아효능감을 형성한다.

[2] 대리경험

자신과 유사한 타인의 성공적인 성취를 보거나 상상함으로써 자신감을 얻기도 하고 실패했을 경우에는 자신의 능력을 낮게 평가하는 개인의 대리경험의 영향을 받는다.

대리경험이 주는 정보를 인지적으로 처리하는 과정에서 영향을 미치는 요인은 다음과 같다.

① 모형의 특성

모형이 보여주는 숙련성, 인내, 성별, 연령, 사회 경제적 지위 등은 자아효능감에 영향을 미친다.

② 모형과의 유사성

모형의 능력이 관찰자와 비슷한 경우에 모형의 성공적 수행은 그렇지 않은 경우보다 강한 자아효능감을 나타낸다.

③ 다양한 모형

한 모형이 동일한 과제를 여러 번 수행하는 것보다 여러 모형의 성공적 수행이 자아효능감을 높이는데 더욱 효과적이다.

④ 모형이 사용한 전략

관찰자 자신보다 능력 있는 개인이 확실하게 잘못된 전략을 사용하여 실패한 경우, 관찰자가 적절한 전략을 갖고 있으면 자아효능감이 높아진다.

반대로 관찰자 자신과 비슷한 능력을 가진 모형이 적절한 전략을 사용하여 실패한 경우 관찰자의 자아효능감은 낮아진다.

[3] 언어적 설득

언어적 설득이란 말로 설득한다는 뜻으로서, 교사나 부모, 동료 등에 의해 널리 이용되는 방법으로 '결과 기대감'을 갖게 하는데 목적이 있다.

Bandura는 언어적 설득에 의해 지니게 된 자아효능감은 불일치 경험에 의해 쉽게 소거되며, 이러한 경우 설득자 뿐만 아니라 자신에 대하여도 불신감을 가질 수 있다고 하였으며 언어적 설득이 자아효능감에 미치는 영향은 피설득자가 설득자의 특성, 즉 권위, 숙련성, 신뢰성, 노력 정도 및 확실성 등을 어떻게 평가하느냐에 의존한다고 하였다.

④ 생리적 상태

개인 자신의 정서 상태로 평가하는 것으로서, 학습자들은 그 생리적 지표를 통하여 어떤 효능 정보를 획득한다. 어떤 정서적인 증후로서, 시험을 보기 전에 떨린다든지 땀을 흘린다던가 하는 것은 그들이 잘 수행해 낼 수 있을 것 같지 않다고 자신의 능력을 의심하게 되어 효능감이 떨어진다는 것이다.

지나치게 정서적으로 흥분하게 되면, 개인은 심리적으로 불안해 지고 이로 인해 자아효능감을 잃게 되며, 이것은 성공적인 행동변화에 방해요인이 된다. 따라서 자아효능감을 높이기 위해서는 정서적 흥분을 적절한 수준으로 약화시켜야 한다.

4) 태도

일반적으로 특정 사물, 활동, 사람 등에 대한 반응에 영향을 주는 경향성을 말한다. 태도의 대상은 사람, 사물, 조건, 조직, 활동 등 개인과 직간접으로 관련된 거의 모든 것을 망라한다. 태도의 하위요소는 특정 대상이나 사람에 대해 개인이 갖고 있는 의견이나 신념 같은 인지적 요소, 특정 대상이나 사물에 대해 갖고 있는 감정을 말하는 정의적 요소, 특정 대상에 관련해서 행위를 하려는 의도나 준비성을 말하는 행동적 요소로 구분된다. 특정 대상에 대한 행위의도는 접근경향이나 회피경향으로 나타난다.

제 6 장

학 습 이 론

1. 행동주의 학습이론
2. 인지주의 학습이론

1. 행동주의 학습이론

행동주의에서는 학습을 '경험의 결과로 나타나는 관찰할 수 있는 행동의 변화'라고 정의한다. 행동주의 심리학자들은 관찰 가능한 행동에 초점을 맞춘다. 이러한 경향성은 학습의 내적 과정 혹은 절차 등을 고려하지 못한다는 비판을 제기했지만, 행동주의 이론은 학습을 이해하는데 넓게 적용되고 있다.

행동주의 학습이론의 근본적인 원리는 자극과 반응간의 연합이다. **자극**(stimulus)이란, 환경으로부터 학습자에게 제시되는 모든 것을 의미한다. 즉, 눈에 보이는 사물, 귀로 들리는 소리, 피부로 느껴지는 감촉 등은 모두 자극이 된다.

반응(response)은 자극으로 인한 행동을 의미한다. 행동주의에서는 이와 같은 자극과 반응의 연합을 학습으로 이해하고 있으며, 이러한 이유로 행동주의 이론을 '연합이론'이라고도 부른다.

1) Pavlov의 고전적 조건형성이론

자극과 반응간의 관계를 최초로 연구한 사람은 Pavlov(1849~ 1936)이다. Pavlov도 Freud처럼 인간행동에 관한 연구를 하나의 과학으로 완성하는데 매우 중요한 공헌을 한 사람 중의 하나로 심리학, 특히 학습심리학 분야에서 가장 유명한 인물 가운데 한 사람이다. 그러나 그는 심리학자가 아니라 생리학자였다. 러시아의 생리학자였던 Pavlov가 조건 반사를 발견한 것은 우연에서 비롯되었다. 개의 소화계 생리에 관한 연구로 1904년에 노벨 생리학상을 수상하였다.

음식에 대한 반응으로 개가 타액을 얼마나 많이 분비하는가를 측정하는 과정에서 Pavlov는 개가 음식을 보거나 냄새를 맡기 이전에 이미 침을 흘리기 시작한다는 사실을 발견하였다. 즉 음식과 관련된 자극(예를 들면, 음식을 주러 오는 사람의 발자국 소리)이 타액을 분비하도록 유도하는 힘을 갖는 것으로 보았다.

이러한 현상이 Pavlov의 호기심을 일으키게 되었고, 입에 먹이를 넣기도 전에 개들로 하여금 타액을 분비하게 하는 것은 무엇일까? 개들은 어떻게 하여 실험자가 접근해 오는 소리만 들어도 분비하는 것을 학습한 것일까? 이러한 질문에 대한 해답을 얻어 보려고 Pavlov는 개에게 먹이를 제시하지 아니할 때도 타액을 분비하도록 가르쳐 보았다. 그는 먹이를 방안으로 들여오기 바로 전에 종소리를 울리는 그러한 실험을 설계해 보았다. Pavlov는 먼저 개의 타액선에 가는 튜브를 연결시키는 수술을 하였다. 이 튜브를 통해 타액이 바깥으로 흘러나오면, 분비된 타액이 기계적으로 정확하게 측정될 수 있게 하였다. 수술한 개를 실험 장치에 고정시킨 상태에서 실험이 실시되었다.

실험의 첫 단계에서 Pavlov는 개의 입에 음식물을 넣어 주면 타액이 분비되고, 종소리를 들려주면 타액이 분비되지 않는다는 것을 확인하였다. 음식물을 입에 넣어줄 때 나타나는 타액 분비는 선천적이고 자동적으로 유발되는 반사이다. 그러나 종소리는 개의 타액분비와 무관한, 즉 타액분비를 촉진시키거나 억제시키는 작용을 하지 못하는 중성 자극이다. 그러나 먹이를 얻어먹기 바로 전에 종소리가 울리는 것을 여러 번 들은 개는 종소리가 울리자마자 타액을 분비하기 시작하였다. 개들은 종소리가 먹이의 출현을 신호한다는 것을 학습하고서 먹이가 따라오지 않더라도 침을 흘리게 되었다. 개들은 정상적으로는 그러한 반응을 일으키지 아니하는 새로운 자극, 즉 종소리에 반응하여 타액을 분비하도록 조건화되었다. 이것이 Pavlov의 고전적 조건화이다.

Pavlov는 개가 침을 흘리는데 일정한 법칙이 있음을 발견하였으며, 이러한 결과는 학습을 설명하는 중요한 전환점이 되었다. 이 고전적 조건화의 내용을 이해하기 위해서는 고전적 조건화를 구성하는 자극과 반응의 종류를 이해할 필요가 있다.

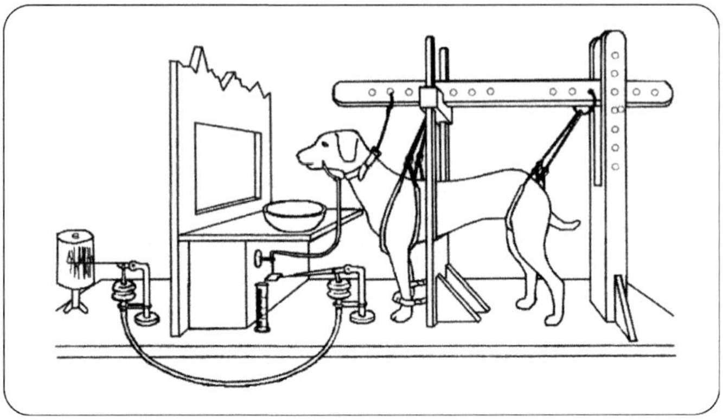

그림 6-1 Pavlov의 동물실험

Pavlov는 「조건반사」(Conditioned Reflexes(1927)라는 책에서 이 현상을 자세하게 설명하였는데, 배고픈 개에게 음식을 주면 개는 타액을 분비한다. 음식을 다른 사건, 즉 종을 울리는 것과 같은 사건과 함께 제공하면, 개는 마침내 종을 울려도 침을 흘리게 된다. 그 자체만으로는 개로 하여금 타액을 분비하도록 할 수 없었던 중립적 자극에 대해 이러한 학습된 타액분비 반응을 **조건 반사**(conditioned reflex)라고 부르며, 이 과정을 **고전적 조건형성**(classical conditioning)이라고 한다. 여기서 음식은 **무조건 자극**(unconditioned stimulus)이다. 무조건 자극은 사전학습이나 경험 없이 학습되지 않은 반응을 가져온다. 무조건 자극의 또 다른 예는 무릎 반사나 자율신경계의 통제를 받는 어떤 반사행동도 여기에 해당된다. 개의 타액분비는 무조건 자극에 대한 **무조건 반응**(unconditioned response)이라고 부른다.

무조건 반응인 타액분비가 나타난 후에 음식과 종을 짝지어 음식을 제시하면서 종을 울린다. 음식과 종소리를 몇 번 짝지어 제시한 후에는 종만 울려도 개는 타액을 분비하게 된다. 이때 종소리는 **조건 자극**(conditioned stimulus)이라고 부른다. Pavlov의 고전적 조건형성의 모형이 다음의 그림에서 제시된다.

조건화 이전

① 중립 자극(종소리) ⟶ 반응 없음

② 무조건 자극(UCS) ⟶ 무조건 반응
음식(고기) 침(타액 분비) 침(타액 분비)

조건화 형성

③ 중립 자극(종소리)
무조건 자극(UCS)음식(고기) ⟶ 침(타액 분비)

조건화 이후

④ 조건 자극(CS) ⟶ 조건 반응(CR)
종소리 침 (타액 분비)

그림 6-2 고전적 조건화 과정의 3단계

자극은 중립 자극, 무조건 자극, 조건 자극으로 분류되며, 반응은 무조건 반응, 조건 반응으로 제시가 된다.

사전에 아무런 훈련을 받지 않은 개에게 종소리를 들려주어도 개는 특별한 반응을 하지 않는다. 이 때의 종소리는 **중립 자극**(neutral stimulus: NS)이다. 즉, 개에게 아무 반응도 일으키지 않는 자극이 중립 자극이다.

굶주린 개에게 먹이를 보여주었더니 개의 입에서는 타액이 분비되었다. 이 때의 먹이를 무조건 자극(unconditioned stimulus: UCS)이라고 하고 타액이 분비되는 것을 무조건 반응(unconditioned response: UCR)이라고 하였다.

여기에서 '무조건'이란 동물에게 있어서 어떠한 자극은 거의 예외 없이 무조건적 반응을 한다는 뜻에서 이렇게 불렀다.

[그림 6-2]의 ①, ②에서 무조건 반응을 볼 수 있고, 실험적인 것은 ③부터이다. 즉, NS와 UCS(종소리와 먹이)를 짝지어 제시하면 개는 당연히 타액을 분비한

다. 이 때의 타액의 분비는 먹이에 의해서 유발된 것이므로 무조건 반응이다. 이렇게 NS와 UCS를 짝지어서 제시하는 것을 여러 번 반복한 후에 먹이(UCS) 없이 종소리(NS)만 들려주어도 개는 타액을 분비하였다. 이 때의 타액의 분비는 먹이에 의해서 유발된 것이 아니라 종소리에 의해서 유발된 것으로 이를 조건화된 반응 또는 조건 반응(CR)이라 한다. 그리고 종소리는 원래 아무런 반응을 일으키지 않는 중립 자극이었지만 이제는 독자적으로 개로 하여금 타액을 분비(CR)하게 하는 기능을 가지게 되었으므로 이 종소리를 타액을 분비하게 할 수 있도록 조건화된 자극 또는 조건자극(CS)이라 한다.

이와 같이 어떠한 조건을 형성함으로써 반응을 유도해 내는 것이 '고전적 조건화'이다.

즉, Pavlov에 의하면 학습은 '조건화 과정'이라고 할 수 있다. 또한 Pavlov는 조건 반사의 강도에 영향을 주는 몇 가지 요인을 들어 설명하였다.

(1) 강화(reinforcement)

한 행동에 뒤따르는 자극 사건이 그 행동을 다시 일으킬 가능성(확률)을 증가시킨다는 것을 의미한다. 소멸현상이 일어났다 할지라도 조건 자극과 무조건 자극을 한번만 짝지어서 제시하면 곧 조건 반응이 회복된다. 이때 무조건 자극을 주는 것을 강화라 한다.

(2) 소거(extinction)

조건형성이 한 번 이루어졌다고 해서 조건 자극이 계속해서 영원히 작용하는 것은 아니다.

조건 반응이 이루어진 후에 무조건 자극 없이 조건 자극만 반복해서 제시하면 조건 반응이 점진적으로 약해지고 마침내는 멈추게 된다. 이와 같이 조건 반응이 일어난 후에 조건 자극만을 반복해서 제시한 결과 타액의 분비가 멎게 되는 현상을 소멸이라고 한다. 예를 들면, 종소리를 타액분비를 위한 조건 자극으로 만들 수는 있지만, 음식 없이 종소리만 몇 번 제시하면 종소리는 그 효과를 잃게 되는데 이것을 소거 또는 소멸이라고 한다.

(3) 일반화(generalization)

일반화는 원래의 자극과 유사한 조건 자극에 대해 조건 반응하는 것을 의미한다. 일단 조건 반응이 나타나게 되면 그 반응을 일으키기 위해서 반드시 원래의 조건 자극을 주어야만 하는 것은 아니다. 그와 비슷한 자극을 주어도 조건 반응이 일어난다. 이때 그 비슷한 것과 반응의 강도와는 관계가 있다. 즉, 아주 비슷하면 그 반응이 원래의 조건 자극에 대한 것과 거의 같지만, 덜 비슷하면 반응이 그만큼 약하게 나타난다.

예를 들면, 어떤 음조의 종소리에 타액을 분비하도록 조건형성된 개는 유사한 다른 음조의 종소리에도 같은 반응을 하는데 이것이 일반화이다. 또 다른 예는 악몽을 꾼 아이가 어두운 장소를 싫어하는 경우이다. '자라보고 놀란 가슴 솥뚜껑 보고 놀란다'는 속담이 여기에 해당될 것이다. 이와 같이 조건 반응을 하도록 훈련한 후에 원래의 조건 자극과 비슷한 다른 자극을 주어도 반응을 하는 현상을 **자극의 일반화**(generalization of stimulus)라고 한다.

(4) 변별화(differentiation)

일반화에 대한 보완적인 과정이 변별화이다. 동물이 어느 특정의 한 가지 자극에만 반응할 뿐 그 자극과는 유사성이 별로 없는 다른 자극에는 반응하지 않는 것을 말하고 그 반응을 일으키는 유일한 자극을 **'식별된 자극'**이라 한다. 예를 들면, 어두운 곳에서 공포를 느끼는 아동이 극장과 같은 어떤 특정한 어두운 장소에서는 공포를 느끼지 않는 것이다.

2) Thorndike의 시행착오설

Edward Thorndike(1874-1949)

Thorndike는 1874년 8월 3일 미국 매사추세츠주의 윌리엄즈버그에서 감리교 목사의 둘째 아들로 태어났다. 총명하고 이상적인 부모의 엄격한 가정 분위기로 인하여 Thorndike는 예의바르고 근면하면서도, 수줍음이 많고 신중하면서도 절제하는 소년으로 자랐다. 1893년 웨슬리언 대학교에 입학하여 문학에 관심을 가지고 공부하였다. 2학년이 될 때까지 심리학이라는 단어를 거의 들어 본 적이 없었다. 이때 그는 James의 「심리학의 원리(1890)」를 읽고 크게 감명을 받았다. 졸업 후 하버드 대학교 대학원에 입학하여 영어에서 심리학으로 전공을 바꾸었다. 이때 James로부터 직접 심리학 강의를 들으면서 심리학에 대한 연구에 심혈을 기울이기 시작하였다. James는 여러 어려움에도 불구하고 Thorndike로 하여금 동물실험을 할 수 있도록 적극적인 도움을 주기도 하였다. 이때 Thorndike는 동물 중에도 병아리를 대상으로 하는 실험연구를 수행하였다. 그 후 뉴욕으로 이사하여 컬럼비아 대학에서 고양이, 물고기, 개, 쥐, 원숭이 등의 동물대상의 뛰어난 실험연구를 하였다. 젊은 대학원생인 Thorndike가 동물지능에 대한 연구에 전념한 이 시기는 러시아의 Pavlov가 조건 반사에 대하여 연구를 하고 있을 때이다. Thorndike는 미로와 문제상자의 실험을 계속하여 동물의 지능에 관한 연구로 1898년 박사학위를 받았고, 이와 같은 그의 동물연구는 세상에 알려지게 되었다. 그리고 미국의 실험 심리학자의 관심을 학습이론으로 돌리게 함으로써 학습심리학의 발전에 크게 기여했다. Thorndike는 컬럼비아 대학의 교육학 교수로서 당대의 가장 영향력 있는 교육심리학자로 알려져 있다. 특히 자극-반응(stimulus-response) 연합설의 주창자로서, 특정한 자극과 자발적 행동 사이의 연결에 의해 새로운 행동이 형성됨으로써 학습이 이루어진다고 보았다.

유기체의 행동에 대한 Thorndike의 이러한 관심과 동물지능에 대한 연구의 성공은 Pavlov의 조건 반사 연구를 토대로 고전적 조건화 이론을 체계화한 Watson을 앞질러, 미국 최고의 행동주의 심리학자로 만들었다. 특히 동물의 학습실험을 시도하여 인간 학습에 적용할 수 있는 정보들을 확립하였다. 즉 학습의 법칙으로 효과의 법칙, 연습의 법칙, 준비의 법칙을 세웠다. Thorndike의 이론은 전 세계의 심리학자와 교육학자들의 주목을 끌었고, 특히 19세기 말부터 20세기 초까지 약 50년 동안 미국의 심리학계를 지배하였다.

Thorndike는 20세기 초 Pavlov의 실험을 수정하여 '어떤 행동을 한 결과가 어떻게 그 행동을 증가시키는가'를 설명하는 새로운 이론을 제시하였으며, 이 이론이 조작적 조건화 이론의 기초가 되었다.

Thorndike가 연구 활동을 시작할 무렵의 서양철학의 기초는 즐거움-고통의 원리였다. 즉 사람은 즐거움을 가져오는 일에는 능동적이고 반대로 고통을 가져오는 상황이나 행동은 회피한다고 보는 것이다. Thorndike는 이 쾌락주의적인 즐거움-고통의 견해를 보다 과학적으로 해석하려고 하였다. 그 방법으로 Thorndike는 만족인자(satisfiers)와 불쾌인자(annoyers)란 용어를 도입하였다. 이 두 가지는 반드시 외부에서 관찰할 수 있는 것으로 전자는 "사람이 그것을 회피하지 않음은 물론 그것을 얻기 위해 노력하는 것" 그리고 후자는 "사람이 그것을 회피하려는 것"으로 개념을 규정하였다.

Thorndike가 생각하는 학습의 기초는 감각적 느낌(자극)과 만족인자를 가져오는 반응의 결합이다.

학습을 자극-반응(stimulus-response) 또는 S-R의 연합으로 보게 된 시초가 여기에 있다. 이때 이루어진 연합을 고리(bond) 또는 결합(connection)이라고 부르기도 한다. Thorndike의 학습에 대한 초기실험은 이와 같은 가정에서 출발하였다. 그의 실험초기에 있어서는 주로 고양이가 사용되었다. 즉 고양이가 [그림 6-3]의 (a)에 제시된 바와 같은 문제상자에서 탈출하는 방법을 학습하는 과정을 관찰하는 것이었다.

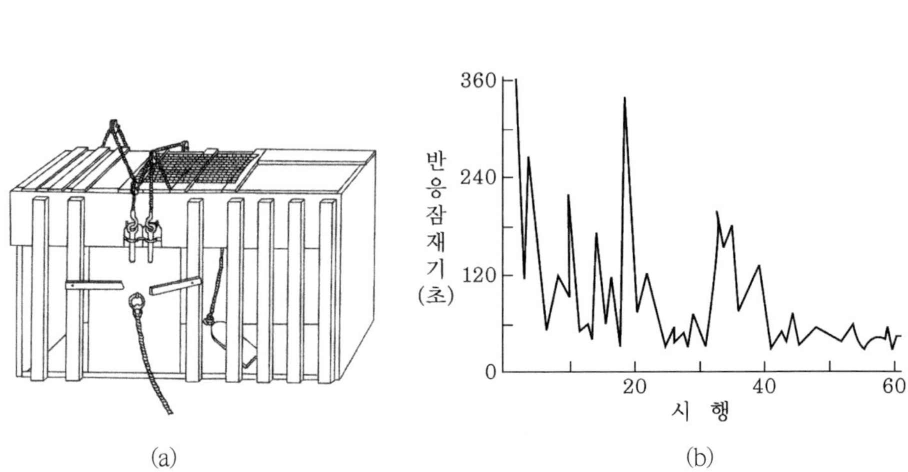

그림 6-3 문제상자와 고양이의 학습곡선

고양이를 얼마 동안 굶겨서 이 문제상자에 넣고 상자 밖에는 고양이가 잘 볼 수 있는 곳에 약간의 생선을 놓았다. 문제상자는 고양이가 안에 있는 페달을 누르면 빗장이 풀어져서 문이 열리고 고양이가 나가서 생선을 먹을 수 있도록 고안되었다.

상자 속에 넣어진 배고픈 고양이는 당연히 탈출하기 위해 다양한 동작을 하게 되고 그 중에서 우연히 페달을 누르면 문이 열리게 된다. 고양이가 나와서 생선을 먹으면 다시 상자에 넣는다. 이때 고양이는 문이 열리도록 한 자기의 동작이 어떤 것이었는지를 분간하지 못하지만 이를 반복함에 따라 탈출에 소요된 시간은 단축되는 경향을 보였으며, 측정된 소요시간의 대체적인 양상은 [그림 6-3]의 ⓑ에서 보면 그 단축과정이 체계적인 것은 아니었지만 시행이 반복됨에 따라 탈출에 소요된 시간이 현저하게 단축된 것을 알 수 있다.

고양이는 결국 문을 여는 방법을 알게 된다. Thorndike는 이 과정을 '시행착오(trial and error)에 의한 학습'이라고 불렀고 이와 같은 실험을 통해서 몇 가지의 학습법칙 및 종속법칙을 도출하였다.

(1) 연습의 법칙(law of exercise)

'빈도의 법칙'이라고도 한다. 자극과 반응의 결합을 빈번히 되풀이하면 그 결합이 강화된다. 즉, 연습을 많이 하면 결합이 강화되고 연습하지 않으면 결합이 약화된다는 것이다.

학습은 연습에 의해서 강화되고 연습에 의해서 효과가 높아진다. 그러므로 효율적인 학습을 위해서는 반복연습이 필요하다. 영어 단어의 암기, 악기 연습 등은 단 한 번에 성과를 올릴 수는 없고 연습을 되풀이하는 가운데 익숙해진다. 이와 같이 학습의 효과는 연습의 법칙에 따르고 이런 현상은 기계적인 암기나 근육활동 기능의 획득에서와 마찬가지로 반복적인 습관에 기인한다.

(2) 효과의 법칙(law of effect)

'결과의 법칙'이라고도 한다. 학습의 결과가 만족스러운 상태이면 결합이 더 강화되어 학습이 견고하게 되며, 반대로 불만족스러운 경우는 결합이 약해진다. 조건이 동일한 경우, 만족의 결과를 주는 반응은 고정되고, 그렇지 못한 반응은 폐기된다. 즉 어떤 반응이든 하나의 결과를 가져오기 마련이지만, 그것이 얼마나 만족스러우냐 불만족스러우냐에 따라 학습이 결정된다.

미로학습에서 몇 마리의 쥐는 성공과 실패를 반복하게 했고, 다른 몇 마리의 쥐는 틀리는 길을 전부 막고 옳은 길만을 학습하게 했다. 연습의 법칙대로라면 후자가 더 학습이 잘되어야 하지만 실제로는 전자가 더 잘 되었다. 이것은 성공뿐 아니라 실패의 경험도 있어야 학습이 보다 효과적이라는 것을 뜻한다.

(3) 준비성의 법칙(law of readiness)

준비성의 법칙이란 학습하는 태도나 준비와 관련되는 것으로, 새로운 사실과 지식을 습득하기 위해서는 준비를 충분히 하고 있을수록 결합이 용이하게 됨을 말한다.

여기서 말하는 준비성이란 학습을 해낼 준비가 얼마나 되어 있는가 하는 준비도를 의미할 뿐이지 성숙도를 의미하지는 않는다.

최근에는 준비성이란 좀 더 넓은 뜻으로 성숙을 비롯한 선행학습 정도를 포함하며, 학습이 효과적으로 행해지기 위해서는 학습자의 정신 및 신체적인 준비가 갖추어져 있지 않으면 안 된다는 의미를 사용한다. 여기서 발달단계에 따른 적합한 지도를 해야 하는 일이 강조되어 학습의 준비된 상태라고 할 수 있는 성숙의 정도를 학습의 영역에서 중요한 문제로 연구하기 시작하였다.

3) Skinner의 조작적 조건형성이론

Burrhus Skinner(1904-1990)

미국의 심리학자이며 신행동주의 학자인 Skinner는 1904년 3월 20일 미국의 펜실베이니아의 서스퀘하나에서 태어났다. 그의 아버지는 법률가로서 당시 그 지역에서 좋은 평판을 받고 있었으나 성품이 비사교적이고 정직해서 정치에는 발을 들여놓지 못했다. 반면 그의 어머니는 가정 일에 몰두하고 근검하며 자애스러웠다. 당시 Skinner의 가정은 부유하지는 않았지만 유복한 편이었기에 생활에 대한 치열한 고민은 하지 않았다. 따라서 어린 시절의 생활에 대한 부담과 어려움에 대한 기억보다는 정서적인 생활에 대한 기억들로 가득 차 있다. Skinner는 할머니에게서 죄의식을 강조한 종교 교육을 받았고, 부모에게서는 벌보다는 상당히 적절한 보상을 부여받은 것으로 기억한다. 즉 그의 부모들의 교육은 직접적인 벌보다는 간접적으로 벌을 경험하게 하거나 적절한 보상을 제시함으로써 그가 사회 규범 안에서 적절하게 행동하는 정상적인 성인으로 성장하기를 바랐다. 그러나 Skinner는 어려서부터 시와 비정기적인 일기 쓰기를 좋아했고 고등학교 시절에는 작문 시간을 가장 좋아했다. 당시

Bacon에 대해 지대한 관심을 가지고 있었으며, 그가 대학을 졸업하고 진로를 선택하기까지 지속된다.

1922년 뉴욕의 해밀턴 대학에 입학하여 영문학을 전공하였다. Skinner는 대도시의 대학생활에서 많은 어려움을 느꼈다. 특히 일반 명문 고등학교 출신의 동료들과의 적응 문제가 큰 어려움이었다. 대학생활은 그를 개인주의적이고 고독한 생활관을 갖게 하였고 문학가로서 자질을 평가받고자 하였다. 졸업 후 작가로서 생활을 시작할 무렵 Skinner는 그의 정신이 문학에 근거한 인간의 해명에서 탈피하여 과학에 기초해서 인간을 해명하는 단계로 변화되는 결정적인 시기를 맞게 된다. 이 시기에 Skinner에게 큰 영향을 준 것은 Bergson과 Burtt의 책이었다. Skinner는 과학을 통해서 인간의 행위를 진정으로 '이해'할 수 있을 것이라는 기대를 갖고 '심리학'을 연구하기에 이른다. 그리하여 1928년 당시 James와 MÜnsterberg가 있었던 하버드 대학교의 대학원 심리학과에 입학하여 상당히 열심히 공부했다. 하버드에서 보낸 시기는 Skinner가 '행동주의자'로서 이론적으로 무장하는 시기였다. 그는 주로 쥐와 다람쥐를 가지고 Pavlov의 실험을 응용하고 발전시키기 위해 몰두하고 있었다. 그러나 Skinner가 주장한 이론은 유기체의 자발적 행동의 조건화를 취급한 것이고, 이것을 '조작적 조건화'라고 하였다. 고전적 조건화가 반응과는 상관없이 자극을 나타내는데 중점을 둔 것과 달리, 조작적 조건화는 반응과 강화된 수반관계에 따른 행동의 형성 및 유지를 다루는 것이므로 그는 강화된 여러 가지 스케줄에 의한 정상적인 반응률의 차이에 관하여 세밀하게 연구했다.

또 이 목적을 달성하기 위해 미로실험 등 종래의 동물실험을 비판하고 단순하면서도 명확한 조작을 가능하게 하는 '스키너 상자'를 고안하여 독특한 실험을 실시하였다. 1931년 학위를 받고 행동주의자로서 사회를 이해하고 해석하기 위한 모든 이론적 전제를 완성했다. 1936년부터 1945년까지 미네소타 대학에서 강의했으며 이 시기에 자신을 행동주의 학파의 선구자적 위치로 확고히 올려놓았다.

1950년 이후, 이 성과에 입각하여 인간의 학습 행동, 언어 조건화 등에 관해 연구를 진행시켰고, 임상기술, 행동요법 등 여러 분야에서 업적을 남겼다. 1945년 인디애나 대학의 심리학과 과장으로 취임했고, 1948년 하버드로 돌아와 심리학 교수로 활동하다가 1990년 8월 18일 86세를 일기로 세상을 떠났다. 저서로는 「유기체의 행동(1938)」, 「과학과 인간 행동(1953)」, 「행동공학이란 무엇인가(1974)」 등이 있다.

Skinner에 의해 제안된 조작적 조건형성(operant conditioning)은 오늘날 행동주의 심리학을 교실로 적용하는 중요한 관점을 제시하고 있다. 즉 행동은 조작적 조건형성의 결과에 의해서 결정된다는 것이다. 아동의 어떤 행동이 강화를 받게 되면, 그 행동이 다시 발생할 확률이 높아지고 어떤 행동이 처벌을 받게 되면, 그 행동이 다시 발생할 확률이 낮아진다. 조작적 조건형성에서는 강화와 처벌의 역할이 중요하다.

Skinner는 인간의 행동을 어느 정도 고전적 조건화에 의해서 설명할 수 있다는 것에 동의한다. Skinner는 인간의 모든 행동은 두 가지 범주로 나눌 수 있다고 보았다. 첫째는 반사(reflexes)로서 반응을 유발하는 자극으로 구성된다. 이때 자극과 반응과의 관계는 생물학적이고 선천적인 것이다. 모든 유기체가 보이는 단순한 반사를 포함하는 반응을 Skinner는 반응적 행동(respondent behaviors)이라고 부른다. Pavlov의 실험에서 개가 음식을 보고서 침을 흘리는 반응이 그 예인데, 반응적 행동의 특징은 반응을 유발하는 자극에 의해 전적으로 통제된다는 것이다. 즉 자극이 있으면 반응하고, 자극이 없으면 반응하지 않는 매우 단순한 모형이다. 인간에게 있어서 반응적 행동은 영유아기에 특히 현저하게 나타나는데 아기 입에 젖꼭지를 물리면 빨기 반응을 보이고 손바닥에 어떤 물체를 놓으면 잡기 반응을 보인다. 아동이나 성인도 눈 깜박이기, 재채기와 같은 단순한 생리적 반응과 공포, 분노, 성적 흥분 등의 정서적 반응 형태로 반응적 행동을 보이기도 하지만 그 종류는 매우 제한적이다. 그러나 언어, 쓰기, 읽기, 자전거 타기, 친구 사귀기 등과 같이 복잡한 행동이나 습관 등은 조작적 조건화로 학습한다고 주장하였다.

둘째는 조작적 행동(operant behaviors)인데, Skinner는 인간행동의 대부분이 조작적 행동이라고 본다. 조작적 행동은 어떤 행동이 야기하는 결과에 의해서 통제된다. 일반적으로 긍정적인 결과는 그 행동이 다시 발생할 가능성을 높이고, 부정적인 결과는 반대 결과를 초래한다. Skinner는 Pavlov의 고전적 조건형성이 인간의 어떤 행동유형은 설명할 수 있지만 보다 복잡한 행동유형을 설명하는 데에는 조작적 조건형성이 더 적합하다고 믿는다. 고전적 조건형성에서는 자극이 반응을 유발하지만, 조작적 조건형성에서는 반응이 자극을 유도한다. '조작적(operant)'이라는 말은 라틴어에서 그 어원을 두는데 바라는 결과를 얻기 위해서 행해지는 노력을 의미한다.

Pavlov의 고전적 조건형성 원리와 다른 Skinner의 조작적 조건형성 원리는 다르다. 즉, 후자의 경우는 개가 어떠한 행동을 할 필요가 없었다. 무조건 자극(먹이)이 제시되면 개는 침을 흘렸고(무조건 반응) 어떤 다른 자극(종소리)을 무조건 자극과 짝지어져서 제시하는 일이 반복된 후에는 그 자극(종소리→조건 자극)만 제시하여도 침을 흘렸다(조건 반사). 즉, 환경이 개에게 작용한 것이다. 그러나 Skinner의 쥐가 Pavlov의 개처럼 가만히 있었다면 Thorndike의 고양이와 마찬가지로, 아무 일도 일어나지 않았을 것이다. 쥐가 먼저 움직여 환경에 작용을 한 것이다. 다시 말하면 쥐의 움직임이 보상(먹이)을 가져오는 것이다.

이 같은 차이가 있으므로 이 두 가지의 조건화를 구별하기 위하여 Pavlov의 조건화를 '고전적 조건화'라고 하고 Skinner나 Thorndike의 경우는 동물의 행동이 보상을 가져오는 도구의 역할을 한다는 의미에서 '도구적 조건화' 또는 동물이 환경을 조작함으로써 이루어진다는 의미의 조작적 조건화라 부른다. Skinner는 많은 인간 행동 중에서 조작적 타입의 행동이 많다고 믿었다. 이는 여러 가지 방안을 능동적으로 시도함으로써 문제의 해결에 도달하는 경우가 많기 때문이라고 할 수 있다.

(1) 스키너 상자(Skinner Box)

Skinner 상자에는 지렛대와 먹이접시 그리고 빨간불과 녹색불이 있고 바닥에는 전기 배선망이 깔려 있다. 지렛대를 누르면 먹이접시에 먹이가 떨어지도록 고안되어 있는 이 상자 안에 쥐를 넣었다. 처음에는 쥐가 이리저리 돌아다니기 시작했다. 왼쪽, 오른쪽으로 돌기도 하고 벽에 부딪히기도 하는 쥐의 행동은 스스로 선택한 조작적 행동들이다.

그러다가 쥐는 우연히 지렛대를 누르고 먹이가 먹이접시에 떨어지는 것을 본다. 쥐는 지렛대를 누르는 것과 먹이가 떨어지는 것 사이의 연관성을 학습하고, 반복적으로 지렛대를 누른다. 조작적 조건화가 형성된 것이다.

(2) 강화(reinforcement)

강화란 어떤 행동의 강도와 발생 빈도를 증가시키는 것을 의미한다. 강화에는 정적 강화와 부적 강화가 있는데, 정적이든 부적이든 강화는 행동의 발생빈도를 증가시킨다. 정적 강화란 가치 있는 어떠한 것을 함으로써 바람직한 행동의 강도와 빈도를 증가시키는 것을 의미한다. 부적 강화란 바라지 않는 어떠한 것을 제거하여 바람직한 행동의 강도와 빈도를 증가시키는 것을 의미한다. 강화는 행동의 빈도를 감소시키는 벌(punishment)과 구별하여야 한다.

조작적 조건형성 원리에서는 개로 하여금 개의 행동 목록에 들어 있지 않은 특정 행동을 수행하도록 훈련시키기 위해서는 강화가 사용되는데, 조작적 조건형성에서 어떤 행동이 다시 발생하도록 만드는 과정을 강화라고 부르며, 어떤 행동이 다시 발생할 가능성을 증가시키는 자극을 **강화인**(reinforcer)이라고 부른다. 강화인은 긍정적일 수도 있고 부정적일 수도 있다.

〈정적, 부적 강화 및 벌의 관계〉

자 극	가	감
정적 강화물	정적 강화 (반응빈도의 증가)	감함으로써 벌 (반응빈도의 약화)
부적 강화물	가함으로써 벌 (반응빈도의 약화)	부적 강화 (반응빈도의 증가)

1 정적 강화 및 부적 강화

① **정적 강화**(positive reinforcement)

반응 후에 유쾌하거나 바람직한 긍정적인 자극을 주는 것을 정적 강화라고 한다. 즉, 어떤 자극이 가해져서 이 조작의 결과로 반응의 빈도가 증가한다면 이를 정적 강화라고 한다. 예를 들어, 노트정리를 잘하는 학생에게 칭찬을 해 줌으로써 더욱 노트정리를 잘하도록 유도하든가, 미술시간에 그림을 잘 그린 학생의 작품을 교실에 전시하여 학생이 미술에 더욱 흥미를 갖도록 하는 것이다.

② **부적 강화**(negative reinforcement)

반응 후 고통스러운 자극이 종료되는 것으로써 다음 반응이 제거되면서 반응확률을 증가시키는 자극이다. 예를 들어, 교사가 수업시간에 집중 잘 하고 좋은 질문을 하는 학생에게 청소당번을 면제해 준다는 약속으로 집중이 잘 되는 수업이 되었다면 이는 청소를 제거함으로써 교사가 의도하는 수업이 이루어질 수 있도록 하는 부적 강화가 일어났다고 볼 수 있다. '부적'이란 단어는 바람직한 행동을 증가시키기 위해 학생이 싫어하는 어떠한 것을 제거한다는 의미이다.

2 일차적 강화와 이차적 강화

① **일차적 강화**(primary reinforcement)

일차 강화물이란 음식, 갈증, 공기, 성욕과 같은 선천적인 욕구를 만족시키는 자극이나 사건이다. 이와 더불어 통증이나 극단적인 소음, 온도 등도 선천적인 원인에 의한 부적인 일차적 강화물이 된다.

② **이차적 강화**(secondary reinforcement)

개인의 경험을 통해서 그 자극이 정적 또는 부적 결과와 연합된다는 것을 학습한 자극이다. 이것들은 사회나 세상에서 우리의 욕구를 만족시키기 위해서 중요하다고 생각하도록 가르쳐 준 것들이다.

(3) 강화 스케줄(reinforcement schedule)

개인의 반응 횟수나 강도를 높이기 위해서 적용하는 하나의 방법이 시간별로 성취에 따라 '강화'하는 것이다. 이것은 계속해서 개인의 반응을 강화시키고자 하는 '계속적 강화(continuous reinforcement)'이다. 이러한 강화는 반응의 상황이나 부분적으로, 또는 시간의 경과나 횟수에 따라 강화물(수반물)을 배열해서 제공하는 방법이다. 만일 강화가 '시간 경과'에 바탕을 둔 것이면 '간격 스케줄'이며, 강화가 '반응 횟수'에 반응을 둔 것이면, '비율 스케줄'이다. 간격 스케줄(interval schedule)은 일정 시간이 경과해야만 '보상'이 제공되는데 기반을 둔 것으로서, 여기에는 '고정 간격 스케줄(fixed interval schedule)'과 '변동 간격 스케줄(variable interval schedule)'이 있다. 그리고 비율 스케줄(ratio schedule)은 강화 스케줄이 시간 간격에 두고 있다면, 반응횟수에 따른 '보상'이 주어지는 것으로서, 여기에는 '고정 비율 스케줄(fixed ratio schedule)'과 '변동 비율 스케줄(variable ratio schedule)'이 있다.

① 고정 비율 강화(fixed-ratio reinforcement)

여기에서의 비율은 원하는 반응의 수에 대한 강화의 비율이다. 가령 그 비율을 3 : 1로 한다면 원하는 반응이 3번 나타났을 때마다 한번 보상을 주는 것이며 그것을 고정시키는 것이므로 그 실험과정 전체에 걸쳐서 3 : 1의 비율로 강화하는 것이다. 만일 그 비율을 5 : 1로 한다면 처음부터 끝까지 원하는 행동 5회에 대하여 한 번씩 보상을 준다.

② 변동 비율 강화(variable-ratio reinforcement)

여기에서의 비율은 위에서와 같은 뜻이며 그것이 가변적인 것이므로 강화하는 비율을 한 번은 3 : 1로, 다음은 5 : 1로, 그 다음에는 2 : 1 등과 같이 여러 가지로 변환시키는 방법이다.

③ 고정 간격 강화(fixed-interval reinforcement)

여기에서의 간격이란 시간 간격을 뜻한다. 가령 한 실험에 있어서 보상을 30초 간격으로 계획했다면 보상을 받았을 때로부터 30초가 지난 후 맨 처음에 보이는 반응에 대해서 보상을 주는 것이다. 그리고 그것이 고정적인 것이므로 한 실험에 있어서는 처음부터 끝까지 같은 시간 간격을 유지하는 방법이다.

④ 변동 간격 강화(variable-interval reinforcement)

강화를 주는 시간 간격을 변화시키는 강화계획으로 보상을 주는 시간의 간격을 30초 후, 50초 후, 20초 후 등과 같이 여러 가지로 변환시키는 방법이다. 강화물을 받을 수 있는 시점을 예측할 수 없기 때문에 고정 간격 강화보다 반응 확률이 더 일정하게 유지될 수 있다.

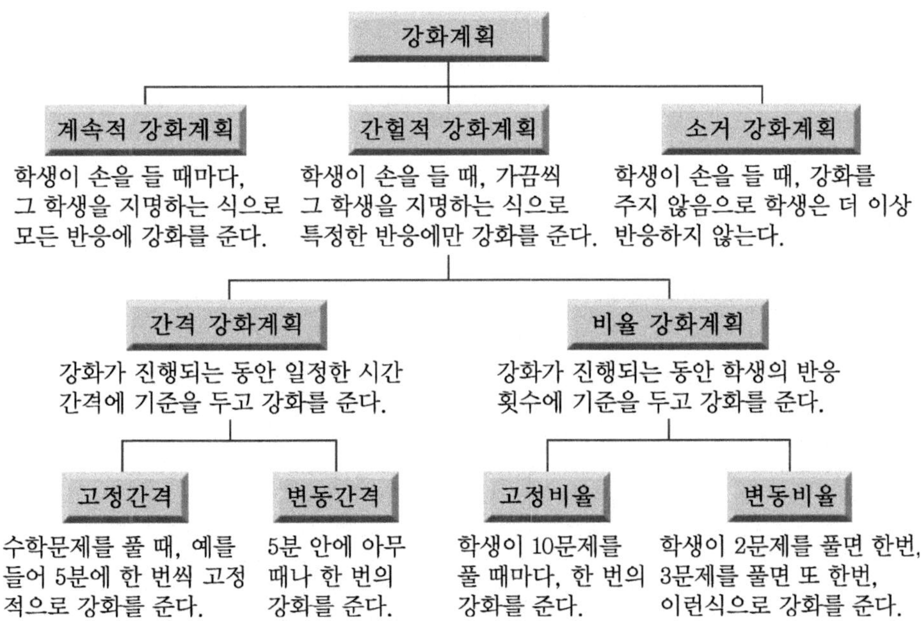

그림 6-4 강화계획의 종류와 예시

(4) Premack의 원리

Premack(1965)이 체계화한 원리로, 빈번하게 일어나는 특정한 행동을 상대적으로 자주 일어나지 않는 행동(바람직한 행동)을 강화하기 위하여 이용하는 행동수정 기법이다. 즉 개인의 행동을 관찰하여 자주 발생하는 행동을 비교적 적게 발생하는 행동에 대한 보상으로 이용한다.

예를 들어, 아이스크림을 좋아하고 당근, 고기를 싫어하는 아동에게 식사 때마다 고기를 먹으면 후식으로 아이스크림을 먹을 수 있도록 허락하면, 고기 먹기의 빈도가 점진적으로 증가한다.

이와 같이 Premack의 원리를 적용하기 위해서는 학생이 선호하는 행동을 순서대로 나열하는 것이 필요하다.

(5) Bandura의 사회인지 이론(social cognitive theory)

사회인지 학습이론은 학습에 대한 행동주의적 관점의 타당성을 인정하면서도 인지활동을 포함시켜 학습을 설명한다. 이 분야의 대표적인 이론가인 Bandura의 초기 이론은 학습이 관찰이나 사회적 장면 속에서 이루어진다는 의미에서 '관찰학습(observational learning)' 혹은 '사회학습 이론(social learning theory)'이라고 불리었지만, 최근 그의 연구가 인간의 신념, 자기지각, 기대 등과 같은 인지요인에 초점을 맞추고 있기 때문에 '사회인지 이론'으로 불리고 있다. 사회인지 이론은 사회적 환경과 아동의 인지능력이 학습과 발달에 미치는 중요성을 강조한다. 이 이론은 아동행동의 갑작스런 변화는 고전적 조건형성 또는 조작적 조건형성을 통해서가 아니라, 다른 사람의 행동을 관찰함으로써 학습되어 나타난다고 주장한다.

사회인지 이론은 관찰학습(observational learning), 즉 다른 사람의 행동을 관찰함으로써 발생하는 학습에 초점을 맞추는데, 이것을 모방(imitation) 또는 모델링(modeling)이라고도 한다. 놀이방에 들어간 아이가 들어간 지 1주일이 되었을 때부터 집에 돌아오면 언니나 오빠에게 자기를 선생님이라고 부르라고 하고, 마치 자신이 선생님인 것처럼 그날그날 학습한 내용을 언니, 오빠를 대상으로 가르치고자 하는 행동이 일어나는 과정을 관찰학습을 통해서 이해할 수 있을 것이다. 이러한 관찰학습은 크게 4가지 과정을 통해서 일어나게 되는데, 구체적인 내용은 다음과 같다.

1 주의집중 과정(attention process)

주의집중 과정은 모방하려는 모델의 행동에 주의를 집중하는 과정으로 관찰 대상의 특징은 물론 관찰자 자신의 특징에 의해 영향을 받는다. 관찰 대상의 성별, 연령, 존경도, 지위, 힘, 매력 등이 주의집중에 영향을 미친다. 또한 주의집중 과정에 영향을 미치는 관찰자 자신의 특징으로는 자신의 능력에 대한 지각, 감각적 능력, 각성 수준 등이 있다. 주의를 받는 자극의 특수성, 복잡성, 그 자극이 제시되는 속도 등도 주의집중에 영향을 준다.

2 파지 과정(retention process)

파지 과정은 관찰된 내용을 기억하는 과정으로 그 내용이 기억되기 위해서는 모델의 행동에 주의를 집중함과 동시에 그 행동의 사실적 혹은 분석적 표상이 형성되어야 한다. 모방할 행동을 말로 바꾸어 표현한다든지 심상으로 그려보는 경우가 그렇지 않은 경우보다 학습이 빠르게 일어난다.

3 재생 과정(reproduction process)

모방하려는 행동은 잘 기억하는 것만으로 충분하지 않으며 실제 실행에 옮겨 봄으로써 학습의 효과를 높일 수 있다. 이 과정이 재생이다. 즉 교사가 시범을 보이는 경우인데 수학 문제의 경우 해결 과정이나 복잡한 운동의 동작 등을 학습하기 위해서는 관찰만 하고 있을 것이 아니라 실제 실행해 보는 것이 중요하다.

④ 동기화 과정(motivation process)

관찰을 통해서 학습된 행동은 그 행동이 강화를 받을 때에만 지속적으로 일어난다. 만일 그 행동이 벌을 받는 결과를 초래한다면 그 행동이 일어나는 비율은 감소한다. 따라서 이 과정은 강화를 통해서 행동의 동기를 높여 주는 단계이다. 이런 의미에서 사회적 학습이론은 강화나 벌에 대해서 조작적 조건형성 이론과 비슷한 견해를 가지고 있다. 그러나 Skinner의 조작적 조건형성 이론과 Bandura의 사회인지 이론은 차이가 있다. 그 차이는 첫째, 강화나 벌이 조작적 조건형성 이론에서는 학습의 필수적인 요소이지만 사회인지 이론에서는 강화가 없이도 관찰을 통해서 학습이 일어난다고 보며, 강화는 단지 동기에 영향을 주는 요인일 뿐이라고 생각한다. 둘째, 사회인지 이론에서는 직접적인 강화나 벌 뿐만 아니라 간접적인 것도 비슷한 효과를 가져온다고 본다. 간접적인 강화나 벌은 다른 사람의 행동이 어떤 결과를 가져오는가를 관찰함으로써 일어난다. 예를 들어, 형이 학교에서 좋은 성적을 받아와서 칭찬을 받는 것을 보고 동생도 자기가 직접 칭찬받는 것과 비슷한 효과를 나타낸다는 것이다. 이와 같은 경우를 **대리강화**(vicarious reinforcement)라고 한다.

Bandura는 학습이론가들과는 달리 행동이 외적 환경의 인과적 배열에 의해 통제되기보다는 행동은 주로 자기 자신에 의해 통제된다고 보았다. 이러한 행동의 자기조절(self-regulation) 과정에서 영향을 미치는 중요한 두 가지 요인은 자기평가(self-evaluation)와 자아효능감(self-efficacy)이다. 자기평가란 자기가 스스로 설정한 수행 기준에 따라 자신의 행동이 만족할 만하다고 평가되면, 그 사람은 내적 강화를 받게 된다. Bandura는 자기평가로부터 오는 내적 강화는 남들이 제공해 주는 외적 강화보다는 훨씬 더 영향력이 크다고 믿는다. 사실, 외적 강화가 어떤 일에 관여하려는 동기를 감소시키는 경우는 상당히 많이 발견된다.

자기평가의 기준은 직접적 또는 간접적 경험을 통해서 형성되는데, 아동이 높은 수준의 수행수준을 설정하는 경우에는 높은 수준의 행동 결과에만 스스로가 보상을 하지만 낮은 수준의 수행 수준을 설정하는 경우는 낮은 수준의 수행의 행동 결과에 대해서도 스스로를 강화한다. 개인의 수행 기준이 너무 높으면 개인적인 고통의 원인이 될 수 있다. 심하면 우울증, 만성적인 무가치감, 목적의식의 결여 등의 증상을 나타내기도 한다. 따라서 적당한 곤란도를 가진 비교적 단기적인 목표들이 가장 만족스럽게 동기를 증가시킨다.

또한 자기가 지각한 자아효능감도 행동의 자기조정에 중요한 역할을 수행한다. 자아효능감이란 자기가 무엇을 잘 할 수 있다는 신념을 말한다. 자아효능감은 모든 과제에 대해 일반화된 것이기보다는 과제에 따라 달라지는 특징이 있는데 예를 들면, 국어 과목에 대한 자아효능감은 높지만 수학 과목에 대해서는 낮을 수 있다. 자아효능감은 여러 가지 원천에 의해서 형성되는데, 자신의 성패경험, 타인의 성패에 대한 관찰, 설득 등이 그것이다. 자아효능감이 높은 사람은 낮은 사람보다 더욱 열심히 일에 집중하고, 일을 오래 계속하며 성취에서 앞서게 되며 공포감이 덜하다. 즉 Bandura에 의하면 자아효능감이 높은 사람은 환경에 있는 사실들을 보다 더 잘 통제하며, 불확실성을 덜 경험하게 된다.

모델링을 통한 관찰학습의 중요성을 강조하고 있는 사회인지 이론의 교육적 시사점은 다음과 같다(권대훈, 2013).

① 바람직한 행동모델을 제공해야 한다.

② 바람직한 행동을 하면 강화를 받고, 바람직하지 못한 행동을 하면 처벌을 받는다는 점을 주지시켜야 한다.

③ 다양한 모델을 제시해야 한다.

④ 자기효능감을 높여야 한다.

⑤ 학업성취에 대해 현실적인 기대를 하도록 해야 한다.

⑥ 자기조절(메타인지조절, 인지조절, 동기조절) 능력을 증진시켜야 한다.

2. 인지주의 학습이론

1) 인지이론의 배경

인지적 이론의 입장에서의 학습의 핵심은 통찰이다. 이들은 학습을 새로운 통찰의 발달 또는 이전의 통찰에 대한 수행의 과정이라고 보는 것이다. '통찰(insight)'이란 한 개인이 자기의 목표를 추구함에 있어 자신의 신체적 조건을 포함하여 자기 환경의 여러 요인을 지금까지와는 다른 새로운 방법으로 활용할 수 있을 때 통찰이 일어난다는 것이다. 즉 통찰이란 환경의 여러 요인에 의미를 부여하려는 시도의 결과인 것이다. 이와 같은 시도로 의미가 부여되면 통찰이 이루어졌고 이러한 사실을 통찰이라고 말한다.

그러나 앞에서도 살펴본 바와 같이 행동주의 입장에서는 관찰이 가능한 행동의 변화를 학습이라고 본다. 그리고 행동의 변화는 자극과 보상 또는 강화에 의해서 크게 영향을 받는다고 보기 때문에 교수활동은 학습해야 할 행동을 구체적으로 명시하고 그 행동이 나타날 때 학습자에게 보상을 주는 것은 교사의 매우 중요한 역할이 된다. 따라서 교사는 자극과 보상을 통제함으로써 학습자가 배워야 할 것과 배워서는 안 될 것을 통제할 수 있다고 보는 것이다.

인지주의 입장에서도 강화는 매우 중요한데 그 이유는 강화는 반응을 더 강하게 하는 것으로 보는 행동주의의 견해와 달리 강화를 피드백(feedback)으로 보는 것이다. 이 피드백은 같은 행동을 했을 때 일어날 수 있는 것이 무엇인가 하는 것을 알려주는 것이다. 그렇기 때문에 같은 행동을 했을 때에 일어날 수 있는 것이 목표달성에 도움이 되지 않는 것이라면 다음에는 다른 행동을 시도하게 될 것이다. 그러므로 인지이론에서 강화는 불확실한 것을 감소시킴으로써 학습자를 목표의 달성으로 인도하는 역할을 하는 것이다. 또한 인지이론에서는 행동주의처럼 사람을 환경적 상황에 의해 영향을 받는 수동적 존재로서가 아니라 능동적이고 적극적인 존재로 본다. 즉 사람은 문제해결을 위한 정보를 적극적으로 탐색하고 이미 알고 있는 것을 재배열하고 재구성함으로써 새로운 학습을 성취하는 것이다. 이때 가장 중요한 것은 학습의 장에 학습자가 무엇을 가지고 오느냐의 문제이다. 인지이론에서는 학습에 있어서 학습자가 가지고 있는 기존의 지식의 역할을 매우 강조한다. 즉, 지금 배우려는 학습과제의 기초가 되는 지식을 학습자가 얼마나 가지고 있느냐 하는 것은 진행되는 학습에서 무엇을 얼마나 배울 수 있느냐를 결정하는 요인이 매우 중요하다는 것이다.

학습에 대한 인지적 견해의 기초는 형태주의 심리학(Gestalt Psychology)에 의한 것으로 독일의 Wertheimer(1880~1943)에 의해 처음으로 주장되었다. 그의 견해의 핵심은 Gestalt로 표현되는데 이는 조직된 형태, 윤곽 또는 부분의 집합과는 대조되는 조직된 전체를 뜻하는 것이다. 즉, 학습은 사물의 부분들을 개별적으로 공부하는 것만으로는 부족한 것이며, 그것이 기능하는 전체를 이해할 때 비로소 가능하다는 것이다. 그의 견해는 Köhler(1887~1967), Koffka(1889~1941) 및 Lewin(1890~1947) 등에 의해서 더욱 구체화되었다.

인지이론에서는 행동주의 학습과 다른 견해를 밝히고 있는데 요약하면 다음과 같다.

① 인간의 학습은 다른 동물의 학습과정과는 근본적으로 다르다.

② 의식은 수동적인 수용이 아니라 능동적인 활동이며, 직접 의식되는 것은 원자적인 부분들이 아니라 통합되어 있는 전체이다.

③ 인간이 지각하는 것은 정적인 부분이 아니라 운동 그 자체에 의한 전체이다.

④ 학습은 S-R연합으로 이루어지는 것이 아니라 통찰을 통해 전체 관계를 파악함으로써 이루어진다.

⑤ 존재하는 것은 전체이며, 부분은 구조 속에서 갖는 일정한 관계에 의하여 그 성질이 결정된다.

⑥ 학습은 행동의 변화가 아니라 인지구조의 변화이다.

2) 통찰설

Köhler는 원숭이 6마리가 있는 우리의 천정 높은 곳에 바나나를 달아 놓았다. 원숭이들이 뛰는 것만으로는 닿을 수 없는 높이였지만 원숭이들은 계속 뛰었는데, Sultan이란 이름의 원숭이는 몇 번 뛰어 보았으나 닿지 않자 뛰는 일을 멈추고 주위를 둘러보다가 한쪽에 놓아 두었던 상자를 보았다. 즉시 그 상자를 바나나 밑에 가져다 놓고 그 위에 올라가서 뛰었다. 당연히 목적을 달성하였다. 그러자 다른 원숭이들도 따라했고 이런 일이 여러 번 반복하여 상자 사용에 익숙해진 후에는 같은 문제 장면이 주어지면 원숭이들은 뛰어 보지도 않고 처음부터 상자를 사용하게 되었다. 이 같은 방법의 이해는 통찰을 전제한 것이므로 매우 중요한 것이라고 말했다.

다음에는 바나나를 더 높게 달아 두고 상자를 두 개 포개 놓아야만 목적을 달성할 수 있는 것이었는데 Sultan이 역시 먼저 문제해결을 하였다. 그러나 그 과정에서 원숭이들은 지적 능력의 한계를 보였다. 원숭이가 올라가도 쓰러지지 않도록 안정성 있게 상자를 포개 놓는 과정까지는 많은 시간이 걸렸으며 그 과정은 다분히 시행착오적인 것이었다. 막대를 사용하는 실험도 있었으며 우리 밖에 놓은 바나나를 처음에는 막대 하나를 사용하여 끌어당기도록 하였다. 다음에는 막대 두 개를 낚싯대처럼 이어서 길게 만들어야만 바나나에 닿을 수 있도록 장치하였다. Sultan은 이 문제를 해결하였지만 상당히 많은 시간이 걸렸으며 막대를 이은 것은 우연적인 것처럼 보이기도 하였다. 그러나 한번 성공한 후에는 그 방법을 쉽게 사용하는 것이 관찰되었다. 우리 밖에 놓인 긴 막대를 짧은 막대를 사용하여 끌어당겨서 사용하도록 한 장치에서도 여러 번의 시행으로 많은 시간이 소요되었지만 결국은 성공했다.

그림 6-5 막대와 상자를 이용하여 높은 곳에 있는 바나나를 따먹는 침팬지

Köhler는 이 같은 결과에 대해서 다음과 같이 설명하였다. 원숭이에게 비록 수준이 낮은 것이기는 하지만 문제해결에 대한 지적인 시도가 있었다는 것이다. 즉 주어진 문제상황을 여러 가지로 살펴보고 문제해결에 도움이 될 것으로 예상되는 행동을 찾는 것이었고, 일단 어떠한 생각이 떠오르면 그것을 행동에 옮김으로써 그 결과를 확인했다. Köhler는 원숭이들이 갑자기 도구(상자나 막대)의 효용성을 발견하는 것에 특별한 관심을 가졌다. 원숭이가 문제상황을 지각적으로 해석하여 '알았다' 하고 갑작스럽게 해결책을 발견하는 현상을 **통찰**(insight)이라고 불렀고 그 같은 통찰에 의해 문제해결에 성공하게 되는 것을 **통찰학습**이라고 했다. 왜냐하면 Sultan이 문제를 해결한 것은 자기의 사고의 형태를 재배열함으로써 가능했던 것으로 볼 수 있는 것이다.

문제상황에 포함되어 있는 여러 요소들의 상호관계를 지금까지와는 다른 각도에서 지각하는 통찰에 의해서 Sultan이 막대를 사용해서 바나나를 얻을 수 있었던 것은 그가 이전의 다른 장면에서 막대를 가지고 놀았던 경험이 영향을 미쳤는지도 모른다. 즉 이전에 막대를 사용했던 경험이 이 실험장면에서 새로운 관계를 지각하는 데 도움이 되었을 수도 있다. 이와 같은 의미가 인지이론에서 기존의 인지구조를 중요하게 생각하는 까닭이라고 할 수 있다.

또 문제해결은 Köhler가 막대와 바나나의 새로운 관계를 통찰하는데 도움이 되도록 실험장면(학습장면)을 구성한 것도 영향을 미치는 것이다. 그리고 이 같은 사실은 학습에 있어서의 교사의 역할 또한 매우 중요한 것임을 보여주는 것이다. 학습의 효과는 교사가 학습의 장면을 어떻게 구성하느냐 하는 것에 의해서 많은 영향을 받는 것이기 때문이다.

학습에 대한 형태심리학적 견해는 사회심리학자인 Lewin의 장(場)이론(field theory)에 의해서 더욱 발전되었다. Lewin에 의하면 사람은 어느 시점에서 특정의 목표를 추구하려는 내적 긴장에 의해서 행동하게 된다. 그리고 사람이 특정한 목표를 가질 때에는 그 목표를 달성할 수 있는 방법, 즉 무엇을 초래할 것이며 어떠한 노력은 어떠한 결과를 가져올 것인가에 대해서 어느 정도 나름대로의 신념을 가지게 된다. 이와 같은 관계에 대한 개인의 지각을 그 사람의 생활공간(life space)의 한 부분이라고 한다. 장이론은 형태심리학에서와 같이 학습을 재조직 또는 재구성하는 것으로 본다. 사람은 새로운 지식으로 세상에 대한 이해를 구체화하고 새로운 요소들을 도입함으로써 그리고 원하는 것(욕구), 좋아하는 것, 싫어하는 것에 변화를 가져 봄으로써 자기의 인지를 재구성한다는 것이다.

그러므로 현대의 인지학습 이론의 뿌리는 형태심리학 및 장이론에 있는 것이다. 인지이론가들은 여러 가지 개념 간에서 새로운 관계를 지각하는 것(통찰)을 학습의 핵심이라고 생각한다. 학습은 이미 알고 있는 것, 이해하고 있는 것의 재배열인 것이다. 따라서 인지이론의 입장에서는 학습에서 인지구조, 목표지향적 행동 및 직관적 사고의 기회를 제공하는 것 등이 강조된다. 이와 같은 학습 활동에 있어서는 주어지는 자극 또는 정보에 대한 지각이 기초가 되는 것이다.

3) 지각과 정보처리이론

정보처리이론(information processing theory)은 개인에게 새로운 정보가 투입되고, 저장되며, 기억으로부터 인출되는 방식 및 학습자의 내부에서 학습이 발생하는 기제를 설명하려는 이론이다. 정보처리이론은 정보와 관련된 인간의 내적 처리과정을 크게 두 가지로 나뉜다. 하나는 정보가 저장되는 정보저장소이며, 다른 하나는 정보의 이동을 의미하는 인지 처리과정이다.

학습의 첫 단계는 세상의 여러 가지 일들, 보다 직접적으로는 학습의 장에서 주어지는 여러 가지 사항들을 지각 또는 인지하는 일이다. 즉 **지각**(perception)이란 감각을 통해서 들어오는 정보 또는 자극에 의미를 부여하는 것이다. [그림 6-6]에서 눈(시각)을 통해서 감각등록에 들어온 것은 A일 뿐이다. 영어를 아는 사람에게만 영어 '에이(A)'인 것이며 그렇지 않은 사람에게는 아무런 의미도 없다.

마찬가지로 '둥글고 갸름한 백색의 물체(객관적 현실)'도 그것을 처음 보는 사람에게는 그것이 그저 '둥글고 갸름한 백색의 물체'일 뿐 그 외의 아무런 의미도 가지지 않는다. 문명에 접하지 않은 원시인들에게는 아마도 그럴 것이다. 그것을 분필이라고 결정하는 것(의미를 부여하는 것)은 그 다음 단계, 즉 [그림 6-6]의 '형태인지'의 단계에서의 일이다. 이 단계에서 사람은 감각등록에 들어온 것이 무엇인지를 알기 위해 장기기억 속에 이와 비슷한 것이 있는지를 찾아서 그와 비슷한 것을 찾을 때 비로소 들어온 자극이 '에이'자이며 또한 '분필'임을 지각한다. 즉 의미를 부여하는 것이다.

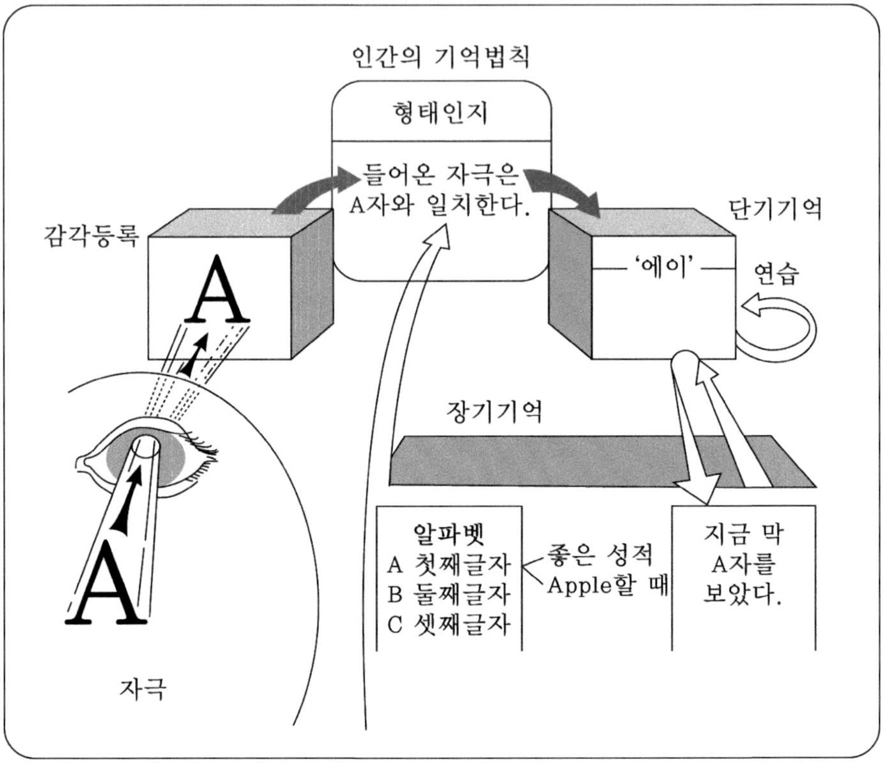

그림 6-6 사람의 정보처리체계의 모형

어린이나 원시인들의 경우에는 그들의 장기기억 속에 이와 비슷한 것이 없기 때문에 들어온 자극은 그저 'A'이며 또 '둥글고 갸름한 백색의 물체'일 따름인 것이다. 따라서, 지각이란 우리의 오관 중 어느 것인가를 통해서 들어오는 정보 또는 자극이 무엇인지를 알게 되는 것(그것에 의미를 부여하는 것)을 뜻한다. 주어진 정보가 무엇을 뜻하는 것인지를 모르는 상태에서는 그것의 기능이나 다른 관련된 것과의 상호작용을 이해할 수 없을 것이다. 이런 의미에서 학습의 첫 단계는 그때 주어지는 사항들을 지각 또는 인지하는 것이 되는 것이다.

이와 같은 지각은 그때 주어진 객관적 실제가 무엇인가에 따라 그리고 그것을 어떻게 조직하는가에 따라(지각의 원리) 영향을 받게 되며 그때의 주요 관심사가 무엇인가, 즉 주목하는 대상이 무엇인가에 따라서도 영향을 받게 된다. 따라서 지각에 영향을 미치는 요인들을 살펴보고자 한다.

(1) 지각(perception)의 원리

지각에 대한 이해는 형태심리학의 연구에 크게 영향을 받고 있는데 Gestalt란 형태(pattern) 또는 윤곽(configuration)을 뜻하는 독일어로, 이는 사람이 의미를 부여하기 위해 감각에 들어온 정보를 어떠한 형태 또는 관계로 조직하는 것을 말한다. 따라서 형태심리학의 기본적 원리는 조직이다. 이 원리에 의하면 사람이 어떠한 자극 또는 정보를 지각함에 있어서 그것이 원래 주어졌던 것(실제로 감지된 것)보다 더욱 단순하고 완전하며 규칙적인 것으로 조직하여 지각한다는 것이다. 이 같은 조직의 원리를 좀더 구체적으로 설명하면 다음과 같다.

① 단순성(simplicity)의 원리

사람은 지각의 장을 가장 단순하고 규칙적인 상으로 조직하여 보게 된다. [그림 6-7]을 통해서 살펴보자.

이 그림은 한쪽이 없는 타원의 AB, 그리고 역시 한 귀가 없는 사각형 CD, 중간에 있는 BC의 세 가지가 모아진 것으로 보는 것보다는 타원과 사각형이 겹쳐 있는 것으로 보는 것이 보통이다. 즉 불규칙한 도형 3개로 보는 것보다는 두 개의 도형이 겹친 것으로 보는 것이 훨씬 단순한 것이다. 나머지 그림에서도 같은 현상을 볼 수 있다.

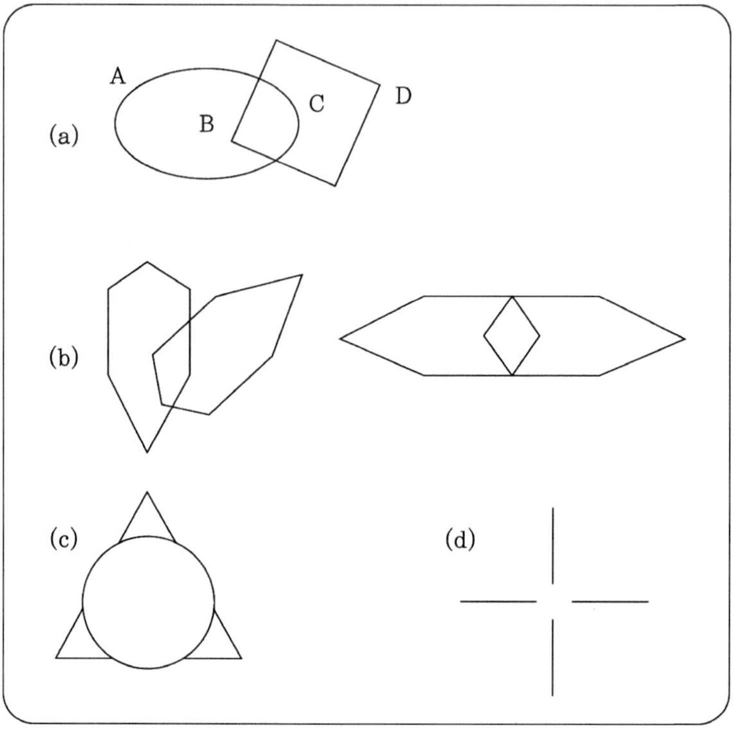

그림 6-7 지각조직의 단순성의 예

② 근접성(proximity)의 원리

한 장에 있어서의 여러 가지 요소들은 그 중에서 서로 간의 간격이 가까운 것 끼리를 하나의 집단으로 지각한다. 두 요소의 간격이 가까울수록 그 둘을 한 집단으로 지각할 가능성이 많은 것이다. 다음의 [그림 6-8]에서 제시되고 있다.

이 그림 중의 ⓐ는 근접해 있는 점 3개씩을 한 집단으로 지각할 것이다. ⓑ 및 ⓒ에서도 같은 경향을 볼 수 있다.

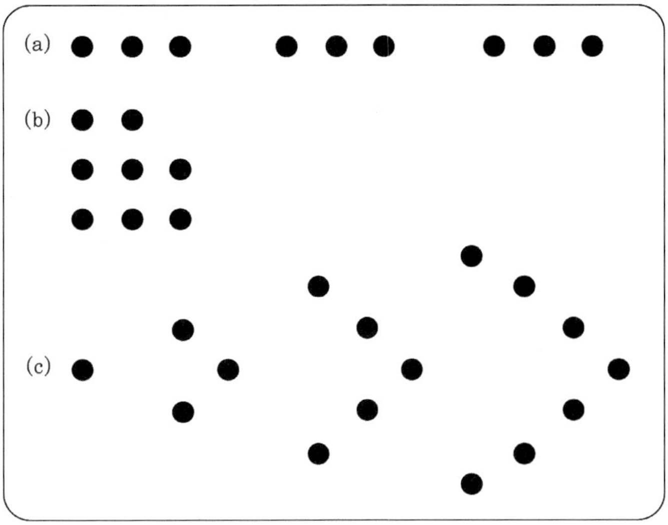

그림 6-8 점들이 보여주는 근접성

③ 유사성(similarity)의 원리

주어진 상황에서 어떠한 생김새(모양, 색깔, 조직 등)에 유사한 점이 있는 사항들이 있으면 그 사항들이 집합적으로 지각되는 것을 뜻한다. [그림 6-9]의 ⓐ에는 같은 크기의 흰 점과 역시 같은 크기의 검은 점 3개씩 번갈아 배치되어 있어서 흰 점 3개씩의 집합 3개와 검은 점 4개씩이 선을 이루어 가로로 한 줄씩 건너서 배치되어 있는 것으로 지각할 것이다.

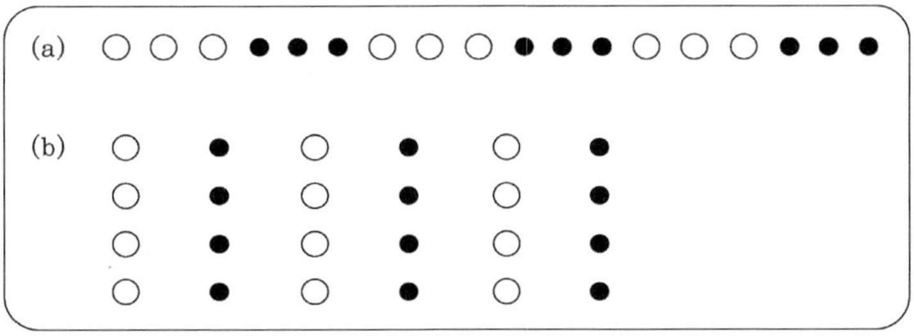

그림 6-9 밝기 및 크기의 유사성을 보인 예

청각의 경우도 마찬가지로 음계의 '도'를 두 번 그리고 '솔'을 두 번 두드린다면 '도', '도솔', '솔'로보다는 '도도', '솔솔'로 알아들을 것이다. 이 같은 현상은 우리의 일상생활에서도 볼 수 있다. "아버지가 방에 들어가다"는 같은 크기의 글자를 썼을 때보다 읽기에 불편할 것이다.

4 연속성(continuity)의 원리

많은 점(point) 중의 일부가 연속적으로 나타나거나 규칙적인 계열을 이루거나 단순한 곡선을 예상케 하거나 하면 그 부분의 점들은 한 집합으로 지각된다.

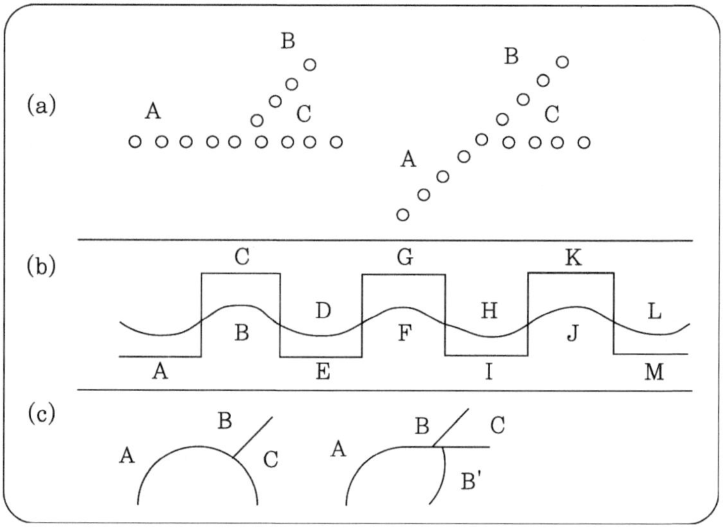

그림 6-10 공동방향을 보여주는 예

[그림 6-10]에서 보여주는 예와 같이 이 그림 중 ⓐ를 보면 A선을 이루는 점들과 B선을 이루는 점들의 거리가 A와 C보다 가깝다. 그러나 우리의 눈은 A와 C를 같은 집합, 즉 단순한 선 A로 보고 B선이 이에 접속되었다고 본다. 그리고 오른쪽의 두 번째 그림은 같은 이치로 해서 선 AB에 선 C가 접속된 것으로 본다. ⓑ와 ⓒ에서도 같은 현상을 볼 수 있다.

⑤ 폐쇄성(closure)의 원리

주어진 상에 결여된 부분이 있으면 있는 그대로가 아니라 그 부족한 부분을 보완함으로써 완전한 것으로 만들어 지각한다. [그림 6-11]의 경우는 여러 개의 선분으로 보다는 원, 삼각형, 구형, 말 탄 사람으로 지각할 것이며 오른편의 복잡한 그림에서 중앙에 서 있는 고양이를 볼 수 있는 것도 결여되어 있는 부분을 상상을 통해 보완함으로써 가능하고 그렇게 지각한다면 이 장면을 기억하는 것도 복잡한 자극을 그대로 보는 것보다는 훨씬 쉬울 것이다.

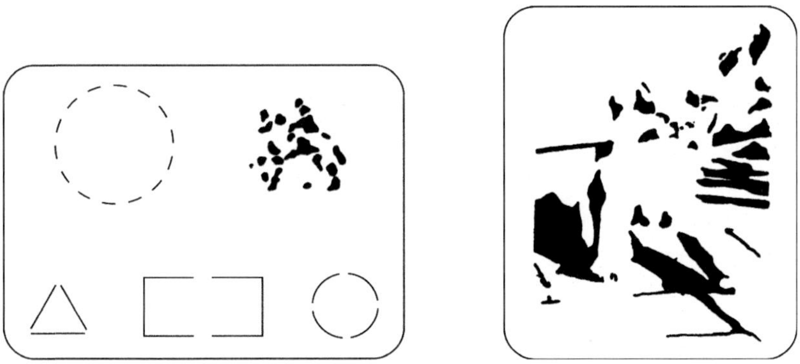

그림 6-11 폐쇄현상의 예

⑥ 전경(figure)과 배경(ground)

어떤 장면(도형, 그림, 사진, 혼돈 영상 등)을 볼 때 사람은 보다 기본적인 것으로 생각되는 곳에 주의를 집중하고 그것을 자세히 관찰하게 되며 나머지 부분은 별로 중요하게 여기지 않게 된다. 이때 주의를 집중하여 관찰하는 부분이 전경이 되고 그 밖의 부분은 배경이 된다.

[그림 6-12]의 예와 같이 왼쪽에서 무엇을 보는가? 만일 젊은 여자의 왼쪽 얼굴 모습을 본다면 그 사람에게는 젊은 여자가 전경이 되고 그 밖의 부분은 배경이 된다. 그러나 사람에 따라서는 노파를 볼 수도 있다(젊은 여인의 턱을 코로, 목을 입으로, 귀를 눈으로 보면). 그 사람에게는 노파가 전경이 되고 그 밖의 부분은 배경이 된다.

[그림 6-12]의 오른쪽 그림에서도 같은 현상을 볼 수 있다. 그림의 검은 부분을 먼저 본 사람은 많은 수의 괴물 같은 것을 지각하게 되며 그것이 전경이고 나머지 부분은 배경이다. 그러나 백색 부분을 먼저 본 사람에게는 많은 천사들이 보일 것이며 그것이 전경이고 나머지 부분은 배경이다.

이 중 어느 것이 맞고 틀린 것이 아니라 어떤 것을 먼저 집중해서 보는지 전적으로 개인의 지각에 달려 있는 것이다. 또 한 가지의 예는 독서에서 볼 수 있다. 뜻을 모르는 새로운 낱말이 나오면 그 낱말의 뜻을 알아야만 읽는 글의 내용을 파악할 수 있으므로 그 낱말에 주의를 집중하게 된다. 즉 전경이 된다. 그 낱말을 알 필요가 없었을 때는 그 낱말은 별로 관심을 끌지 못했으며 따라서 배경이었던 것이다.

이와 같이 전경과 배경의 원리가 뜻하는 것은 학생들이 배우는 것은 기본적으로 그들이 주의를 집중하는 전경에 관한 것이며 배경에 속하는 것의 학습은 매우 미약하다는 것이다. 그런데 학습과제에서 무엇이 중요한가 하는 것은 그것을 지적해 주는 것에 의해 크게 영향을 받는다. 다시 말하면 후에 기억이 되는 것은 전경이 된 해석인 것이다. 따라서 교사는 많은 학습과제 중에서 특히 전경이 되어야 할 것을 적절히 지적해 주어야 한다.

그림 6-12 두 가지로 볼 수 있는 그림의 예

7 지각과 주의집중

사람은 끊임없이 외부로부터 자극을 받고 있으며 이들 자극은 감각기관을 통해서 감지된다. 이와 같은 자극이나 정보의 양이 매우 많으므로 그 모든 것을 받아들여야 한다면 사람은 견딜 수 없을 것이다. 그러므로 필요한 것에만 주의를 집중함으로써 그 외의 것들을 무시해 버린다. 수업을 진행할 때에도 교사만 보고 듣는 것이 아니고 교실 내의 많은 것, 즉 딱딱한 의자의 감촉, 옆 학생의 복장이나 두발의 모양, 화장품 냄새, 그들의 몸짓 등이 시각, 청각, 후각, 촉각 등을 통해서 들어오고 또 공상에 잠기기도 한다. 만일 학생들이 이 모든 것을 받아들인다면 수업의 효과는 기대할 수 없을 것이다.

인간이 이 같은 자극의 홍수 속에서 자기를 보호하기 위해 사용하는 지각의 과정은 '**선택적 주의집중**(selective attention)'이다. 학생들은 무엇에 주의를 집중하고 무엇을 무시해야 할 것인가를 배우는 것이며 의도적인 학습이나 파지는 이와 같은 선택적 주의집중의 결과인 것이다. 한눈을 파는 학생, 즉 주의집중의 대상을 바르게 선택하지 못하는 학생에게서 학습효과를 기대할 수 없는 것은 자명하다. 그러므로 수업이 인지학습 이론을 적용하는데 있어서 매우 중요한 것은 학생들이 주의를 어떻게 각성시키고 또 그것을 수업활동의 중요한 부분에 집중하도록 하느냐 하는 것이다. 이를 위해 많이 사용되는 방안에는 다음과 같은 것이 있다.

① 수업의 목표를 알려주고 활용성, 중요성 등을 지적한다.

② 학습과제에 관련된 질문으로 호기심을 일으킨다.

③ 음성, 제스처, 말하는 리듬 등을 변화시켜 충격을 준다.

④ 교실 내의 배치를 달리하여 물리적 환경을 변화시킨다.

⑤ 조작하고 접촉하고 냄새를 맡고 맛을 보는 등 학생들이 직접 활동을 하게 한다.

8 메타인지

메타인지(meta-cognition)는 아동이 연령에 따라 문제해결 방식이 다르다는 사실을 발견한 Flavell(1976)이 도입한 개념이다. 예를 들어, 7세 아동에게 2개의 명사로 이루어진 단어 쌍을 기억하는 두 가지 방법(단순히 암기하는 방식과 심상을 형성하는 방법)을 가르친 다음 새로운 단어를 기억하라고 하면 비효과적인 방법을 사용하지만, 10세 아동은 효과적인 방법으로 단어를 외운다고 한다. 이것은 7세 아동의 경우 메타인지가 제대로 발달되지 않았다는 것을 나타낸다.

메타인지는 자기 자신의 인지과정을 인식 · 성찰하고, 통제하는 정신과정 혹은 능력을 의미한다. 그래서 메타인지를 사고에 대한 사고(thinking about thinking), 인지에 대한 인지(cognition about cognition)라고 하기도 한다. 메타인지는 인지전략과 구분된다.

메타인지의 핵심적인 요소는(Pressley & McCormick, 1995) 다음 두 가지이다.

- 자신의 사고에 대한 지식 : 자신의 능력과 약점에 대한 지식을 의미한다. 그러므로 메타인지는 자신의 기억력, 주의집중능력, 문제해결능력 등에 대한 지식을 포함한다.
- 전략을 언제 어느 장면에서 적용할 것인가에 관한 지식 : 특정 인지전략이 적합한 과제나 상황에 대한 지식을 말한다.

따라서 메타인지는 목표를 달성하기 위해 전략을 통제하는 고차적인 전략을 포함한다. 메타인지는 학습에 큰 영향을 주기 때문에 인지전략(시연, 정교화, 조직화 등) 만으로는 학습에 성공할 수 없다. 학습에 성공하자면 어려운 책을 읽을 때는 쉬운 책을 읽을 때와 다른 방법으로 읽어야 한다는 것을 인식해야 한다. 그런데 메타인지 지식이 부족한 학생은 이러한 사실을 제대로 인식하지 못하기 때문에 학습에 실패할 확률이 높다. 메타인지 지식이 중요한 이유가 여기에 있다(권대훈, 2013).

또한 메타인지의 중요한 요소는 자신의 인지과정을 조절 · 통제하는 능력이다. 인지를 통제하는 능력은 다음 세 가지로 구분된다.

- 계획(planning) : 목표를 설정하고 관련자원을 활성화하며(시간계획을 세우고), 적절한 전략을 선택하는 과정
- 평가(evaluation) : 이해수준을 확인하는 과정
- 점검(monitoring) : 진전되고 있는 상황을 확인하고 처음 선택한 전략이 효과가 없을 경우 적절한 전략을 선택하는 과정으로, 독해의 경우 이해점검이라고 부르기도 한다.

이해점검(comprehension monitoring)은 학습 도중 학습과제를 확실하게 기억하거나 이해하고 있는가를 주기적으로 확인하는 것을 말한다. 상당수의 학생은 수업을 듣거나 책을 읽을 때 학습내용을 이해하고 있는가를 주기적으로 확인하지 않는 경향이 있다. 그 결과 자신이 무엇을 알고 무엇을 모르는지를 모르고, 실제로는 이해하지 못하면서도 이해한다고 생각한다. 이것을 **인식의 착각**(ilusion of knowing) 혹은 **제2의 무지**(secondary ignorance)라 한다(Baker, 1989).

(2) 정보의 획득과 파지

정보처리적 접근에서는 기억이란 감각기관에 유입된 정보를 기호화하고, 이를 저장하며, 반응을 위해 인출하는 일련의 과정으로 기억체제를 감각기억 장치, 단기기억 장치, 장기기억 장치로 구분하고 있다. 따라서 정보처리이론에서는 학습을 학습자 외부로부터의 정보(자극)를 획득하여 저장하는 과정으로 가정한다.

① 감각등록기(감각기억: sensory memory)

학습자가 환경으로부터 눈이나 귀와 같은 감각수용기관을 통해 최초로 저장하는 곳이다. 감각등록기는 자극을 아주 정확하게 저장하지만, 그 저장 시간은

매우 짧다는 특징을 가진다.

감각등록기는 그 수용량에는 제한이 없지만, 투입되는 정보가 즉시 처리되지 않을 경우 그 정보는 곧 유실된다.

② **작동기억**(working memory)**과 단기기억**(short-term memory)

작동기억은 보통 단기기억이라고도 하는데 일시적인 저장소를 말하기 때문이다. 간단한 암산과 같은 정신작용이 일어나게 되기 때문에 작동기억이라고도 한다. 이곳은 서로 관련 있는 두 가지 기능이 일어나는 곳이며, 두 기능을 모두 포함하는 의미로 작동기억으로 불린다. 작동기억에는 정보의 양과 지속시간에 제한이 있다. 따라서 **청킹**(chunking)의 역할은 매우 중요한 의미를 갖는다. 청킹이란 분리되어 있는 항목들을 보다 큰 묶음으로, 보다 의미 있는 단위로 조합하는 것을 의미한다. 예를 들어, r, u, n이라는 세 글자는 작동기억 속에서 세 개의 단위로 자리하지만, 이들이 'run'이라는 단어로 조합되면 한 개의 단위로 자리하게 된다. 이와 같은 청킹의 적극적인 활용은 제한된 작동기억의 수용량을 증가시키는 좋은 방안이 되는 것이다.

③ **장기기억**(long-term memory)

무한한 정보를 영구적으로 저장할 수 있는 곳이다. 일반적으로 장기기억은 일상기억과 의미기억이라는 두 부분으로 구성되어 있다고 가정된다. 일상기억은 주로 개인의 경험을 보유하는 저장소이다. 일상기억은 기억되는 경험이 매우 의미 있는 경우가 아닐 때에는 종종 인출에 실패하는 경향이 있다. 이것은 보다 최근에 발생한 정보로 인해 인출이 방해받기 때문이다. 의미기억에는 문제해결 전략과 사고기술, 사실, 개념, 일반화, 규칙 등이 저장된다. 따라서 학교에서 학습하는 대부분의 내용들은 장기기억 중 의미기억에 저장된다. 의미기억에 저장되는 정보들은 서로 연관을 맺으면서 체계적인 네트워크를 구성하는데, 이는 학습자가 내용을 수동적으로 받아들여서 저장하는 것이 아니라,

그들을 의미 있는 구조로 만들어 간다는 것을 의미한다.

(3) 인지처리 과정(cognitive process)

① 주의집중(attention)

주의집중이란 자극에 반응하는 것을 의미한다. 주의집중의 독특한 특성은 그것이 선택적이라는 것이다. 따라서 학습은 주의집중을 함으로써 시작되는 것이다.

② 지각(perception)

지각이란 경험에 의미와 해석을 부여하는 과정이다. 감각등록기에 들어온 자극은 일단 주의집중을 하면 그러한 자극에 대해 지각을 하게 된다. 일단 지각이 일어난 자극은 그것이 '객관적 실제'로서의 자극이 아니라 개인마다 다르게 받아들이는 '주관적 실제'로서의 자극이 된다. 결국 지각이란 과거 경험의 정도에 좌우된다.

③ 시연(rehearsal)

시연은 작동기억 안에서 이루어지는 처리과정으로서, 정보를 소리 내어 읽든지 속으로 되풀이하든지 간에 그것의 형태와 관계없이 계속해서 반복하는 것을 의미한다. 작동기억 안으로 들어온 정보는 시연을 통해 파지되기도 하고 장기기억으로 전이가 이루어지기도 한다.

④ 부호화(encoding)

부호화란 장기기억 속에 존재하고 있는 기존의 정보에 새로운 정보를 연결하거나 연합하는 것으로, 작동기억에서 장기기억으로 정보를 이동시키는 과정을 의미한다. 부호화를 하기 위한 방식은 여러 가지가 있다(권대훈, 2013).

① **조직화**(organization)

정보를 의미적으로 관련되고 일관성이 있는 범주로 묶는 기법, 정보를 유의미한 범주나 군집으로 조직화하면 정보가 체계적으로 관련되어 인출을 할 때 특정 정보가 다른 정보를 회상하는 단서역할을 하기 때문에 그대로 기억하는 것보다 더 잘 기억할 수 있다.

학습자에게 다음과 같은 12개의 단어를 제시하고 그것을 기억하라고 해 보자.

강아지 배추 사과 망치 말 귤 삽 고구마 괭이 양파 고양이 배

다음 날 기억한 단어를 말해 보라고 하면 아마도 일정한 기준에 따라 단어를 4개 범주(동물, 채소, 과일, 도구)로 조직화하여 다음과 같이 대답할 것이다.

강아지	**말**	**고양이**
배추	**고구마**	**양파**
사과	**귤**	**배**
망치	**삽**	**괭이**

위의 예시는 우리가 학습 내용을 수동적으로 기억하는 것이 아니라 능동적으로 구조를 부여하는 과정을 통해 기억한다는 것을 시사한다.

② **정교화**(elaboration)

정보에 의미를 추가하거나 정보를 기존 지식에 관련짓는 인지전략이다. 정보의 의미를 해석하고, 사례를 들고, 구체적 특성을 분석하고, 추론을 하고, 그 정보와 다른 정보의 관계를 분석하는 것이다. **유추**(reasoning by analogy)는 정교화 전략의 하나로 두 개 이상이 어떤 성질을 공유할 때 다른 성질도 비슷할 것이라고 추론하는 과정이다. 정교화는 정보를 유의미하게 기억하는 전략이므로 기억을 촉진한다.

③ **시각적 심상**(visual imagery)

정보에 대한 시각적인 형태, 즉 정신적 그림, 사진이다. 시각적 심상이 기억을 촉진하는 이유는 시각적으로 표상할 수 있는 정보는 두 가지 방식(시각적 방식과 언어적 방식)으로 부호화되지만, 시각적으로 표현하기 어려운 추상적인 정보는 한 가지 방식(언어적 방식)으로만 부호화되기 때문이다. 시각적 심상이 정보 사이의 연합을 형성하는 데 도움을 주어 결과적으로 정보가 신속하게 저장되고, 오래 파지되기 때문에 매우 효과적인 인지전략이다.

④ **기억술**(mnemonics)

정보를 장기기억에 저장하기 위해 사용하는 다양한 전략이다.

- 장소법(method of loci) : 항목을 잘 아는 장소에 연결시켜 기억하는 방법
- 핵심단어법(key-word method) : 구체적인 단어와 추상적인 단어를 연결한 다음 구체적인 단어에 대한 심상을 형성하여 기억하는 방법
- 두문자법(acronym method) : 각 항목의 첫 번째 철자로 두문자를 만들어 기억하는 방법
- 문장작성법(sentence writing method) : 항목의 첫 번째 단어나 철자를 이용해서 문장이나 이야기를 구성하는 방법
- 연결법(link method) : 항목 간의 시각적 심상을 형성하여 기억하는 방법
- 운율법(metrical mnemonic method) : 항목으로 운율을 만들어 기억하는 방법

5 인출(retrieval)

장기기억에서 정보를 찾는 탐색과정이며, 부호화와 밀접하게 관련되어 있다. 효과적으로 부호화되지 않으면 효과적으로 인출될 수 없음을 의미한다. 정보의 인출이 인출단서에 의해 영향을 받는다는 사실은 부호화 특수성과 상태의존 학습으로 잘 설명된다(권대훈, 2013).

① **부호화 특수성의 원리**(encoding specificity principle)

정보를 부호화할 때 사용된 단서가 가장 효과적인 인출단서가 된다는 원리

이다. 인출조건이 부호화조건과 일치할수록 인출이 촉진된다.

② **상태의존 학습**(state-dependent learning)

특정 정서상태에서 학습한 내용은 같은 정서상태에서 더 잘 회상되는 현상을 일컫는데, 부호화 특수성과 긴밀하게 관련된다. 학습시점과 회상시점의 정서상태가 동일할수록 학습내용이 잘 회상된다.

(4) 중다저장 이론의 문제점

① 정보가 여러 단계를 거쳐 처리되며, 각 단계마다 인지과정이 작용한다고 전제하는 중다저장 이론에서 주장하는 점과 달리 처리 수준은 단기기억에서 처리되는 정보가 음성적인 것만 아니라 시각 또는 물리적 정보를 처리하기도 하고 더욱 장기기억에서만 처리된다고 가정한 의미적 정보도 처리한다는 것이 분명해졌다.

② **최신효과**(recency effect)에 관한 것이다. 중다저장 이론에서는 최신효과는 단기기억의 근거로 제시되어 있으나 많은 연구들이 장기기억에서도 최신효과를 확인하여 처리수준 이론이 대두되는 배경이 되기도 한다.

③ 단기기억의 용량에 관한 것이다. 단기기억의 저장용량이 2개부터 20개까지의 여러 개의 실험적 수치가 나타나 있다는 것을 지적하면서 용량이 제한적이라는 중다저장 이론의 가정을 비판하게 되었다.

4) 처리수준이론

중다저장 이론에 대해 여러 가지 형태의 이의(異議)가 제기되고 이것은 결국 1970년대부터 처리수준이론으로 대치된다. 처리수준이론(level or depth of processing theory)은 인간의 정보처리과정을 다음과 같이 이해한다.

① 세 개의 독립된 기억장치를 가정하지 않고 정보처리의 전 과정이 융통성

있는 양식으로 정보를 처리한다는 것이다. 즉, 감각저장, 단기기억, 그리고 장기기억의 처리형태가 융통성이 있게 물리적 · 음성적 · 의미적 정보를 처리한다고 가정하는 것이다.

② 인간은 비교적 짧은 시간에 정보를 처리하게 된다는 것이다. 그러한 처리수준이론에서는 투입되는 정보가 단계 또는 수준에 따라 분석되고 처리된다고 보았다. 각기 다른 기억장치를 가정하는 것이 아니라 정보처리 전 과정을 하나의 과정으로 이해하면서 이 과정 속에 처리하는 형태의 몇 개의 관계 또는 수준이 있다는 생각이다. 즉, 정보가 들어오는 처음 단계는 정보를 물리적 또는 감각적 특징으로 분석 처리한다. 중간 단계에서는 형태재인이 일어나며 분석된 정보는 명칭이 붙으며 일반적으로 음성적으로 처리된다. 마지막 수준에서는 정보의 분석으로 의미의 추출이 있게 된다. 처리의 깊이가 가장 깊을 때 의미적 정보로 처리되기 때문에 더 오랫동안 기억하게 된다는 것이다.

5) 신경망이론

신경망이론(neural network theory)은 개인의 기억은 신경망으로 구성되고, 기억 내용들은 노드 사이에 연결강도로 저장된다는 이론이다. node란 인지에 대한 신경회로망 모형에서 중요한 개념으로서 인지적 단위를 의미한다. 인간의 기억 및 지능에 관련된 활동 대부분이 뇌에서 일어나는데, 뇌의 신경세포가 정보를 처리하는 기제를 설명하기 위한 것이라고 할 수 있다. 뇌의 신경계에 관한 연구는 정보처리이론의 한계를 극복할 수 있는 가능성을 보여 준다.

신경망은 기본적으로 정보처리 요소와 연접 경로로 구성된다. 정보처리 요소는 정보 전송로인 지행성 링크(link)에 의하여 서로 병렬로 연결되어 있다. 정보처리 요소는 뇌의 뉴런(neuron: 신경단위)을 모형화한 것이고 연접 경로는 뇌의 시냅스(synapse: 신경세포)의 연접부를 모형화한 것이다. 하나의 뉴런은 다른 많은 뉴런으로부터 여러 개의 입력 신호를 받지만 단 하나의 출력 신호만을 낸다.

신경망이론의 기본가정은 다음과 같다.

① 뇌에서 기억하는 것은 분산 저장에 의존하고 있다. 정보처리이론이 장기기억에 정보가 저장된다고 가정하는 반면, 신경망이론에서는 개인의 뇌에 저장된 다량의 정보는 각각 서로 다른 위치에 분산되어 저장된다고 가정한다. 이는 하나의 정보가 분할되어 서로 다른 위치에 부분적으로 저장된다는 의미가 아니라, 각각의 인지정보 단위가 분산 저장됨을 말한다.

② 뇌의 '시냅스'는 그 자체가 정보의 저장에 사용된다. 그리고 개인의 기억에 가장 많은 영향을 주는 요인은 시냅스 내부에서 일어나는 전기/화학적인 변화이다. 신경망이론은 정보처리이론의 설명과는 달리, 정보를 저장하는 요소와 장보를 처리하는 요소는 별도로 분리하지 않는다.

③ 뇌의 내부 신호는 디지털 형태와 아날로그 형태가 혼합된 것으로 가정한다. 신경망이론에서의 신경망은 연상기능, 근접 자료의 인출 기능 및 비상안전기능 등의 다양한 기능을 수행한다. 연산기능이란 그림의 일부를 보고 그림의 전체를 연상하는 것과 같이, 훼손된 정보로부터 입력 당시의 정보 전체를 인출해 낼 수 있는 기능이라고 보고 있다.

학습이 일어나기 위해서는 여러 개의 정보처리 단위들, 즉 노드(node)가 동시에 활성화되어야 하는데 그러기 위해서는 노드 사이의 연결을 강화해야 한다. 이 강화된 상태가 **주의**(attention) 상태이며, 학습을 야기하는 것은 주의이다. 그러므로 학습을 위한 강화물은 주의를 유발해야 한다.

6) 구성주의

구성주의(constructivism)는 지식의 실체와 습득 방법에 대한 인식론으로써 학습자가 스스로 지식을 형성 혹은 구성한다고 주장하는 관점이다. 구성주의에 의하면 지식은 개인의 신념이나 경험에 의해 구성한 것이므로 어느 한 사람에게는 참이 될 수 있지만 다른 사람에게는 참이 아닐 수도 있다. 구성주의는 최근에 부각되었으나 완전히 새로운 견해가 아니라 오래 전부터 Dewey, Piaget, Vygotsky, Bruner와 같은 학자가 지속적으로 강조해 온 관점이다.

구성주의 출현에 영향을 미친 요인은 다음과 같다(권대훈, 2013).

(1) 구성주의의 출현

① 시대상황

정보화시대는 산업화시대와 달리 다양성, 창의성, 유연성, 복합성, 비예측성 등을 특징으로 한다. 정보화시대는 교사중심 교육을 학습자중심 교육으로 전환할 것을 요구하고 있다.

② 정보처리이론에 대한 불만

정보처리이론은 사고가 정신 내부에 존재한다고 가정하고 일상적인 능력이나 문제를 무시했다. 정보처리이론의 이러한 견해를 비판하는 구성주의에 따르면 사고는 개인과 상황의 상호작용 속에 존재한다.

③ 학교교육에 대한 반성

기존의 학교에서 중점적으로 가르치고 있는 지식과 기능은 실제 상황에 적용하기 어렵다는 한계가 있다. 학교에서 학생은 수동적으로 학습에 임하고 있으며, 교사는 지식의 전달자 역할만 하고 있다.

④ Vygotsky의 사회문화적 이론

Vygotsky에 따르면 사회 및 문화는 학습 및 발달에 결정적인 영향을 미친다. 그의 이론은 구성주의의 이론적 토대를 제공했다.

5 포스트모더니즘(postmodernism)

표준화와 효율성을 표방하는 모더니즘에 반발하여 태동한 포스트모더니즘은 개성화, 개별화, 탈표준화를 모토로 한다.

(2) 구성주의의 교육적 적용

1 인지적 도제(cognitive apprenticeship)

초보자가 유능한 사람의 지도를 받아 지식과 기능을 습득하는 과정을 말한다. 전통적으로 도제방법은 다양한 직종에서 전문가가 지식과 기능을 전수하는 보편적 수단이었으며, 오늘날 학교에서 도제방법은 예체능 분야에서 기능을 전수하는 과정이나 대학원에서 논문 작성을 지도하는 과정으로 활용되고 있다. 인지적 도제는 Vygotsky의 근접발달영역의 개념에 근거하고 있으며, Bruner나 Ausubel과 같은 인지심리학자의 이론을 포함하고 있는 구성주의 학습모형이다(Collins, Brown, & Newman, 1989).

인지적 도제에서 사용되고 있는 주요 교수방법은 모델링(modeling), 코칭(coaching), 발판화(scaffolding), 명료화(articulation), 성찰(reflection), 탐색(exploration) 등이다.

2 상호적 교수(reciprocal teaching)

소집단에서 상호작용을 통해 독해에 필요한 인지전략을 가르치기 위한 교수전략이다. Vygotsky의 이론에 근거하여 상호작용과 발판화를 강조하는 상호적 교수는 교사가 먼저 시범을 보인 다음 교사와 학습자가 교사 역할을 교대로 수행하는 상호작용적이고 구조화된 대화를 포함한다. 독해의 핵심적인 인지전략은 ① 질문(questioning), ② 요약(summarizing), ③ 명료화(clarifying), ④ 예측(predicting)으로 구성된다.

3 문제기반학습(problem-based learning)

의학교육과 경영교육 분야에 근원을 두고 있는 문제기반학습은 구성주의에 접목되어 현재 다양한 분야와 학교교육에 활발하게 도입되고 있다.

문제기반학습의 특징은 다음과 같다.

① 단순한 지식이나 기능 습득이 아니라, 비판적 사고력, 반성적 사고력, 문제해결력, 메타인지 기능과 같은 고등정신능력을 함양하는 데 목적이 있다.

② 학습자중심의 자기주도학습을 지향한다.

③ 교사는 학생을 지원하고 조력하는 안내자, 지원자, 촉진자 역할을 한다.

④ 제시되는 학습과제는 실제적(실생활과 관련된)이고 비구조화된(문제의 요소가 제대로 정의되지 않고 문제해결에 대한 정보가 부족해서 다양한 해결책이 가능한) 성격을 갖고 있다.

⑤ 협동학습을 중시한다. 또래와 함께 문제를 해결할 수 있는 방안을 수립하고 실행해야 한다.

⑥ 학습의 결과에 대한 평가는 물론 학습과정에 대한 평가도 중시한다. 또 교사의 평가는 물론 학습자 자신의 평가와 또래의 평가도 포함한다.

4 상황학습(situated learning)

상황학습 혹은 상황인지(situated cognition)는 인지과정(사고나 학습을 포함하여)이 물리 및 사회 상황과 맥락에 존재한다는 것을 의미한다. 대분의 학습 및 발달이론은 개체가 상황 속에서 상호작용을 하는 과정에서 지식이나 신념을 형성한다고 가정한다. 이러한 점에서 상황학습의 견해는 오랜 전통을 갖고 있다고 할 수 있다. 상황학습의 사례로는 물리학 원리를 이용하여 투수의 커브볼을 설명하거나, 수학 원리를 이용하여 홈런의 거리를 계산하거나, 사회학 원리를 이용해서 사회관계를 분석할 수도 있다.

5 협동학습(cooperative learning)

소집단 구성원이 공동으로 학습과제를 해결하거나 학습목표에 도달하도록 하는 교수법이다. 초등학교에서는 협동학습을 모둠학습이라고 한다.

협동학습이 학업성취를 촉진하는 것은 공통목표를 설정하고 개별 책무성을 강조하기 때문이다.

제 7 장

기억과 전이

1. 기억의 개념
2. 기억의 방법
3. 학습의 전이

1. 기억의 개념

1) 기억과 망각

학습이란 경험의 결과로써 오는 행동(사고과정까지를 포함하는)의 변화를 뜻하며, 기억이란 그 변화의 지속성을 뜻한다. **기억**(memory)은 학습 경험, 즉 정보를 머리에 간직했다가 다음 학습활동에서 변하지 않고 그대로 재생, 사용할 때까지의 심리적 과정을 말한다. 다시 말하면 기억은 새로운 학습 경험을 중추신경에 기명하고 의식 범위 내에서 파지하였다가 어떤 자극으로 머릿속에서 표상으로 재생되어 재인하는 과정이다.

- 기명(memorizing) : 경험 내용을 흔적으로 머릿속에 새기는 각인(imprinting) 과정
- 파지(retention) : 기명된 것을 일정기간 기억흔적(memory trace)으로 간직하는 것
- 재생(recall) : 파지된 것을 의식화하는 것을 의미
- 재인(recognition) : 기명된 내용과 재생된 내용의 일치를 의식함

오늘날에는 정보처리이론에 따라서 기억을 습득(aquisition), 부호화(encoding), 인출(retrieval)의 세 단계로 구분하기도 하는데, 기억은 이러한 단계를 밟아서 현재의 학습 경험 사실이 이전 학습 경험 사실과 같다는 것을 확인하는데 이르기까지의 일련의 심리적 과정이다.

망각(forgetting)은 이전에 경험하고 간직했던 학습 내용이 재생, 재인, 인출되지 않는 현상이다. 즉 망각은 기억흔적이 현재의 학습 경험과 결합되지 않아

'생각해 낼 수 없는 상태'이다. 망각은 우리의 기억 속에서 경험이 완전히 사라진 것은 아니고 재생될 수 없는 경험으로 의식화되지 못하고 있을 뿐이다.

기억과 망각은 학습효과에 영향을 미치는 주요 요인이다. 학습의 과정과 기억과정은 연속선상의 과정이다. 기억은 학습활동이 이루어진 후, 지식과 정보를 파지(retention)하고, 간직하는 정도를 설명하며(Hulse, Deese & Egeth, 1980), 지식과 정보를 부호화하거나 재현시키고, 저장하며, 재생, 사정하고 저장되어 있는 정보와 통합하는 정신과정이다(Murray & Mosberg, 1982). 따라서 기억과 학습은 구별된다. 학습은 정보와 지식의 투입으로 이해할 수 있으며, 기억은 시간이 경과된 후에도 투입된 정보와 지식을 활용 가능하도록 저장된 형태이다. 학습을 통해서 개인은 저장할 수 있는 자료를 획득하며, 개인의 기억은 저장한 자료를 재생하고 활용할 필요가 있을 때까지 보관한다.

학습, 기억, 망각은 연속적인 과정인데 특히, 망각은 학습결과에 대한 저장의 지속성 정도가 약화되는 것이라고 할 수 있다. 즉 학습한 자료와 정보가 시간의 경과에 따라서 재생능력이 약화되고, 이들 자료, 정보를 사용하지 않음으로 해서 현재의 학습자료와 관련되지 않을 뿐만 아니라 회상해 낼 수 없는 파지의 약화 상태를 망각이라고 하는 것이다.

2) 기억모형

심리학자들은 관찰이 불가능한 기억을 연구하기 위하여 여러 '기억모형'을 제시하고 있다. 기억모형에는 크게 정보처리 모형, 처리수준 모형이 있다.

(1) 정보처리 모형(Information processing model)

정보처리 모형은 인간의 기억 체계를 정보의 부호화, 저장, 인출과 같은 능동적인 일련의 정보처리 과정으로 보는 기억 이론이다. 기억은 하나의 정보처리 체계로서 정보가 처리되는 기억 단계가 있으며 정보의 단계별 전이와 정보의 처리여부와 기억내용을 조절하는 통계장치 및 과정이 있다는 것이다. 이러한 점에서 정보처리 모형을 '단계론적 접근'이라고 부른다.

정보처리 모형에서는 기억을 상호 관련된 육면체와 화살표로 표현한다. 육면체들은 정보처리 체제의 상태, 또는 저장고를 나타내며 화살표는 한 상태에서 다른 상태로 정보가 이동하면서 변형되는 것을 나타낸다. 정보처리 모형에서와 같이 기억을 여러 개의 기억 저장고로 이루어진 것으로 보는 관점을 '**중다저장 이론**'이라고 한다.

정보처리 관점에 따르면, 인간 학습자는 컴퓨터가 정보를 처리하는 것과 흡사한 방법으로 정보를 처리하는 것으로 생각된다. 학습이 일어날 때, 정보는 환경에서 투입되고, 기억에서 처리 및 저장되며, 학습된 능력의 어떤 형태로 산출된다. 행동주의자들이 환경이 인간 행동을 어떻게 수정하는 지를 설명한다면, 환경과 행동 간의 중재변인을 가정하고 그 변인이 학습자의 정보처리 체계라고 한다.

대부분의 정보처리 모형은 기억의 중다저장(multi store)과 중다단계(multi stage)이론을 제안한 Atkinson과 Shiffrin(1968)에 뿌리를 두고 있다. 즉 처리체계가 정보를 받는 시각부터 정보는 기억에 영구적으로 저장될 수 있을 때까지 일련의 변형과정을 거친다. 일반적으로 인식되는 것처럼, 정보의 이러한 흐름이 [그림 7-1]에 나타나 있다. 제안된 기억체계의 세 가지 기본단계(감각기억, 단기기억, 장기기억)가 한 단계에서 다음 단계로 정보를 전이시키는 것으로 추정된 과정과 함께 그림에 제시되어 있다. 이들 단계는 무엇이며, 어떻게 작용하는 것으로 믿고 있는지 간단하게 살펴보자(Marcy P. Driscoll, 2000; 양용칠, 2002).

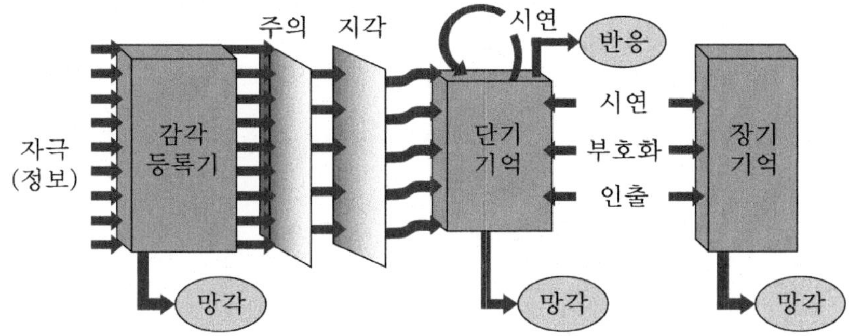

그림 7-1 정보처리 모형에서 본 기억

① 감각기억(sensory memory)

학습의 정보과정은 외부의 자극으로부터 시작된다. 감각수용기는 끊임없이 시각, 청각, 후각, 미각, 촉각 등 오감을 통해 자극을 받아들인다. 이런 경험은 최초로 첫 번째의 기억저장고인 감각등록기에 기록되며, 이것을 감각기억이라고 한다. 감각기억은 아주 짧은 시간 동안만 자극을 원형 그대로 보유하는 저장고로서, 주어지는 정보를 처리하는 최초의 처리 단계이다. 감각기억의 용량은 무제한이지만 유입된 정보에 '주의를 집중'하는 것과 같은 즉각적인 처리가 이루어지지 않으면 그 정보는 즉시 유실되거나, 새롭게 유입된 정보와 대치되기 때문에 결과적으로 그 정보는 망각된다.

들어오는 정보를 기록하고 아주 짧은 시간 동안 유지하는 정보처리체계에 있는 일종의 지각저장고(perceptual store)는 Sperling(1960)이 수행한 일련의 실험으로 밝혀졌다. 실험내용을 토대로 좀 더 자세히 살펴보고자 한다(양용칠, 2002 재인용). Sperling은 피험자에게 12개의 철자로 된 시각물(한 열에 네 개의 철자로 배열된 세 열)을 [그림 7-2]에서 보는 것처럼 제시하였다. 그는 20분의 1초 동안(50 milliseconds) 스크린에 철자 배열을 비추고 나서, 피험자에게 어떤 철자를 보았는지 보고하도록 하였다. 이러한 순간적인 노출에서도 피험자는 3개 또는 4개의 철자를 정확하게 보고할 수 있었다.

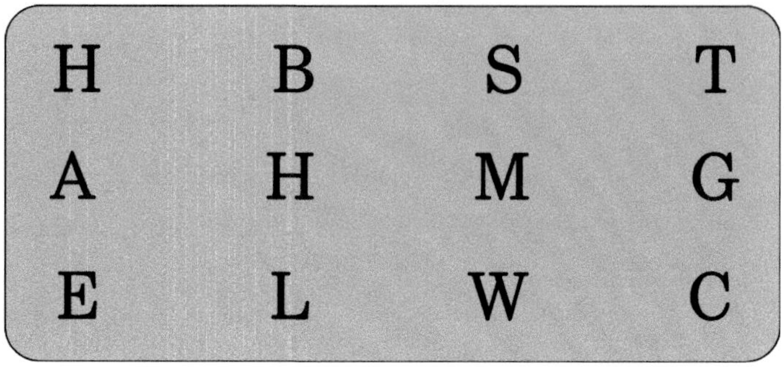

그림 7-2 Sperling(1962)의 감각기억 연구에서 사용된 자극의 예

이 결과 제한된 처리 능력을 나타내기는 하지만, Sperling은 실제로 제시된 모든 철자가 감각기억에 들어갔음을 증명할 수 있었다. 그는 부분 보고법(partial report technique)을 활용해서 이것을 증명하였다. 즉 그는 피험자들에게 어느 열을 보고해야 하는지를 신호해 주기 위해서 높은 음조, 중간 음조, 그리고 낮은 음조를 사용하였다. 피험자들이 12개 철자 중에서 3개나 4개의 철자를 보고하는 상대적으로 낮은 수행을 보이지 않고, 오히려 어떤 열에 신호를 받든지 간에 3개나 4개의 철자를 신뢰롭게 보고하는 높은 수행을 보여 주었다. 그래서 감각기억은 시각적으로 제한되기보다는 시간적으로 제한되는 것으로 보인다. 바꾸어 말하면, 엄청난 시각적 정보가 기록되지만 Sperling의 실험에 의하면, 그 정보는 4분의 1초 이내에 어떤 처리가 더 진행되지 않으면 빠르게 사라진다.

Sperling이 활용한 부분 보고법은 주의가 정보의 처리에 영향을 주고 있음도 밝히고 있다. 철자가 더 많이 처리되고 회상될 수 있도록 철자 배열의 특정한 부분에 주의를 기울이게 하는 단서로서 음조(tone)를 제공하였다.

주의(attention)는 여러 가지 방식으로 개념화된 어떤 과정이다. 교사는 학생에게 수업에 주의를 기울이도록 권고하지만, 수업의 특별한 사항에 주의를 집중하도록 어떤 조치를 취하기도 한다. 어느 방법이든지 간에 주의를 기울이지 않는 학생은 학습될 정보의 일부를 놓치게 된다.

이것은 학습자가 주의과정에 어떤 통제를 행사하고, 어떤 목표를 달성하기 위해서 주의를 선택적으로 모을 수 있음을 시사한다. 선택성과 자동성의 개념은 수업에 함의를 갖는 주의의 중요한 측면이다.

선택적 주의집중(selective attention)은 다른 정보를 무시하면서 어떤 정보를 선택하고 처리하는 학습자의 능력을 말한다. 개인이 두세 가지의 과제(정보원)에 대해서 자신의 주의를 분산하거나 한 가지의 과제 내에서 선택된 정보에 초점을 둘 수 있는 정도는 많은 요인에 달려 있다. 과제나 정보가 개인의 주의를 포착하는 가장 분명한 것은 아마도 **의미**(meaning) 때문일 것이다. 사람이 많이 모여 있는 시끌벅적한 방안에서 들려오는 나의 이름은 내게 아주 의미가 있기 때문에 나의 주의를 끈다. 다음으로 경쟁적인 과제, 즉 **정보원 간에 유사성**이 선택적으로 주의를 기울이는 데 영향을 준다. 성별이 같은 두 명의 연사가 비슷한 음색과 음량으로 연설을 하면 동시에 두 연설에 주의를 기울이기는 어렵다. 예를 들면, 친구가 자신에게 말을 걸어 오는데 교사의 설명을 들으려고 하는 학생을 상상해 보면 학습자는 고전음악을 들으면서 공부를 할 수 있으나 성악이 연주될 때 공부에 대한 집중력은 떨어진다는 것을 알 수가 있다.

주의에 영향을 주는 세 번째 요인은 **과제 복잡성이나 곤란도**이다. 실타래에 실을 감는 것과 같은 단순한 과제는 주의를 거의 요구하지 않기 때문에 다른 일과 동시에 쉽게 수행할 수 있다. 부담 없는 TV드라마를 보는 것과 내일 일정에 대해서 가족들과 대화하는 것 등은 동시에 수행될 수 있는 과제들이다. 그러나 진찰을 위한 목적으로 치료경력을 검토하는 것이나 복잡한 전기회로를 연결하는 것은 보다 철저하고 집중적인 주의를 요구한다. 학습자가 어떤 과제에 대한 선행지식이 거의 없을 때는 물론 더 많은 주의를 요구한다.

마지막으로 일반적이고 구체적인 의미로서 주의를 통제하는 능력은 **연령, 활동성, 지능, 학습장애**에 따라 다르다(Grabe, 1986). 예를 들면, 주의력 결핍장애가 있는 사람이 청년 전기에 간혹 나타내는 증상이다. 주의를 한 곳으로 모을 수 없거나 관련 없는 자극을 배제하지 못하는 것 같다. 이렇기 때문에 학업성적은 일반적으로 낮을 수밖에 없다. 왜냐하면 학습자들은 학습과제에 반응하는 데 보다 많은 시간을 투자하는 것을 배워야 하고(충동성을 줄임), 학습자들은 주의를 모으는 전략을 배우고 그 전략을 연습할 수 있도록 해야 한다.

과제가 과잉 학습되거나 정보원이 습관적일 때, 주의집중 요건이 최소화되면서 자동성(automaticity)이 일어난다. 그러나 정보에 주의를 기울이는 것만으로 그 정보의 처리를 보장해 주지는 못한다. 정보를 처리하는데 주의가 필요하지만 충분하지는 못하다고 말할 수 있다. 정보는 처리를 위한 기초를 제공하기 위해서 확인된 친숙한 형태로 분석되어야 하는데, 환경자극이 기억에 있는 개념과 원리의 전형으로서 재인되는 과정을 **형태재인**(pattern recognition)이라고 한다. 이러한 재인은 형태나 형판 모습이 실제로 나타나는 것을 확인하지 않고 어떤 형판과 일치하는 형태를 찾는 것과 같다는 점에서는 개념습득이 이루어지기 전의 상태이다.

형태재인은 인간의 정보처리 체계에서 형성되기에 특별히 어려운 과정이기 때문에 여러 가지 모형들이 제안되어 왔다. 각 모형은 과정의 작동 방법과 기억에서 나타나는 정보의 형태에 특별한 의의를 지니고 있다. 간단히 말해서, **형판일치**(template matching)는 환경자극의 정신적 복사판(형판)이 기억에 저장됨을 가정한다. 그래서 형태재인은 들어오는 정보를 기억에 있는 적절한 형판에 일치시키는 것이다. 이것은 얼른 보기에 그럴 듯하지만, [그림 7-3]을 보면서 형태재인의 형판일치 모형에 대한 의미가 무엇인지를 생각해 볼 수 있다. 이들 그림 전부를 철자 A의 표상으로서 재인하기 위해 각 철자를 일치시킬 형판을 기억에 지니고 있어야 할 것이다. 이 모형은 인간의 형태재인을 합리적으로 설명하지 못한다.

그림 7-3 철자 A의 변동

이 모형에 대한 대안으로써 기억에 저장된 것은 자극의 완벽한 복사물은 아니고 오히려 추상적이고 일반적인 원형이라는 **원형모형**(prototype model)을 제안한다. 이 경우에 형태재인은 들어오는 정보를 원형과 비교하는데 아주 근접한 일치가 일어나면, 들어오는 자극은 원형으로 표상된 사물이나 사건 부류의 보기로서 재인된다. 이와 같이 위의 [그림 7-3]에 나온 철자는 모두 A로서 재인되도록 가정된 원형과 아주 유사하다.

형태재인의 세 번째 모형은 **특징분석**(feature analysis)인데 이것은 구체적이고 특이한 특징이 기억에 저장된다고 가정한다. 감각으로 들어오는 정보는 이러한 특징의 존재 여부로 분석된다. 철자 A를 다시 한 번 생각해 보면, A를 규정하는 특징은 철자의 각도와 수평연결선의 두 측면을 포함한다. 모든 자극 철자는 이러한 특징으로 분석되고, A로서 밝혀지게 될 것이다.

② 단기기억(short-term memory)

많은 양의 정보를 아주 짧은 시간 동안만 보유할 수 있는 감각기억과는 달리 단기기억이 보유할 수 있는 정보의 양은 매우 제한되어 있다. 또한 입력된 정보를 저장고에 보관할 수 있는 시간도 불과 20초 이내이다.

'단기기억'은 감감적 자극에 대한 즉시적이고 직접적인 판단을 통해서 저장되는 것이다. 이 기억모형은 사태나 사건 그 자체를 기억하는 것이 아니고, 일정 사건이나 사태에 대해 판단한 것을 기억하는 것이다. 예를 들면, 전화교환원이 개인이 원하는 전화번호를 가르쳐 줄 때, 교환원의 목소리에 대한 이미지는 지속되지 않지만, 순간 사용코자 하는 전화번호는 잠시만 기억되고, 상대방과 통화하고 난 후에는 곧 잊어버리게 된다. 단기기억은 직접적인 소량의 정보만 지속되고, 반복하지 않으면 지속 기간은 매우 짧아진다.

기억에 대한 연구가 진척될수록 많은 학자들이 단기기억이라는 용어보다는 작동기억(working memory)이라는 용어의 사용을 선호하는 경향이 있다. 단기기억과 작동기억은 동일한 대상의 서로 다른 측면을 강조한다는 점에서 개념의 차이가 있다.

단기기억은 유입된 정보가 얼마 동안 지속되는가, 즉 시간적 측면에서 기억 체제를 이해하려는 개념이다. 이와는 달리 작동기억은 그 체제가 또는 그 체제에서 정보가 어떻게 조작되는가, 즉 기능적 측면에서 기억을 설명하고자 하는 개념이다.

Miller의 기발한 생각에도 불구하고 정보의 7가지 단위는 대단히 많은 종류의 자료를 기억하는 범위를 구성하는 것으로 증명되었다. 더욱이 정보의 각 단위는 크기에 있어서 엄청나게 다양할 수 있다. 예를 들면, 10개의 철자로 된 단어는 6개의 단어로 된 문장과 함께 한 개의 단위로 될 수 있다. 이러한 사실의 발견으로 작용기억의 용량은 군분류(chunking)의 과정으로 알려진 더 큰 단위를 만듦으로써 증가될 수 있다. 아래에 나온 철자의 길이를 예로 들어 보자.

JFKFBIAIDSNASAMIT

철자 하나 하나로 보면, 작용기억의 용량을 훨씬 초과한다. 그러나 이 철자들을 5개의 군분류로 보면–JFK, FBI, AIDS, NASA, MIT–쉽게 처리된다.

이것이 수업에 주는 의미를 생각해 보면, 학습과제는 학습자들에게 쉽게 군분류될 수 있도록 조직화되어야 한다. 이것은 학습되고 연습될 과학실험이나 정보의 단위를 별개로 제시하는 것, 또는 개별지도 학습의 프레임과 같이 복잡한 과제를 습득 가능한 단계로 분할하는 것만큼이나 간단할 수 있다.

작용기억에서 정보의 손실을 방지하고, 그 정보를 장기 저장고로 전이를 보장하기 위해서 두 가지의 과정이 필요한데, 시연(rehearsal)과 약호화(encoding)이다. 시연은 반복해서 중얼거리는 것을 말하며, 약호화는 들어오는 정보의 새로운 내용을 보다 잘 기억될 수 있는 방법으로 이미 기억하고 있는 개념과 아이디어에 관련짓는 과정을 말한다.

인간의 본래적 성향에 맡겨 두면, 인간은 항상 사물을 의미 있게 만들고, 새로운 경험을 이미 알고 있는 내용의 구조에 맞추려고 한다. 약호화는 이러한 과정으로 시작된 내용을 영구적으로 기억에 남도록 하는 역할을 수행한다.

이상의 결과를 종합해 보면 다양한 방법으로 학습에 적용시킬 수가 있다. 첫째, 관련이 없는 단어목록은 이야기 형태로 단어를 모으면 학습이 될 수 있다. 예를 들면, 어린 아동에게 독서학습에 활용할 수 있는 유용한 전략인데, 개별 단어가 아동에게 처음에는 별다른 의미를 주지 않는다. 그러나 아동이 어떤 단어를 통합해서 이야기를 작성할 때 이들 단어를 나중에 읽고 재인하기에 매우 용이함을 발견하게 된다. 둘째, 심상(imagery)은 정보를 약호화하는데 매우 효과적인 수단이다. 시각적 심상을 시사하는 그림의 제공이나 교재내용과 관련된 심상을 형성하도록 지시하는 것만으로도 학습을 촉진시킬 수 있다. 예를 들면, 아동은 이야기를 보여주는 삽화를 그림으로써 이야기책을 만들어 낼 수 있다. 그렇게 함으로써 아동들은 아주 개별적이면서 유익한 방법으로 자신들의 단어 이해력을 강화시키게 된다.

③ 장기기억(long-term memory)

정보를 오랫동안 저장할 수 있는 기억이 없다면 인간의 기억 능력은 매우 제한될 것이다. 감각기억과 단기기억은 정보를 보유할 수 있는 시간이 길지 않으므로 다른 유형의 기억이 필요하다. 장기기억이 없다면 학습할 수 있는 능력도 존재할 수 없다. 이렇게 정보를 장시간 보유할 수 있는 기억을 장기기억이라고 부른다.

'장기기억'은 기억 가운데 가장 중요하면서도 복잡한 기억 형태이다. 개인은 모든 정보나 자료를 오랫동안 기억하기 위해서 정보와 자료에 관련된 제안요소와 특징을 동시에 연결시킬 수 있는 일련의 '협동적인 노력'을 해야 한다. 장기기억의 '예'로 개인은 낱말의 의미, 문제해결에 관련된 복잡한 절차 및 과거사와 같은 내용을 기억하고 있다.

단기기억에서는 반복과 시연을 통하여 정보를 생생하게 유지할 수 있지만, 단기기억에 있던 정보를 장기기억으로 전달하기 위해서는 정교화(elaboration)라는 훨씬 더 효과적인 방법을 찾아야 한다.

① **계열위치효과**(serial position effects)

Rundus(1971)의 연구에서 20개의 단어 쌍을 제시받고 이를 시연하도록 한 실험 참가자들이 시연 직후 단어들을 회상했을 때 처음에 제시된 단어들과 마지막에 제시된 단어들은 잘 회상하는 반면 중간에 제시된 단어들은 잘 회상하지 못하는 결과가 나타났다. 이는 U자형의 계열위치효과, 즉 단어 목록의 회상률이 달라짐을 보여 준다.

- 초두효과(primacy effect) : 처음에 있는 단어들을 더 잘 기억하는 현상
- 최신효과(recency effect) : 마지막에 있는 단어들을 더 잘 기억하는 현상

초두효과는 장기기억에서의 인출과 관련되며, 최신효과는 단기기억에서의 인출과 관련된다고 할 수 있다(Reed, 2011).

② **외현기억**(explicit memory)

사람들이 의식적으로 또는 의도적으로 과거의 경험을 인출할 때 발생하는 기억으로, 그 기억에 대해 설명할 수 있기 때문에 서술기억이라고도 한다. 외현기억에는 의미기억(semantic memory)과 **일화기억**(episodic memory)이 포함된다(Baars & Gage, 2012).

의미기억은 정보를 학습한 시간과는 무관한 일반적 지식을 포함하고 있는 반면, 일화기억은 특정 시간이나 장소에 있었던 사상에 대한 정보로 이루어져 있다(현성용 외, 2015).

③ **암묵기억**(implicit memory)

의식적으로 인식되지 않는 기억으로 우리 안에 정보가 내재되어 있으나 그 정보가 내재되어 있음을 기억하지 않는 기억을 말한다. 암묵기억의 유형 중 하나인 **절차기억**(procedural memory)은 습관, 기술, 또는 조건화를 통해 학습된 것에 대한 기억을 일컫는다. 암묵기억의 존재는 점화(priming) 현상을 통해 확인할 수 있다. 점화는 일반적으로 인식하지 못할 정도로 매우 빠르게 제시된 특정 자극이 이후의 자극에 대한 반응을 촉진시키는 현상을 의미한다(민윤기 외, 2013).

④ 기억의 전이

전이(transfer)는 특정 장면에서 학습한 지식이나 기술이 새로운 장면의 학습이나 행동에 영향을 미치는 현상을 말한다. 정보를 오랫동안 유지하려면 단기기억에 있는 정보가 장기기억으로 전이되어야 한다. 전이의 과정은 여러 요인의 영향을 받으나, 단기기억에 있는 정보가 얼마나 오랫동안 되뇌기(rehearsal)를 하느냐에 따라 장기기억으로의 전이 가능성이 높아진다. 그러나 오랫동안 정보를 되뇌기 하여도 그 정보가 장기기억으로 전이되지 않고 단기기억에서 소멸되는 경우가 있다.

단기기억의 정보가 장기기억으로 전이되지 않는 이유는 **유지형 시연**(maintenance rehearsal)에서 찾을 수 있다. 이것은 정보를 단순히 속으로 되뇌이는 전략으로, 시연이라고 하면 일반적으로 유지형 시연을 일컫는다. 유지형 시연은 단기기억에서는 회상할 수 있게 해 주지만 쉽게 망각되어 정보를 장기기억으로 전이하는 역할은 하지 못한다.

반면, **정교형 시연**(elaborative rehearsal)은 연합과 심상을 이용하여 새로운 정보를 기존지식에 관련짓는 과정이다. 따라서 단기기억의 정보를 장기기억으로 전이하는데 매우 효과적이다. 가령, 비행기 번호가 717이라면 7월 17일 제헌절과 연관하여 암송하는 것이다. 이렇게 정보를 정교화하면 장기기억으로의 전이가 확고하게 나타나 그 정보를 잊어버리지 않는다.

(2) 처리수준 모형(levels or depth of processing theory)

기억연구에 큰 영향을 미치는 다른 접근법 중의 하나는 '처리수준 모형'이다. 이 모형은 정보처리 모형의 문제점을 보완할 수 있는 하나의 대안적인 접근방법이다. 이 모형에 따르면 기억은 감각기억, 단기기억, 장기기억과 같이 3개의 분리된 저장고로 구성되어 있는 것이 아니라 자극을 어떻게 부호화하는지, 정보를 어느 수준으로 처리하는지와 같은 측면에서 기억을 이해한다.

이 모형에 따르면 정보에 대한 처리수준에는 차이가 있으며, 어느 수준에서 처리하느냐에 따라 인지적 분석의 정도에 차이가 생긴다. 자극의 물리적 또는 감각적 특성의 처리에서부터 자극의 의미처리에 이르는 하나의 연속선상에서 정보를 처리하는 수준의 차이는 무한대라고 할 만큼 다양하다.

자극의 의미에 초점을 맞추거나, 이미 자신이 알고 있는 것과 새로운 정보와의 관계에 주의를 집중하면 이러한 의미가 기억에 저장된다. 처리의 수준이나 깊이가 깊을수록 정보의 지속과 저장의 가능성이 높아진다. 어떤 자극의 물리적 특성보다 의미에 주의를 집중할 때가 더 잘 기억되고 오래 기억된다.

〈처리수준과 부호화 형태〉

처리수준	부호화 형태	예시
물리적 처리 (피상적 수준)	구조적 부호화(자극의 물리적 속성을 분석하는 데 주안을 둔다)	그 단어는 대문자인가?
음운적 처리 (중간 수준)	음운적 부호화(단어의 발음을 분석하는 데 주안을 둔다)	그 단어는 weight와 비슷하게 발음이 되는가?
의미적 처리 (심층적 수준)	의미적 부호화(정보의 의미를 분석하는 데 주안을 준다)	그 단어는 다음 문장에 적합한가?

2. 기억의 방법

기억모형들 가운데 학교에서 학습자들에게 가장 중요한 모형은 '장기기억'이다. 다음에서 학습자들의 효과적인 장기기억을 증진시키는 방법으로써 '교사의 역할'과 '학습자의 역할'을 살펴보고자 한다(김용래, 1987, 2000).

1) 교사의 역할

(1) 학생들에게 의미 있는 학습 내용과 자료를 제시

특정 정보나 자료가 학습자에게 의미가 있을수록 기억하고자 하는 학습자의 동기화는 더욱 높아진다. '장기파지(long-term retention)'나 '장기기억(long-term memory)'은 기계적 기억보다 의미 있는 학습 자료와 정보에 대해서 더욱 증가된다. 여기에서 '유의미성'이란 어떤 것인가 하는 점이 중요하다. 유의미성이란 연결성, 밀접성 및 관련성 등의 정도이다. 이들 유의미성과 장기기억과의 관계를 살펴보면 다음과 같다.

① 연결성과 장기기억

특정 학습의 일부에서 유의성 있는 관련 내용들을 끌어내게 된다. 하나의 아이디어가 많은 연결을 낳을 수 있는 것은 학습자에게 보다 많은 의미를 갖게 하는 것으로 이해할 수 있다.

② 밀접성과 장기기억

학습자들에게 각각 다른 문장을 기억하게 하는 경우, 문장의 언어적인 순서가 밀접할수록 그들은 보다 잘 기억하게 된다. 즉 학습자가 평소에 말하는 방법과 밀접하면 할수록 그 문장은 더욱 잘 기억하게 된다. 보다 자주 나타나는 말(사용되고 있는 말)이나 공통된 '어순'이 더욱 밀접성이 있고 의미가 있다. 교사의 관련성이 있는 설명은 학습자들에게 매우 중요한 의미를 지닌다는 점이다. 학습자들에게 제시한 학습 내용과 자료들 중에서 교사가 사용한 언어와 학습자들의 친밀성간에 차이가 있다면, 학습자들의 학습 '효과와 파지'에 방해가 된다는 사실을 교사는 이해해야 할 것이다.

③ 관련성과 장기기억

관련성은 제시된 자료 내에 포함되어 있는 내용들이 일반적인 규칙이나 원리의 효과와 관련되어 있는 정도이다. 학습 자료나 내용을 파지하도록 돕기 위해서 교사는 원리에 따라서 설명할 사실적인 정보를 학습자들에게 제공하기 전에 '이해할 수 있는 원리'를 제시해야 한다. 예를 들면, '수송'이란 단원으로 시작하는 '도입의 단계'에서 교사는 구체적인 것, 즉 보트, 비행기, 자동차, 기차 등에 관한 설명에 앞서 "사람은 어떻게 이 곳에서 먼 곳으로 옮겨지는가?"란 질문을 할 수 있다. 이와 같은 '관련수업체제'로 교수-학습하면 학습자들은 제반 학습내용들을 보다 잘 기억할 것이다.

(2) 학습자들에 걸맞게 교과과정을 수정

학습내용이나 자료를 장기파지나 장기기억을 위한 방법의 하나는 교과내용 중 일정 지면(공간)에서 학습을 촉진시킬 수 있는 '물음'을 고정 배치하는 일이며, 교과내용의 일정 부분에 학습내용에 관한 '질문'을 배치하는 것은 학습효과를 촉진시키는 요인이 된다.

① 교재의 장(章)과 절(節) 맨 앞 지면에 물음을 삽입하는 것은 기억에 도움이 되는 것으로 알려지고 있으며, 이러한 '질문의 효과'는 물음에서 요구하는 특정 내용이나 정보에 한정된 것이라도 학습자들의 기억과 파지에 도움이 된다.

② 교재의 장과 절의 끝부분(지면)에 '물음'을 두는 것은 교재내용에서 특수한 내용과 일반적인 내용 양자에 대한 기억과 파지를 촉진시킨다. 그리고 자극을 주기 위한 주제내용을 취급한 장과 절 또는 항의 마지막에서 '생각을 위한 질문'을 두는 것은 바람직하다.

③ 물음이나 질문의 횟수가 장기기억과 파지에 미치는 영향에 관해 살펴보면, 새로 도입되는 주제내용(학습단원) 앞에서 지나치게 자주 물음을 두는 것은 일반적인 학습내용의 연속성을 분열시켜 파지를 약화시키며, 학습단원 끝에서

물음을 제시하는 것은 기억과 파지를 증가시킨다. 학습내용 앞에서 제시한 질문은 '재생'에 영향을 미치며, '특이한 질문'은 일반적인 질문보다 파지에 더욱 도움이 된다.

④ 학습내용과 자료의 조직에 관련이 있는 요인들은 역시 기억과 파지에 영향을 미친다. 대상의 명칭에 따라서 조직된 자료는 자료의 속성에 따라서 조직된 내용보다 파지를 촉진시킨다. 예를 들면, '수송' 단원에 있는 내용이 대상의 이름인 배, 자동차, 비행기 등에 의해서 조직되어 있다면 이들 대상의 부분으로 나누어진 모터의 속도, 여객정원 등의 속성에 의해서 조직된 자료보다 기억과 파지를 증가시키는 것이다. 파지를 높이기 위한 과제의 배열은 교사가 유의해야 할 부분이다.

⑤ 교사는 과제를 제시함에 있어서 부분적인 것을 독립적으로 제시하는 것과 전체로 제시하는 것에 대한 효과에 관심을 두어야 한다. 다음에 제시한 내용은 학습내용을 분류하고 부분별로 배열하는 데 도움이 된다.

⑥ 과제의 범위는 학습자들의 기억 범위를 벗어나지 말아야 한다. 나누어진 부분의 분량은 학습자들의 지적 수준에 적합해야 한다.

⑦ 과제의 부분은 전체 학습내용과 논리적 구조를 지니고 있어야 한다.

⑧ 학습내용의 구분은 먼저 부분별로 나누는 방법을 결정해야 한다. 어떤 내용은 기능이나 정보의 난이도에 따라 쉬운 기능이나 단편적이고 단순한 정보를 함께 묶을 수 있다. 이것은 보다 어려운 기능이나 정보를 소개하기 전에 제시해야 한다.

(3) 학습자들에게 과잉학습 유도

학습자들이 일정 학습내용에 관해서 학습하고 기억한 후, 계속해서 학습하는 학습방법을 **과잉학습**(over learning)이라고 한다. 이러한 학습을 복습이라고 한다. 복습은 학습내용에 대한 실제적인 망각을 감소시켜 준다. 이 과잉학습은 연습(훈련)이나 기계적 학습과는 다르다.

예를 들면, 백화점에서 받은 영수증을 계산하는 것은 더하기 학습을 실습하는 것으로 바람직한 과잉학습이며, 교실에서 더하기 문제 풀이를 계속해서 여러 번 풀어 보는 것은 일종의 훈련이다.

학습자들에게 기능을 연습시키는 경우, 그 기능을 숙달시키기 위해서 과잉학습을 하게 한다. 학습자는 자신이 잊어버리지 않는 기능(수영하는 방법, 스케이팅 방법 및 스키를 타는 방법)을 습득한 것은 다음 기회에 언제든지 활용이 가능하다. 이것은 과잉학습의 효과이다. 연습은 학습자 개인의 의지 여하라고 하더라도, 교사는 연습하는 방법을 가르쳐 줌으로써 학습상황에서 학습자들이 과잉학습을 할 수 있게 유도할 수 있으며, 이전에 학습한 기능이나 능력을 활용할 수 있는 기회나 상황을 제공해 줄 수 있다. 이렇게 하면 과잉학습은 가능하며, '장기파지'와 '장기기억'을 가능하게 한다.

학습자들이 성취한 과잉학습량의 일정 학습내용을 처음 학습한 후, 과잉학습 시행 횟수와 관계되어 있다는 것을 교사는 이해해야 한다. 그러므로 보다 많은 연습의 기회를 제공하는 것이 필요하며, 이러한 연습의 기회 여하가 과잉학습량을 증가시켜 준다.

(4) 학습자들에게 즉각적인 피드백을 제공

학습자들에게 학습내용의 기억과 파지를 위한 즉시적인 피드백은 필요한 하나의 강화물로 생각할 수 있다. 강화물은 일정 반응의 가능성을 낳게 하는 하나의 자극이다. 적극적인 강화는 즉각적으로 이전의 반응을 다시 반응하게 할 가능성을 높여 준다.

학습자들에게 즉각적인 피드백을 제공할 때가 가장 효과적이지만, 피드백을 미루어 제공한다면 학습자는 정확한 '반응'과 '피드백'을 결합시키는데 어려움이 있다. 따라서 피드백은 잘못된 반응과 결합될 수도 있다. 교사의 역할 가운데 즉각적인 피드백을 제공하는 하나의 방법은 학습자들이 당면하는 일정 과제를 정확하게 지적해 줄 수 있는 진단검사를 실시하는 일이다.

예를 들어, 시험을 친 후에 학습자들의 성취결과를 알려주는 것은 학습자들에게 피드백을 제공하는 것이다. 이러한 피드백의 효과는 학습자들마다 개인적인 차이가 있지만, 대부분의 학습자들에게 장기파지와 기억에 효과적이다.

(5) 학습자들에게 방해효과를 최소화

교사는 학교 수업시간 배정에서 학습자들에게 가능한 한 유사한 학습내용과 자료를 제공하지 말아야 하며, 비슷한 내용의 학습상황을 피할 수 있게 해야 한다. 예를 들면, 학습자들에게 영문법 수업시간 다음에 곧 바로 불문법 수업시간이 따르지 않게 해야 하는 이유와 마찬가지이다. 수업시간 배정에서 교과목의 내용들 사이에 유사성을 지닌 교과내용은 가능한 한 연속되게 하지 말아야 한다. 이렇게 함으로써 교사는 학습내용에 관한 학습자들의 장기기억과 파지에 방해되는 요인들을 최소화해야 한다.

(6) 학습자들에게 구두암송

'구두암송'은 대체로 학습자들의 교과내용에 대한 장기기억과 파지에 도움이 된다. 이 구두암송은 학습자들의 적극적인 반응을 강화시킬 수 있도록 자극하고 고무시켜야 한다는 연합이론가들의 견해와 일치한다. 장기기억과 파지를 위한 '암송'의 효과는 새로운 내용의 도입에서 학습자의 학습비율, 교재의 내용과 형태 및 학습자의 능력과 기질 등을 고려해야 한다.

2) 학습자의 역할

(1) 학습자 자신에게 알맞은 학습 습관을 개발

학습자들이 그들의 학습 습관을 개선하고 개발할 수 있는 기법을 제시하면 다음과 같다. 이러한 기법은 학습자들 스스로가 공부하는 습관을 개발하는 데 도움이 될 수 있으며 올바른 학습 습관을 개선하고 개발하게 되면 장기기억과 파지를 증가시키는데 도움이 될 것이다.

① 학습자는 책의 저자가 집필한 의도에 대한 모든 아이디어를 갖도록 학습 내용을 예비로 조직하여 그 교과내용을 살펴야 한다.

② 학습자는 학습내용에 관해서 '주의력'을 집중하고, 적절하지 못한 주변 내용을 제거한다.

③ 학습자 자신이 결정한 교과내용의 어떤 하위 학습목적을 성취한 다음에 취해야 할 보상은 학습자 자신이 마련한다. 이러한 것을 수반되는 사건(일)에 대한 '자기관리'라고 한다. 그리고 이 자기관리는 학습자가 공부하는 데 있어서 자신의 성취도를 향상시켜 주고, 학습내용에 대한 기억효과가 높아질 것이다.

④ 학습자가 학습내용 조직 면에서 잘 조직되어 있다고 판단하더라도, 학습자는 다시 자신의 것으로 그 학습내용을 재조직하고 구성한다.

⑤ 학습자는 학습한 내용을 기억하고 저장해서 쇠퇴현상이 일어나지 않게 하기 위해서 스스로가 '연습'을 해야 한다.

(2) 학습자는 학습내용에 대해 시간 간격을 두면서 학습

학습 '시간 간격'을 중심으로 학습효과 면에서 보면, 분산학습과 집중학습이 있다. '분산학습'은 '집중학습'보다 장기기억과 파지를 높이는데 효과적이다. 왜냐하면, 장기간의 학습을 전제로 하는 집중학습은 학습자들의 싫증과 심신의 피로를 갖게 하여 학습흥미와 동기화를 약화시키고, 학습내용과 자료를 기억하는 데 학습자들의 능력을 방해하기 때문이다.

이와 같은 현상과 마찬가지로 '집중학습'은 또한 학습자에게 큰 불만을 낳게 한다. 복잡한 내용에 대해 완전학습을 할 수 없다는 것은 어떤 상황에서나 학습자들의 불만을 증가시킨다. 그러나 복잡한 단원을 한 번에 공부하지 않고, 나누어 한다면 신선감을 주기 때문에 점차로 좋은 학습효과를 낳을 수 있다.

'집중학습'은 학습자들의 욕구좌절을 더욱 증가시킨다. 장기기억과 파지를 위한 집중학습의 효과가 낮은 것은 많은 피드백을 제공할 수 있는 시간적 한계에서 비롯된다.

피드백과 반복적인 연습을 통한 '시간 간격을 둔' 학습은 장기기억과 파지를 위해서 가장 바람직한 방법으로 수용할 수 있다. 시간 간격을 두고 학습하는 것은 '의미 있는 자료'보다 '무의미한 자료'의 기억과 파지에 더 큰 촉진제가 된다. 이와 같은 두 가지 자료 형태의 학습에 있어서는 언제나 '집중'보다는 '시간 간격'을 두고 학습하는 것이 의의가 있다.

(3) 학습자들의 과잉학습

과잉학습은 학습자의 근면과 노력이 전제되어야 한다. 연습이 없이는 대부분의 기능들까지도 망각될 수 있다. 현재 완전무결하게 학습된 지식이나 기능들도 장기간 활용하지 않고 계속적인 연습이 없으면 완전히 망각하게 된다. 따라서 계속적인 연습을 통한 과잉학습은 장기파지의 향상에 기여할 수 있다.

(4) 학습자의 구두암송

장기기억을 가능하게 하는 '구두암송'에는 여러 가지 방법이 있다. 학습자가 학습토의에 참석하는 것은 스스로의 반응에 대한 정확한 피드백을 얻게 된다. 이러한 방법은 학습자가 오랫동안 학습내용을 기반으로 한 지식을 간직할 수 있고, 자신이 알고 있는 지식에 관해 보다 더 좋은 아이디어들을 얻게 되어 현재의 지식을 더욱 보완할 수 있다.

(5) 학습자가 망각을 최소화할 수 있는 방안

① 학습자들은 학습활동이나 과제참여에 능동적이어야 하며, 새로운 학습내용과 정보를 장기기억하도록 연습을 많이 해야 한다.

② 교사는 학습자들이 기억한 학습내용과 정보를 시험을 통해서 연습하는 기회를 자주 부여한다.

③ 교사는 교실 내에 학습자들이 학습활동에 방해되는 요소들이 없도록 한다.

④ 교사는 기억의 오류를 적게 하기 위해서는 계속적인 연습이 전제되어야 한다는 것을 바탕으로 학습내용과 정보를 '과잉학습'하도록 학습자들을 유도한다.

⑤ 교사는 학습자들에게 새로운 과제나 정보에 주의력을 집중하도록 한다.

⑥ 교사들은 교과내용을 짧은 학습단원으로 계획하고, 학습자들이 완성한 단원들은 복습하게 하여 기억·저장된 정보의 손실을 적게 한다.

⑦ 교사들은 다음 학습단원으로 옮기기에 앞서 이전에 학습한 내용들과 관련 개념들을 학습자들이 '이해한 것으로 확신·다짐하는 것'은 학습단원의 내용에 대한 망각을 최소한 줄일 수 있다.

3) 망각(forgetting)

일단 장기기억 속에 저장된 정보는 그 곳에 영원히 남아 있다는 것이 많은 심리학자들의 견해인데, 많은 노력으로 기억해 둔 것이 필요할 때 생각나지 않아 어려움을 경험하는 일은 누구에게나 있는 일이다. 그리고 기억했던 것을 사용하기 위해서 재생하는 것을 **인출**(retrieval)이라고 한다. 즉 인출이란 저장된 정보를 기억으로 끌어내오는 과정인 것이다.

Ebbinghaus의 망각곡선은 학습 후 시간이 경과함에 따라 망각이 증가하고 따라서 파지가 감소되는 것을 보여 준다. 또 오래 전에 있었던 일이 많이 잊히는 것은 일상생활에서 누구나가 경험하는 일들이다. 그래서 학습이란 민감한 표면에 경험을 흔적으로 각인하는 것이며 시간이 지남에 따라서 그 흔적이 점진적으로 지워져서 마침내 완전히 사라지는 것이라고 생각되었다. 그러나 지금은 망각이 단순히 시간 경과의 결과로서만 오는 것으로는 보지 않는다. 이 사실을 확인하는 실험 몇 가지를 살펴보고자 한다(유기섭, 1993).

Jenkins와 Dallenbach(1924)는 수면 중의 망각량은 깨어 있을 때보다 적다는 것을 확인하였다. 그들은 두 명의 대학생에게 10개의 무의미 철자로 된 여러 벌의 목록을 한 벌씩 완전히 외우도록 하였다(한 벌을 일단 외우면 중지한다). 그리고 한 시간에서 8시간까지로 간격을 여러 가지로 달리하여 파지검사를 실시하였다. 이 실험의 결과는 [그림 7-4]와 같이 나타났다.

[그림 7-4]에서 보면 학습과 재생 간의 시간 간격에 따라 정도의 차이는 있지만 그 간격의 시간 동안에 깨어 있었을 때보다 잠을 잤을 때에 파지량이 더 많은 것을 알 수 있다. 그리고 학습으로부터 재생검사까지의 시간 간격이 클수록 그 차이도 커지고 있다. 이 결과에 의해서 연구자들은 망각은 학습 후의 여러 가지 자극이나 경험 또는 활동의 방해에 의해서 일어나는 것이라고 결론지었다. 그 후 Onner(1932)도 비슷한 연구를 수행하였는데, 그는 무의미 철자를 밤에 외우는 것이 아침에 외우는 것보다 훨씬 더 많이 시행해야 된다고 하는 것을 발견했다. 밤 시간은 하루 동안의 활동으로 피곤한 때인데 반해서, 아침 시간은 수면으로 휴식을 취한 후이기 때문에 학습에 대한 방해요인이 적다고 하는 의미에서 이 연구의 결과도 Jenkins 및 Dallenbach의 연구결과와 비슷한 것임을 알 수 있다.

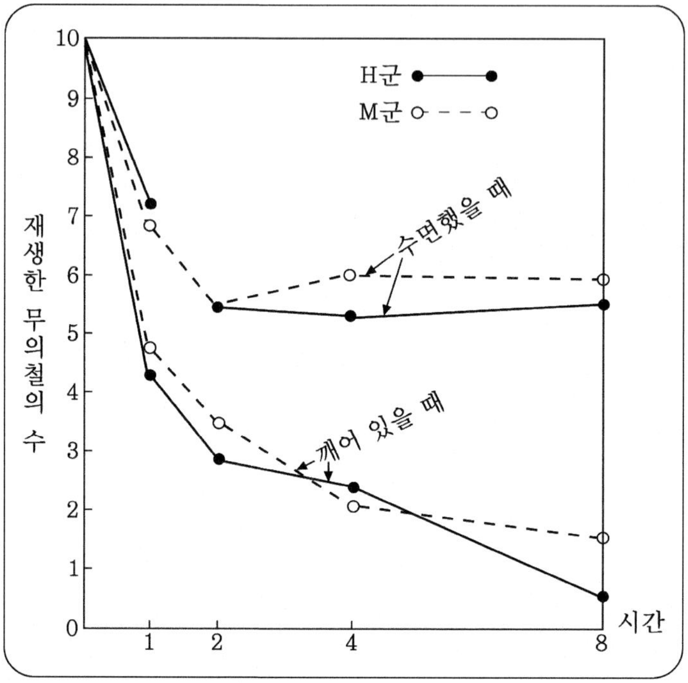

그림 7-4 수면 후와 깨어 있은 후에 재생한 무의철의 수

위의 두 연구는 무의미 철자를 학습과제로 하였는데, 이 같이 무의미 철자에 의한 연구가 의미 있는 자료를 학습하는 경우에도 반드시 그대로 적용되는 것이 아니라는 점에서 Newman(1939)의 연구는 더욱 의의가 있다. 그는 11명의 대학생을 대상으로 하여 세 가지의 짧은 이야기를 기억하게 하였다. 이 세 가지 과제에는 이야기 줄거리에 비추어 중요한 점과 중요하지 않은 점들이 각각 거의 비슷한 수로 들어 있었다. 대상자들은 학습 과제를 하루 중의 여러 시간대에 걸쳐서 읽었고, 읽은 8시간 후에 파지량을 측정하였다. 그 결과 중요한 점들은 중요하지 않은 점들보다 훨씬 많이 파지되었으며 8시간 동안 잠을 잤을 때나 깨어 있을 때 간에 별로 차이가 없었다. 그러나 중요하지 않은 점들의 파지에는 많은 차이가 있었다. 8시간의 잠을 자고 난 후에는 47%를

재생할 수 있었는데 비해 같은 시간 동안 깨어 있은 후에는 17% 밖에 재생할 수 없었다.

이 결과에 의해서 Newman은 망각은 학습으로부터 검사할 때까지의 시간 사이에 있었던 일들에 의한 방해에서 오는 것이라고 하였다. 그러나 중요한 사항들이 더 많이 파지된 것은 학습 자료의 의미 있는 조직이 이 같은 방해를 중화하기 때문이라고 결론지었다.

(1) 망각을 유발하는 요인

[1] 소멸이론(decay or fading theory)

소멸이론 속은 흔적쇠퇴설은 오래 전 수첩에 적어 놓은 글씨가 세월이 갈수록 희미해지는 것처럼, 두뇌에 저장된 기억흔적이 시간 경과에 따라 사라지기 때문에 망각이 일어난다고 설명한다. 그러나 장기기억에 대한 연구에 따르면 망각의 주원인은 시간의 흐름이 아니라 간섭으로 인해 일어난다고 한다. 그럼에도 불구하고 소멸이론이 시사하는 바는 저장된 정보도 사용해야만 재생될 수 있으므로 암송하거나 반복사용을 통해 기억흔적의 소멸이나 쇠퇴를 방지하는 것이 망각을 줄일 수 있다는 것이다.

[2] 간섭이론(interference theory)

새로운 정보가 이전 정보의 인출을 더 어렵게 만든다는 이론이다. 이와 같이 학습 후의 여러 가지 활동이 파지를 방해하는 작용을 하는 것을 간섭(interference)이라고 하며 여기에는 순행(전진)간섭과 역행(소급)간섭이 있다.

① **역행**(소급)**간섭**(retroactive interference)

어떤 활동이 그에 선행한 학습의 기억을 방해 또는 억제하는 현상이다.

② **순행**(전진)**간섭**(proactive interference)

선행된 활동(학습활동)이 그 다음에 오는 학습의 파지를 방해 또는 억제하는 현상이다.

간섭현상은 학습의 파지와 망각에 관련된 것이므로 1900년 독일에서 Muller와 Pilzecher가 처음으로 역행간섭에 대한 체계적인 연구를 수행한 후에 계속해서 많은 관심사가 되어 왔다. 따라서 많은 연구가 수행되었으며 이와 같은 연구결과들에 의하면 간섭은 학습과제의 유사성, 학습수준 등에 의해서 영향을 받는 것으로 나타났다.

한편 원래의 학습과제와 삽입과제(중간에 끼이는 학습과제) 간에 어느 정도의 유사성이 있다고 하더라도 그 과제에 대한 학습이 철저하여 혼돈의 가능성이 적을 때에는 간섭작용 또한 비교적 적지만, 그렇지 않을 때에는 유사성의 정도가 일정한 수준에 이르기까지에는 간섭작용도 그에 따라 증가한다는 것을 알 수 있다. 그러므로 유사성이 큰 학습과제를 이어서 학습하는 것은 가급적 피하는 것이 좋을 것이다.

③ **인출실패이론**(retrieval failure theory)

망각은 장기기억에 저장된 정보를 탐색하여 그 정보에 접근하는 과정인 인출을 할 수 없어서 일어난다고 설명한다.

회상(recall) 혹은 재생은 저장되어 있는 내용을 아무런 단서나 도움을 받지 않고 상기하는 과정을, 재인(recognition)은 여러 항목 중에서 기억하고 있는 것을 선택하는 과정이다. 일반적으로 사람들은 회상보다 재인을 더 잘 하지만, 회상하지 못하는 것이 반드시 망각이 일어났다는 것을 의미하는 것은 아니다. 인출실패는 찾아야 할 정보가 혀끝에서 맴돌면서도 바로 회상되지 않는 **설단현상**(tip of tongue phenomenon)에서 잘 나타난다. 정보를 인출하지 못하는 것은 그것을 회상하는 데 필요한 단서가 상실되었기 때문인데 이로 인한 망각을 단서의존적 망각(cue-dependent forgetting)이라고 한다.

④ 왜곡이론(distortion theory)

인간은 경험하는 모든 측면을 완전히 기억할 수 없기 때문에 망각은 기억의 왜곡에서 비롯된다고 설명한다. Bartlett(1932)가 대학생들에게 아메리카 인디언의 설화 '유령의 전쟁(The war of the ghosts)'을 들려준 후 회상하도록 한 연구에서 기억의 왜곡현상은 다음과 같은 세 가지 재구성을 포함하였다.

- 평준화(leveling) : 이야기를 단순화시키는 경향
- 첨예화(sharpening) : 특정 사항을 부각시키거나 강조하는 경향
- 동화(assimilation) : 선행지식이나 배경에 맞게 세부사항을 바꾸는 경향

학습자들의 기억의 왜곡을 방지하는 방안으로, 구별되는 특징은 쉽고 정확하게 기억되므로 중요하고 특정적인 사항을 강조하는 교육방법이 유효하다고 할 것이다.

망각과 밀접한 관련이 있는 변인들은 앞에서 살펴본 바와 같이 기억의 소멸, 간섭작용 및 학습 자료의 의미성, 인출실패, 기억의 왜곡 등이라는 것을 알 수 있었다.

(2) 파지에 영향을 미치는 요인

① 반복학습과 과잉학습

학습한 것을 상당한 시간이 지난 후까지 파지하고, 재생하기 위해서는 반복학습 또는 과잉학습(over learning)이 필요하다. 과잉학습이란 학습한 내용 전체를 틀림없이 재생할 수 있었음에도 불구하고 그 내용의 기억을 더욱 확실히 하기 위해 추가로 반복학습을 하는 것을 뜻한다.

② 집중학습과 분산학습

분산효과는 학습과제에 따라서도 다른 것이어서 일반적으로 쉬운 과제보다는 어려운 과제의 경우에, 그리고 같은 이치로 해서 의미 있게 받아들여지는 자료의 경우보다는 비교적 의미성이 낮은 자료의 경우에 효과가 더 크다. 그러나 학습과제에 많은 발견적 요소가 포함된 것일 때에는 분산학습의 효과가 별로 없다. 따라서 개념형성이 필요한 학습과제, 또는 문제해결의 성격을 가지는 학습과제로써 적절한 반응을 여러 가능성 중에서 탐색해야 되는 경우는 집중학습이 오히려 더 좋을 수 있다. 그러므로 언제나 분산학습을 실시하도록 권고할 수는 없는 것이지만 대부분의 운동기능 학습이나 외우는 것이 주가 되는 학습과제에 있어서는 대체로 분산학습이 더 유리하다.

③ 학습결과에 대한 지식

결과에 대한 지식(knowledge of result), 즉 어떤 학습활동의 결과로서 자기가 무엇을 얼마나 성취했는가 하는 것을 아는 것이 학습활동에 대한 동기적 역할을 한다. 결과에 대한 지식이 학습에 도움을 주는 까닭은 무엇일까? 이 물음에 대해서는 두 가지 설명이 있을 수 있다. 그 중 한 가지는 결과에 대한 지식이 정보의 역할을 한다는 것이다. 학습에 있어서의 자기의 노력의 결과를 정확하게 그리고 적절하게 확인하는 것은 학습자로 하여금 자기가 학습의 과정에서 잘한 것, 잘못한 것 그리고 자기의 진전도를 알려주는 정보가 된다. 만일에 자기가 한 것 중에서 무엇이 옳았고, 무엇이 잘못되었으며, 또 무엇이 목표달성에 도움이 되고, 무엇이 그에 도움이 되지 않는다는 것을 알게 되면, 자기의 노력이 더 많은 효과를 거둘 수 있도록 학습자는 잘못되었거나 부족했던 부분을 수정하고 보완하는 일이 가능하게 될 것이다.

가령 어떤 표적을 맞추려고 하는 사람은 자기의 화살이 어느 방향으로 얼마나 빗나갔는지를 안다면 그리고 그것을 알아야만 다음 번에는 그것을 적절히 조절할 수 있을 것이다. 그렇지 않고 열 번을 쏘았는데 화살이 상, 하, 좌,

우에 흩어져 있다면 그것을 어떻게 조절해야 할지 분간하기 어려울 것이다. 이와 같은 사실은 언어적인 학습과제에서도 마찬가지이다. 잘못 이해한 것 또는 이해하지 못한 것을 발견하는 것이 빠를수록 그 양이 적을 것이므로 적은 노력으로도 그것을 이해할 수 있을 것이며 다음 학습에 도움이 될 것이다. 그러나 반대로 그 잘못에 대한 발견이 늦어져서 잘못이 누적되면 그것의 해결은 그만큼 더 어려워질 것이다.

또 다른 한 가지는 결과의 지식이 동기로서 작용한다는 것이다. 자기가 쏘는 화살이 표적에 점점 더 가까워진다고 하는 것을 안다면, 화살을 더욱 가까이 보내고 또 명중시키고 싶은 의욕이 생길 수 있는 것이다. 언어적인 학습과제에서도 마찬가지로 자기의 노력이 진전을 가져오고 있다는 것을 안다면 그것을 더 잘 해 보고 싶은 의욕이 생길 수 있는 것이다. 그리고 결과에 대한 지식이 가지는 정보의 역할을 강조하는 것은 학습에 대한 인지이론의 입장이고 동기의 역할을 강조하는 것은 행동주의적 접근의 입장이다.

4 의도적 재생의 효과

어떠한 학습과제를 기억하려고 할 때에는 그것을 완전히 기억할 수 있을 때까지 반복해서 읽기만 할 수도 있고, 또 처음(한번 또는 두 번) 읽은 후에 자료를 보지 않고 얼마나 재생할 수 있는지를 확인하고 나서 다시 읽고 하는 식으로 읽은 자료의 재생을 수시로 시도할 수도 있다. 어떠한 방법이 더 효과적일까? 이 문제에 대한 여러 연구는 공부하는 시간의 상당한 부분을 의도적인 재생에 사용하는 것이 단순히 반복해서 읽기만 하는 것보다 더 효과적인 것임을 보여준다. 한편 의도적 재생의 효과는 의미성이 높고 잘 조직된 자료의 경우보다는 의미의 수준이 낮은 자료의 기억에 더 효과가 크다.

3. 학습의 전이

1) 학습전이의 의미

'학습전이'(transfer of learning)란 이미 형성된 일정습관이 다음에 어떤 습관을 성취하고 획득하는 과정에서 영향을 미치는 것이다. 다시 말하면, "이전에 학습된 내용이 다음의 일정 학습의 효과에 영향을 미치는 정도"를 '학습전이'라고 한다. 학습전이에 필요한 전제조건은 '무엇이든 학습해야 하고' '학습된 것은 무엇이든 기억되어야 한다'는 것이다. '학습'과 '파지' 사이에는 밀접한 관계가 있으며, 학습과 피지는 '학습전이'와도 밀접한 관계가 있다. 교육 · 훈련 프로그램은 학습자들이 학습전이를 최대화할 수 있도록 조직한다.

학습전이의 일반적 현상은 다음 학습에 대한 이전 학습의 영향과 활용이다. 그리고 전이는 '정적'일 수도 '부적'일 수도 있다. '**정적 전이**(positive transfer)'는 이전의 학습이 다음의 과제완수나 학습을 촉진하는 현상이며, '**부적 전이**(negative transfer)'는 이전의 학습이 다음의 과제성취나 학습효과를 방해 · 억제 · 간섭하는 현상이다.

그리고 '전이'는 '수평적 전이'와 '수직적 전이'로 구별하는 것도 일반적이다. **수평적 전이**(horizontal transfer)는 한 분야에서 학습한 것을 다른 분야 또는 실생활에 적용하는 것을 말한다. 예를 들어 수학시간에 배운 사칙연산은 물리시간에 배우는 공식을 이해하는 데 도움이 된다.

수직적 전이(vertical transfer)는 기본 학습이 이후의 고차원적이고 복잡한 학습에 적용되는 것을 말한다. 예를 들어, 수학에서 사칙연산을 배우는 일은 이후에 방정식을 푸는 데 기초가 된다(신명희 외, 2014). 수평적이든 수직적이든 '학습전이'는 모두 정적일 수도 있고, 부적일 수도 있다. 학교학습 내용이 학습자들의 실생활의 경험 · 행동 · 태도에 영향을 미치는 정도는 학교학습의 정적 · 부적 전이 여하에 따라 차이가 있다.

2) 학습의 전이이론

학습내용은 적극적이든 소극적이든 '전이'현상이 일어난다. 학습전이에 영향을 미치는 조건이나 이론에 관해서 분명하지는 않지만, 여기에서는 두 가지 동일요소이론(theory of identical elements)과 일반화이론(theory of generalized principles)에 관해서만 살펴보기로 한다.

(1) 동일요소이론과 전이

학습에서 두 학습내용 사이에 각각 동일한 요소들이 내포되어 있으면 적극적인 전이가 이루어진다. 동일요소이론의 대표적인 사람은 Thorndike이다. 그는 전이가 매우 한정된 범위 내에서만 일어난다고 하였다. 그리고 그는 각 개인의 활동은 분명한 여러 가지 운동이 상호간에 연결되어 구성된다고 보았다.

어떤 학습 상황으로부터 다른 학습장면으로서의 '전이 양'은 이들 두 상황이 동일한 개념 · 상징 · 작용을 활용하는 요소들이 포함되어 있는 정도에 따라서 다르다. 그러므로 동일요소이론은 교과과정의 구조적인 계열성을 위해서 어떤 시발점을 제공하고 있다.

'미적분' 도입에 앞서 '대수'를 가르치는 이유는 분명하다. '대수'는 '미적분'에 나타나는 '부호'와 '기초관련 내용'이 많이 포함되어 있다. 교육과정 조직은 학습내용의 전이효과에 관심을 두어야 하며, 적극적인 전이가 증가하도록 배려해야 한다.

학습 내용에 적용하기 위한 Thorndike의 이론적 근거는 정신훈련주의와 관련시켜 보면, 예를 들어 라틴어는 정신을 훈련시키는 교과는 아니지만 다른 교과영역에서의 학습을 촉진시키는 하나의 수단이 된다.

이러한 동일요소이론은 실제 생활 장면과 관련되어 있는 교과과정에서 더욱 많은 전이효과를 갖게 하는 이론적 근거를 마련하고 있다. 지역사회의 문제, 가족의 문제, 개인생활 문제 및 기타의 문제는 교실과 교실 밖의 실사회의 생활과 연결하는데 도움이 될 것이다.

그러나 일반적으로 전이가 교과영역들 사이에 빈번하게, 그리고 쉽게 이루어지지 않는 것을 배려해야 한다. 왜냐하면 학습활동과 학습내용들 사이에 동일한 요소는 반드시 보장되어 있지 않으며, '동일'이란 개념 대신에 '유사'라는 개념이 일반적인 것으로 볼 수 있다.

물론, 동일하면 할수록 전이의 효과는 크다고 하겠지만, 두 학습내용 간에 동일 요소로만 구성된 것이라면, 동일한 학습 내용을 무의미하게 반복하는데 불과한 것이다.

(2) 일반화 원리와 전이

일정 장면에서 학습한 결과가 다른 장면에서의 학습내용에 일반화되어 적용되어질 때 '전이'가 일어난다는 것이 '일반화 원리'이다.

전후 두 학습내용 사이에 적용되는 일반적인 원리가 유사할 때 학습의 전이가 가능하다는 것을 말한다.

1908년 Judd는 Thorndike의 동일요소이론과 여러 면에서 대조되는 전이이론을 제시하였다. 그는 둘 또는 그 이상의 활동에서 이루어지는 반응을 전제로 한 '원리'나 '일반화'에 대한 이해를 기반으로 전이가 가능하다고 하였다. 만약 일반적인 원리가 이해되었다면 그 원리에 관한 모든 활동이 적용될 수 있으며, 이해도 쉽게 될 수 있다고 하였다.

예를 들면, Judd의 '화살던지기' 실험은 그의 일반화의 원리를 분명하게 설명하고 있다.

11세 소년의 두 집단에게 먼저 12인치 물 속에 있는 표적을 맞추게 하는 훈련을 시켰고, 한 집단에게만 '광선의 굴절원리'를 설명해 주었다. 그리고 두 집단에게 똑같이 그 과제를 완수할 수 있도록 연습하게 하였다. 그 후 두 가지 새로운 과제를 주었다. 처음에는 4인치 그 다음에는 8인치의 물 속에 표적을 두었다. 그 결과 '빛의 굴절원리'를 학습한 집단은 보다 좋은 성취결과를 얻었다. 이것은 학습자가 과제 해결에 기반을 둔 원리를 이해하고 있을 때, 적극적인 전이가 나타난다는 것이다.

몇 가지 공통된 원리가 관련이 있는 두 과제가 있다면, 이 공통된 원리들은 두 과제를 위해서 나눌 필요가 없었을 것이다. 예를 들면, 자동차 운전법을 학습한 것은 모터보트를 운전하는 방법을 촉진시킬 수 있다.

(3) 전이의 실제

① 동일요소에 의해서

경험한 상황과 앞으로 경험할 상황 간에 동일요소가 많을수록 전이 효과도 크다는 것은 널리 알려진 사실이다. 그럼에도 불구하고 이를 전항에서 논의한 것은 그 곳에서 지적한 바와 같이 모든 교육적 노력이 이 같은 사실을 근거로 할 수는 없는 것임을 밝히기 위한 것이었다.

그리고 동일요소가 전이에 크게 작용하는 것이라면 교수-학습의 과정에서 그 효과를 최대한으로 높일 수 있는 노력이 당연히 있어야 할 것이다. 이 같은 노력에는 두 가지가 있을 수 있다. 첫째는 학습과제에 따라 어느 정도의 제한이 따르는 것이지만, 수업의 전개과정에서 앞으로 예상되는 상황(실제 생활을 포함하여)을 최대한으로 도입함으로써 현재의 경험과 앞으로 예상되는 경험 간의 공통성을 높이는 것이다. 과제의 설명에 따르는 예를 들면, 거리가 먼 것 또는 안이하게 참고서에 있는 것을 옮기는 대신 직접 피부로 느낄 수 있는 생활의 주변에서 흔히 보고 경험할 수 있는 것을 사용하는 것도 그 한 예일 것이다.

그 같은 예를 얼마나 잘, 그리고 적절하게 찾느냐 하는 것도 교사의 창의성이며 가르치는 예술의 한 부분인 것이다. 즉 자극의 일반화 현상이 최대한으로 일어날 수 있도록 하는 것이다. 둘째는 다음으로 두 상황 간에 설령 공통요인이 있다고 할지라도 그 사실 자체가 전이를 보장하는 것은 아니라는 사실이다. 그것이 전이되기 위해서는 학습자가 그 공통요인을 지각하고 인정하고 느낄 수 있어야 하는 것이다. 두 상황에 있어서의 동일요소 또는 유사성을 지각하는 것은 여러 가지 상황에서 유사성을 식별하는 훈련의 기능도 가지는 것이다. 그리고 이 사실은 주변의 여러 상황에서 유사성을 식별하는 많은 훈련이 필요하다는 것을 암시하는 것이기도 하다.

② 원리에 의해서

구체적인 사실보다는 일반적인 원리의 전이효과가 높다는 것이 밝혀진 것은 오래 전의 일이다. 특히 거의 일세기가 되어가는 이에 대한 Judd의 실험은 널리 알려진 바 있다. 그보다 거의 반세기 후, Hendrickson 및 Schroeder (1941)에 의해 이 사실은 재확인되기도 하였다. 이 같은 사실은 학교교육에 있어서 쉽게 잊히는 구체적인 사실의 기억보다는 원리를 충분히 이해시키고, 또 그것을 여러 가지 상황에 적용하는 경험을 가지도록 하는 것이 매우 중요한 것임을 시사한다. 기본적인 셈 원리를 학습할 때, 그 원리를 물건을 사고 친구와 나누는 활동에 적용할 수 있다.

③ 학습방법에 의해서

공부하는 방법 또는 작업하는 방법을 익히고 또 그것을 활용해 보는 것은 역시 전이효과가 높다. 공부하는 방법은 여러 가지가 있다. 어느 한 상황 또는 과목에서 학습한 기술은 다른 많은 상황에서 적용할 수 있어야 한다.

④ 태도 또는 태세(set)에 의해서

태세란 개인으로 하여금 특정의 방향으로 반응하게 하는 적응기제 또는 반응경향을 뜻한다. 사람이 새로운 상황을 어떻게 지각하느냐 하는 것은 모든 개인에게 동일한 것이 아니고 각자의 이전의 경험에 따라 다른 것이다. 사람은 누구나 주어진 상황을 어떻게 받아들이고 또 어떻게 반응할 것인가를 결정하는 경향을 가지고 있으며, 이것이 넓은 의미로는 태세이고, 또 특정의 상황에 적용될 때 태도로 나타난다.

⑤ 연습의 기회

다양하고 많은 예시와 연습의 기회는 정보와 기술이 새로운 상황에 적용될 범위를 확장시킨다. 특정 정보와 기술에 관한 예시와 연습이 많을수록 전이가 일어날 가능성이 커진다.

⑥ 학습간의 시간적 간격

선행학습과 후행학습 간의 시간적 간격 또한 전이의 조건이 된다. 물론 이 요인은 절대적 조건은 아니다. 학습 자료의 유사도와 그 학습 자료의 학습된 정도 간의 관계로써 결정이 된다. 즉, 학습 자료의 유사도나 학습 정도에 따라 두 학습 간에 동일한 시간적 간격이라도 정적 전이가 일어날 수도 있고 부적 전이가 일어날 수도 있다.

제 8 장

특수 학습자

1. 장애 학습자
2. 성취부진 학습자
3. 영재 학습자

1. 장애 학습자

교육을 목적으로 하는 특수아는 자신의 잠재력을 개발하기 위해서 특수교육 및 그와 관련된 서비스를 필요로 하는 아동을 의미한다(Hallahan & Kauffman, 2000). 우리나라 「장애인 등에 대한 특수교육법」에서는 시각장애, 청각장애, 정신지체, 지체장애, 정서 · 행동장애, 자폐성 장애, 의사소통장애, 학습장애, 건강장애, 발달지체, 그 밖에 대통령령으로 정하는 장애를 가진 아동을 특수교육 대상자로 규정하고 있다. 특수교육 대상자에 영재아도 포함이 되지만 우리나라 법령에서는 이를 따로 구분하고 있다.

1) 신체장애 학습자

신체적 장애를 지닌 학습자들은 일반적으로 내적 기관들이나 조직의 역기능들과 더불어 뼈, 관절 및 근육에 어떤 손상을 지니고 있다. 신체적 장애를 지닌 학습자들의 원인이 뇌성마비와 같은 선천적이라면, 그들은 교육적인 경험을 제한받을 수 있다. 시각적, 언어적 결합은 일반적이며, 정신지체는 다른 학습자들에게 그릇된 인상을 주며, 교사나 교내 다른 사람들이 이 학습자의 능력을 과소평가하는 원인이 될 수도 있다. 교사들은 정형외과적 장애학습자들에게 기대를 가지고 성공적인 분위기를 조성하고, 현실상황을 설정하며, 학교에서 그들을 사회적 활동에 포함시켜 성공하도록 도와줄 수 있다.

2) 정신장애 학습자

정신지체(mental retardation)는 지능 수준이 평균보다 낮으며, 특히 정신적인 발달이 지체되어 있다. 미국정신지체학생협회의 정의를 살펴보면, 정신지체 학생이란 일반적인 지적 기능이 심각할 정도로 평균 이하이거나, 적응적 행동의 결합을 동반하며, 발달기 동안에 이러한 특징들이 나타나는 아동이다. IQ의 범위는 다소 차이가 있지만 정신지체를 IQ로 분류하면, ① 55~69(약한 정도), ② 40~54(보통 정도), ③ 25~39(심한 정도), ④ 24~그 이하(매우 심한 정도)로 구분된다.

'약한 정도의 장애'를 지닌 학습자들은 키나 몸무게에 있어서 정상적인 급우들과 비슷하지만, 자세히 관찰하면 그들은 가끔 힘 · 속도 · 조화/조정 등의 면에서 결함이 있으며, 그들은 보다 건강 문제에 관심을 갖는 경향이 있다(Henson, 1996). 정신적으로 약한 장애 학습자들은 사회적으로 혹은 학업적으로 그들의 생활연령에 따른 일정 성취를 기대하면 좌절을 경험하게 된다. 대체로 그들은 주의력 집중기간이 짧고, 일정 과제에서 오랫동안 집중이 불가능하며, 반사회적이고, 산만하다. 그리고 부적절한 교실행동은 이 학습자들이 지닌 장애의 속성으로 간주할 수도 있다.

'훈련가능 장애' 학습자들의 지력개발 수준은 대체로 평균지능을 지닌 학습자들보다 낮은 25~53% 정도이기 때문에, 훈련가능 장애 학습자들은 비교적 교육과 훈련에 느리게 반응한다. 그러나 적합한 교육기회를 준다면, 이 학습자들의 상당수는 특별 기능을 필요로 하는 직업교육을 시킬 수 있다.

정신지체 학생을 지도할 때의 유의점은 다음과 같다.

(1) 구체적인 경험을 통한 지도

정신지체 학생은 구체적 경험을 통하여 여러 가지 개념을 파악하고 이해한다. 추상적 사고력이 열등한 정신지체 학생의 경우 특히 이와 같은 점을 충분히 고려하여야 한다. 예를 들면, 소풍을 갈 경우 차안에서 지켜야 할 상황에 대한 교사의 이야기는 별로 효과가 없고 실제로 버스와 지하철을 타고 지도하는 것이 효과적이다. 그러나 모든 것을 실제로 경험할 수는 없으므로 장래의 생활 자립에 필요한 것들로만 선정하는 것이 좋다. 따라서 시간적, 경제적, 기술적으로 허용되는 범위 안에서 친근감이 있는 구체적 경험을 통하여 지도하는 것이 바람직하다.

(2) 능력차를 고려한 지도

장애 정도는 크게 차이가 나기 때문에 그 능력의 차에 따라 적절한 지도 계획을 세워야 한다. 구체적으로 한 사람 한 사람에 대한 활동 시간의 목표를 세우고 지도하며, 평가한 후, 그 목표가 타당한지의 여부를 확인하여 새로운 목표를 세워야 한다.

(3) 중복장애 학생에 대한 유의

특수학교에 다니고 있는 정신지체 학생들은 그 장애의 정도가 점점 심한 것으로 나타나고 있다. 실제로 지적 능력이 떨어지는 경우와 함께 언어장애, 정서장애 등 파생적으로 여러 가지 장애가 일어나고 있으므로, 그 장애 내용이나 그에 따른 대응책을 수립하는 일이 중요하다.

(4) 유효한 자극과 훌륭한 교재

정신지체 학생은 비장애 학생에 비해서 자기를 둘러싸고 있는 외계에 대한 관심과 흥미 등이 낮다. 따라서 내적인 욕구가 없으면 결국 외적으로 강력하고 유효한 자극을 줄 수밖에 없다.

교사는 정신지체 학생에게 자극을 줄 때는 적절한 시기에 학습자가 필요성을 인식하도록 반복적으로 실행하는 것이 중요하다. 특히 산발적인 자극은 효과가 없기 때문에 매일 반복하는 것이 중요하다.

3) 행동장애 학습자

행동장애(behavior disorders) 학습자들은 전형적으로 행동이 산만하고 당황하는 것으로 이해되고 있다. 그들은 때로 사회적 스트레스를 이해하지 못하고, 해결해야 할 과제를 행하는 것은 자신들의 노력이 아니라고 이해하며, 적대적이고 무관심한 경향이 있다. 이러한 행동장애를 이상행동이나 과도한 장애를 의미한다라고 규정하는 것보다는, 행동장애 학생들의 교육 가능성을 고려하여, 다양한 정서적 요인으로 인해 특수한 행동문제를 일으키는 현상으로 보는 것이 바람직하다.

행동장애 학생은 과잉행동, 비협조, 반항, 적개심, 잔인성 등의 특성을 나타내며, 학습에 지장이 많고 학교 규칙을 어기며 행동결과에 대해 아무런 반응을 보이지 않는 경향이 있다.

행동장애의 원인으로는 갈등과 긴장 등의 심리적 요인에 의한 경우와 뇌손상, 영양실조, 질병, 신경조직 이상 등의 생물학적 요인 혹은 정신역동적 문제나 조건화에 기인한 행동문제 등 다양하다. 행동장애 역시 정상적인 학생들과 함께 통합교육이 가능하며, 특히 교사는 이해, 솔직한 의사소통, 일관성 있고 즉각적인 칭찬과 보상 및 유지해야 할 행동범주의 설정 등을 통하여 지도할 필요가 있다.

'주의력결핍장애'와 '말과 의사소통장애'는 행동장애의 두 유형이다.

(1) 주의력결핍장애(ADHD)

ADHD(attention deficit and hyperactivity disorder)란 발달적으로 연령과 성에 알맞은 상황 내에서, 지나친 부주의, 과잉행동 및 충동적인 반응을 나타내는 일련의 증후로 설명한다. 이들은 과잉행동, 주의산만, 충동성의 3요소의 행동 특성을 보인다. 즉, 끊임없이 움직이거나 연령 및 주어진 과제에 비해서 움직임의 양이 부적절하게 많은 경우를 의미한다.

주의산만이란 학교활동으로부터 쉽게 방해를 받거나 특정과제에 주의를 충분히 기울일 수 없는 경우다. 산만함을 평가하기 위해서는 아동이나 환경과 관련된 변인들을 반드시 고려해야 한다. 충동성은 주의 깊은 생각이나 목적 없이 발생하는 행동들을 의미한다. 이들은 생각하기 전에 충동적으로 행동하기 때문에 이들의 행동은 부적절하거나 부정확한 경우가 많다. 충동성은 돌발적인 공격적 행동으로 나타나기도 한다.

한편 어느 한 가지 일이나 생각에 마음을 집중하는 것이 어렵고 대개 어느 한 가지 일을 할 때 몇 분 내에 금방 싫증을 낸다. 이러한 장애는 남아들이 여아들보다 많고, 남녀의 비는 6 : 1 정도라고 밝히고 있다. ADHD 학습자들은 그들의 행동 때문에 교실에서 여러 가지 사회적/학업적 문제를 맞이하게 된다. 그들은 때로는 훔치기, 거짓말하기, 공격적이기 그리고 규칙을 지키지 않는 등의 행동을 나타낸다. 학업적으로 보면 이들 학습자들은 떠들고 소란스러우며 과제를 완수하지 못하는 등의 행동을 나타내어 성취부진의 위험에 처해 있다.

1 원인

아동의 나이, 성별, 심리적 특성, 사회 및 문화 등 여러 가지 요소들과 신경조직의 미세손상, 기능장애 등이 상호작용한 결과라고 여겨진다. 현재까지 정리된 의학적인 연구결과에서는 뇌의 신경화학물질의 결핍 때문에 생기는 뇌신경 기능장애라는 학설이 가장 보편적으로 받아들여지고 있다.

2 치료원칙

첫째, 정확한 진단을 조기에 내리는 것이 중요하다.

둘째, 가족상담을 통해서 부모들로 하여금 아동의 행동을 의학적, 심리학적으로 충분히 이해할 수 있도록 교육해야 하고, 올바른 양육방법을 제시해야 한다.

셋째, 이 아동들의 선생님들과 매우 밀접한 연락과 협력을 통한 교육과 치료의 효과를 동시에 높여야 한다.

(2) 말과 의사소통장애

언어와 의사소통 문제는 어린이들이 학습하는 데 가장 어렵고 복잡한 요인들이다. 의사소통장애는 성별, 연령별, 문화적, 인종적 혹은 사회적 기대에 맞추어 본 기준으로부터 말과 언어에서 심각한 편차가 있는 것으로 설명할 수 있다. 의사소통장애 학습자의 결과로 그 학습자들은 학습하는 것에 대한 이해와 의사소통에 곤란을 겪게 되어 자기인식, 의사소통 거부, 스트레스로 때로는 부정적인 개념을 갖게 된다.

전문가의 지도가 중요하지만, 학습 교사는 그러한 장애 학습자들의 의사소통 곤란을 개선할 수 있게 그들과 함께 할 수 있다. 이 학습자들을 도와주기 위해서 다음 사항을 유의해야 한다.

행동장애 학습자들의 수업

① **자기 모니터하기** : Welch는 과제지향 수준이 낮은 행동장애를 지닌 4명의 학습자들에 관한 자기 모니터링의 효과를 연구한 바 있다. 요약하면, 자기 모니터링은 매우 실제적이고 비용이 저렴하다. 이 방법에는 여러 가지 주의 사항이 있다.
이러한 기법의 효과를 밝힌 연구들은 반항적이고 공격적인 것보다는 지나치게 활동적이고 산만한 학습자들을 대상으로 하였다. 그러므로 행동장애를 지닌 전자의 유형을 어린이들에게 조정할 때 주의를 요구한다.

② **이완훈련** : 행동장애를 지닌 학습자들의 수업을 위한 가능성이 있는 또 하나의 전략은 이완훈련이다(근육긴장, 두뇌활동, 심장박동, 혈압 및 호흡패턴과 같은 학습자들의 임의적인 생리적 과정을 모니터하는 것). 이 절차는 과잉행동, 충동성 및 빈번한 좌석이탈 행동을 나타내는 전형적인 행동장애를 위해 매우 도움이 될 수 있다.

> ③ **학급회의** : 이 기법은 가벼운 장애를 가진 여러 학습자들은 물론, 장애가 없는 여러 학습자를 포함한 학급에서 적합할 것이며, 또한 인간관계를 강조하는 중·고등학교 교실에서 이러한 회의는 중요한 '상황'이 될 수 있을 것이다.

① 교사는 그러한 학습자들이 교실에서 마음놓고 말할 수 있도록 해야 하지만, 그렇게 하도록 강요하지 말아야 한다.

② 교실 밖의 여러 자원에 대해서 학습자와 학습 및 부모와 의사소통을 하도록 해야 한다.

③ 인내를 가지고 주의 깊게 귀를 기울여야 하며, 다른 학습자들이 그들을 비웃지 않도록 해야 한다.

4) 감각장애 학습자

'시각적 장애'와 '청각적 장애'를 지닌 학습자들을 '감각적 장애'라고 한다. 감각장애 학습자들 중에는 부분적으로 보지 못하고 듣지 못하는 경우가 있다. 시각장애 학습자들의 결함 정도는 매우 다양하다. 시각장애 학습자들의 수업에 결정적인 것은 결합의 정도이다. 그러한 학습자가 시각장애를 지니게 된 기간이 어느 정도인가가 역시 중요하다. 청각장애의 범위를 보면, 교사들의 일차적인 과제는 학업을 수행할 수 있는 학습자의 능력에 비해 청각상실이 어떻게 영향을 미치는가를 결정하는 일이다. 다시 말해서, 그 학습자가 얼마 동안이나 청각장애를 받고 있었던가 하는 것이 중요하다. 왜냐하면 청각장애가 말과 언어발달의 결정적 시기 이전 혹은 그 이후에 발생한 것이 문제해결을 위해서 매우 중요시되는 정보이다. 출생 이후 난청이 된 학습자들의 주요 문제는 말과 언어에 대한 이해의 발달에 문제가 있기 때문이다.

교사는 시각적으로나 청각적으로 장애가 있는 학습자들과 함께 하면, 그 학습자들을 받아들이고, 장애를 극복할 수 있는 그들의 능력을 믿게 된다.

교사는 학습자들에게도 성과가 있고, 그 성과는 계속될 것이라는 신념을 갖는 것이 필수적이며, 시각적 혹은 청각적 장애를 지닌 학습자가 반드시 손상된 지적 기능을 갖지 않는다는 생각이 특히 중요하다.

교사는 그러한 학습자의 친구들이 그를 받아들이도록 분위기를 조성할 책임이 있다. 왜냐하면, 시각적으로나 청각적으로 장애를 지니고 있는 학습자들은 일반 학습자들이 반응하는 방법과 시기에 단서를 제공하는 모든 자극을 선택할 수 없기 때문에 그들은 가끔 또는 전혀 부적절하게 반응한다. 이러한 학습자들의 한계성에 대해서 이해하지 못하는 친구들은 그들의 반응을 불친절하고 반사회적인 것으로 해석할 수 있다.

교사는 그들의 한계성보다는 오히려 그들의 능력과 가능성에 초점을 맞추어 긍정적인 분위기 조성에 노력을 해야 한다. 감각적 장애학습자들을 위한 교실 환경에 대한 시사점을 제시하면 다음과 같다.

① 교실에서 교사의 전면에 학습자를 앉힌다.

② 시각장애 학습자들을 위해서 학습과제를 설명하고, 크게 프린트해서 제공한다.

③ 청각장애 학습자들을 위해서 학습과제와 학습노트를 프린트해서 제공한다.

④ 학업 정보를 반복할 수 있도록 카세트 녹음기를 사용한다.

(1) 시각장애 학습자

시각장애는 일반적으로 시력의 상실 정도에 따라 ① 맹, ② 준맹, ③ 약시로 분류한다. 시력은 사물의 형태와 존재를 판별하는 것을 주기능으로 하고, 색각은 색채의 구별 능력을 의미한다. 특히 시야가 20도 이하로 좁을 때 맹으로 판정하며, 양안 교정시력이 0.02에서 0.04 미만이 준맹, 교정시력이 0.3 미만에서 0.05 이상을 약시로 분류한다. 근시를 가진 사람들은 가까이 있는 사물을 볼 수 있으며, 시각 손상(visual impairment)은 ① 중심 시기능, ② 중심외 시기능, ③ 양안 시기능, ④ 색깔 지각에 영향을 미쳐 일반적으로 인정되는 규준으로부터의 일정한 수준까지 일탈되는 것을 의미한다.

일반적으로 사람들에게 전달되는 정보 중 시각과 청각이 차지하는 비중이 약 85%이다. 그런데 그 중 시각을 매개체로 하는 정보는 70% 이상이라고 한다. 그러므로 시각장애를 가지고 있는 아동의 경우에는 필요한 정보를 받아들이는데 어려움이 있다. 이러한 정보습득의 어려움은 학습자의 인지가 일반 학습자의 그것과 발달 면에서 속도가 지연될 수 있고, 대상에 대한 개념이 달리 설정될 수도 있다.

Lowenfeld의 「실명」이라는 책에서 실명은 시각장애인이 갖는 3가지 제한점을 언급하였는데 첫째, 실명은 시각장애인이 갖는 경험의 양과 질을 제한하고, 둘째, 보행능력을 제한하며, 셋째, 환경과의 상호작용을 하는 기회를 제한한다.

또한 시각장애아동은 시각장애를 가지고 있는 대신에 촉각이 매우 발달되어 있어서 촉각으로 거리, 넓이, 수량, 온도 등을 지각하게 된다. 이와 같은 경우는 선천적이기도 하지만 후천적인 학습과 훈련에 의해서 이루어진다.

(2) 청각장애 학습자

청각손상은 어느 정도의 청각을 잃어버리는 것이나 농은 귀를 통한 대화적 말을 구별하는 능력을 상실하는 것이다. 청각장애는 ① 농, ② 고도난청, ③ 중등도 난청, ④ 경도 난청으로 나뉜다. 농은 청력의 완전상실 혹은 결여 상태로 양쪽 귀의 손실이 80db 이상인 경우다. 고도난청은 청력이 일상생활에 유효하게 이용된다 하더라도 보청기, 기타 음성 해독 장치에 의하지 않으면 회화를 이해하기 어려운 청력손실 51~80db 수준이다. 중등도 난청은 회화를 들을 수 있어도 불편을 느끼는 31~50db, 경도 난청은 일상생활에서 큰 지장이 없으며 발음, 발어에도 이상이 없지만 약한 음이나 속삭이는 소리는 듣기 어려운 30db 이하를 가리킨다.

청각장애아동의 인지적, 심리행동적 특징은 다음과 같다(김동일 외, 2003).

1 인지적 특성

청각장애아동은 의사소통의 주방법으로 수화를 사용하기 때문에 본질적으로 듣기, 말하기와 같은 언어행동에 큰 장애를 수반한다(Hallahan & Kauffman, 2000). 청각장애아동의 옹알이 유형은 일반아동에 비해 단조로운 특징을 갖는다. 약 8개월이 되면 옹알이가 급격하게 감소하는데, 이는 언어행동에 대한 강화가 적기 때문이다. 청각장애아동의 구어 능력은 발음, 목소리, 수용 및 표현 어휘의 수, 적합한 문법의 적용 등에 있어서 결함 또는 지체를 나타내 보인다. 그 이유로는 자신이 말한 것에 대한 청각 피드백을 받는데 어려움이 존재하고 성인으로부터 적절한 언어적 강화를 받지 못하며, 언어 모델인 성인이 하는 언어행동을 모방하는 데 어려움이 따르기 때문이다.

청각장애아동의 지적 능력에 대한 최근의 관점은 언어경험에 의존하는 경우에 있어서도 청각장애아동과 일반아동 간에 본질적인 차이가 없다는 것이다. 이 관점에 의하면 수화 자체도 한글이나 영어와 같이 독립된 단어와 문법체계를 갖추고 있어 그 자체가 완전한 언어체제라는 것이다. 그러므로 언어 개념과 관련된 과제에서 청각장애아동이 어려움을 겪는 것은 일반아동이 사용하는 언어와 자신들의 언어(수화)간에 차이가 존재하기 때문이며, 언어 능력 그 자체에 있어서는 아무런 기능적 결함을 가지고 있지 않다는 것이다. 결론적으로 볼 때, 기존의 지능검사에서 청각장애아동이 차이를 나타내는 것은 일반인들이 사용하는 언어에 대한 경험이 부족하기 때문이며 청각장애와 지능 간에는 어떠한 인간관계도 존재하지 않는다(Rotatori, 1986).

학업성취와 관련하여 청각장애아동은 읽기에서 많은 어려움을 경험한다. 고등학교를 졸업할 때 약 50% 가량의 청각장애 학생들이 초등학교 4학년

수준의 읽기 능력을 나타내며, 이는 기능적으로 간신히 신문을 읽을 수 있는 수준이다(Hallahan & Kauffman, 2000). 읽기는 학습을 위한 도구로서 다른 교과목의 학습에도 중요한 영향을 미치기 때문에 청각장애아동은 다른 내용교과(과학, 사회, 역사 등)에서도 학습의 어려움과 낮은 성취를 나타낸다. 수학에 있어서도 청각장애아동은 상대적으로 낮은 성취를 나타낸다. 청각장애 학생들은 고등학교를 졸업할 때 약 50% 가량이 중학교 2학년 수준의 수학 능력을 가지고 있는 것으로 나타난다. 하지만 이 같은 연구결과는 청각장애아동이 더 나은 학업성취를 할 수 있는 기본 능력을 가지고 있지 못하다는 의미보다는 더 집중된 체계적인 교육 프로그램이 필요하다는 의미로 해석하여야 한다.

2 심리행동적 특징

타인과의 관계 형성을 위해 중요한 역할을 하는 것이 바로 언어이다. 서로 간에 생각하고 느끼는 것을 공유할 수 있을 때 비로소 상호적인 사회적 관계가 형성되기 때문이다. 청각장애아동은 그들만의 다른 언어 체제를 가지고 있기 때문에 비장애아동과 대화를 나눌 수 있는 기회가 부족할 수밖에 없다. 그러므로 한 가지 생각해 볼 수 있는 것은 청각장애아동의 수화를 통역해 줄 수 있는 친구를 활용하는 것인데, 그것도 현실적인 요인을 고려하면 쉬운 일이 아니다.

이처럼 다른 언어를 사용하기 때문에 사회적인 관계 형성이 쉽지 않고 시간이 흐름에 따라 청각장애아동은 스스로가 사회적으로 소외되고 고립된 존재라는 생각을 한다. 이러한 소외와 고립을 반영하는 움직임이 바로 일부 청각장애인들을 중심으로 제기되고 있는 공동체 형성이다. 자신들만의 공동체를 형성하여 생활할 수 있다면, 구어라는 언어장애를 더 이상 경험하지 않고 완전한 개체로서 살아갈 수 있기 때문이다. 그렇기 때문에 자신들의 공동체 형성을 주장하는 사람들은 통합교육보다는 기존의 분리된 특수학교 체제를 더 선호한다. 자신들이 느끼는 불편과 차별은 일반사회에서 구어를 사용하는 비장애아동과 만날 경우에만 일어나는 사회적 장애라는 것이 그들의 인식이다. 일반적으로 청각장애아동들은 비장애아동으로부터의 소외와 차별에 대한 경험으로 인해 상대적으로 빈번한 문제행동을 표출한다.

5) 학습장애 학습자

(1) 학습장애의 정의

정상 지능을 가지고 있으며 정신적, 육체적인 병적 요인이나 사회 환경적으로 특별한 요인이 없음에도 불구하고 학습하는 데에 어려움을 겪을 경우를 학습장애(learning disabilities)라고 한다. 즉, 평균적 지적 기능을 가지고 있으면서도 주의집중, 지각, 기억력 등의 문제로 듣기, 말하기, 읽기, 쓰기, 추론 등의 학습에 심각한 어려움이 있는 학생들이 이에 해당한다. 학습장애 학생들 사이에서도 최근에는 주의력결핍 및 과잉행동장애를 보이는 학생이 점차 늘어나고 있는데 그 예로 미국의 경우는 학습장애 학생의 14~20%가 주의력결핍 과잉행동학생이라 한다. 이들은 집중력이 부족하고, 손과 발을 가만두지 못하고 안절부절 못하며, 자리에서 발버둥 치고, 말을 많이 하므로 책상에 앉아 수업을 하는 학교수업에 적응하기가 어렵다. 주의력 부족 및 과잉행동으로 인한 집중력 결핍의 구체적인 특징은 다음과 같다.

① 과업 수행에 실패를 보인다.
② 교사나 친구들과의 대화를 청취하는데 어려움을 보인다.
③ 주의가 자주 산만해진다.
④ 교사의 수업에 주의집중이 어렵다.
⑤ 충동적인 행동양태를 보인다.
⑥ 수업의 진행을 위해서 지나칠 정도로 과도한 감독을 필요로 한다.
⑦ 교실에서 큰소리로 떠들고 차례 지키기를 어려워한다.

1 ADHD의 조처와 교사의 조정

ADHD를 위한 가장 일반적인 조처는 약물치료이다. 약물치료가 불가능한 어린이들을 위해서 교사가 조정할 수 있는 사항을 제시하면 다음과 같다.

① 출석, 학업성적 및 사회적 적응을 증가시킬 수 있는 교실의 변화

② 주의력 결핍에 영향을 받기 쉬운 문제들을 감소시킬 수 있는 행동관리 체제

③ 공부하는 방안과 사회적 기능을 위한 직접적인 수업

④ 가정에서 행동관리에 조력을 받을 수 있는 가족과의 협의

⑤ 학습자와 가족에게 의료서비스를 갖춘 지역사회 기관과 협조하는 일

(2) 학습장애의 특징

1 언어발달에 있어 지체 또는 불균형적인 발달양상

① 발어지체

② 문장을 구성하여 말할 수 없는 경우

③ 어휘 사용이 유치하고 문법적 오류가 많은 경우

2 지각에서의 불균형

① 손끝 동작이나 소근육 작업에 어려움을 보인다.

② 운동조절 능력에 문제가 있다.

3 주의집중을 못하는 과잉행동의 특징

① 다음에 무엇을 할지 파악하지 못하고 수다스러운 경우

② 사려 깊게 생각하지 못하고 충동적인 결정을 내리는 경우

③ 주의집중 지속시간이 매우 짧으며 정확성이 현저히 떨어지는 경우

④ 학습을 위한 인지적 전략을 개발하고 동기화하는데 있어서 실패

조직화나 초인지의 사용에 있어서 능력이 부족하다.

⑤ 학업성취 문제

① 읽기 어려움

글씨를 읽는 능력과 글의 내용 이해에 대한 문제, 기본적인 읽기 기술에 문제가 있다.

② 쓰기 어려움

철자가 틀리거나 단정하지 못한 필기, 단순하고 정리되지 않은 쓰기 표현이다.

③ 수학의 어려움

시간 · 공간개념의 어려움, 기초적인 셈하기 기술의 부족, 문제해결을 위한 기술의 적용이 부족하다.

⑥ 다른 아동과 놀지 못하고 문제를 일으키는 경우

① 자기 멋대로 행동하는 경향이 높은 경우

② 규칙을 이해하지 못하고 타인에 대한 관심이 없는 경우

③ 대인관계에서 요구되는 차례 기다리기, 도움 요청하기, 나누기, 비판에 대처하기 등의 능력이 부족한 아동인 경우

(3) 학습장애 학생의 판별

학습장애는 생리심리학적 원인에서부터 환경적 원인에 이르기까지 다양한 원인에 기인한다. 신경학적으로는 유전이나 신생아 때의 체중미달, 경미한 뇌손상, 출생 시 외상, 뇌의 불균형적인 발달 등이 원인이 되고, 환경적으로는 영양부족, 심한 편식 등을 들 수 있으며, 교육적으로 부적절한 교수, 특정한

교수 형태에 지나친 편중 등이 원인으로 제시되고 있다(김동일, 1996). 그러나 어느 한 가지 원인에 의해서라기보다 여러 가지 원인이 복합적으로 작용하는 경우가 많다고 보아야 한다.

학습장애 학생을 지도하기 위해서는 이들을 판별하여 확인하는 일이 선행되어야 한다. 학습장애 학생의 판별을 위해 신경심리학적인 접근과 통계적인 접근이 이용되며 이 중 기대치에 대한 성취수준의 차이를 나타내는 통계적인 접근이 주로 사용된다. 통계적인 접근에 따른 학습장애 학생의 판별에는 다음의 세 가지 방법이 제시되고 있다.

① 기대되는 학년수준과 성취된 학년의 차이

학습부진은 대체로 학업 성취 검사 점수에 근거한 학년수준과 실제 학년수준의 차이로 정의된다. 예를 들어, 5학년 학생의 학업 성취결과가 3학년 수준으로 나타난다면 그 학생이 두 학년 뒤떨어진 것으로 볼 수 있다.

② 회귀공식을 이용한 방법

일반적으로 학습장애 학생의 판별은 학생의 지능지수에 따른 기대되는 학업 성취 혹은 수행성과를 비교하여 그 차이를 살펴본다. 보다 정교하게 학생의 성취 기대값을 구하는 방법은 회귀공식을 이용하는 것이다. 이 공식에서는 두 측정값 사이의 관계가 완전 상관이 아닐 때 생기는 중간 값으로써 회기현상과 측정의 표준오차가 고려된다. 단 회귀공식을 이용하기 위해서는 공식에 들어가는 두 검사 간의 상관을 알고 있어야 한다.

계산 결과에 산출된 기대되는 성취지수와 실제 성취지수 간에 기준치 이상(예 : 2SD) 차이가 있으면 학습장애로 판별하게 된다. 그러나 이러한 접근은 상당히 복잡한 변환과정이 필요하다.

③ 표준점수의 차이

이는 각 검사의 표준점수를 비교하여 그 차이를 알아보는 방법이다. 그러나 '두 검사 사이에 완전 상관'과 검사점수의 '표준분포'를 만족해야 한다는 실현하기 힘든 전제조건이 따른다.

통계적 접근에 따른 판별방법에는 몇 가지 고려해야 할 사항들이 있다. 첫째, 학생의 불규칙적인 발달속도이다. 학생들은 개인에 따라 발달의 특정단계에서 다른 학생들보다 발달속도가 늦을 수 있는데, 이럴 경우 그 학생을 학습장애로 판별할 위험이 있다. 둘째, 표출행동의 복잡성이다. 일반적으로 학습장애를 겪는 학생들은 교실에서 부적절한 행동을 보이게 된다. 부적절한 행동으로는 적대적이거나 과격한 행동 그리고 정서불안정 행동 등이 있다. 그러나 이러한 행동들은 학습에 특별한 장애가 없는 보통의 학생들에게도 나타날 수 있기 때문에, 일시적인 부적절한 행동만으로 학습장애로 판별해서는 안 된다. 교사는 학생들이 보이는 교실에서의 부적절한 행동에 대한 패턴과 빈도를 주의 깊게 관찰할 필요가 있다.

(4) 학습장애 학생을 위한 교수-학습활동

통합교육(inclusive education)은 학습장애 학생들을 따로 분리하지 않고 일반 학급에서 정상적인 학생들과 같이 공부하게 하는 것을 말한다. 구체적으로 통합교육에서는 학습장애 학생들을 시간적, 공간적으로 따로 분리하여 특수교사에게 교육을 받게 하는 것이 아니라, 일반학급에서 학교생활을 하도록 하고 특수교사들이 담당 학급교사와 상호 협조 체제를 이루어 학급에 투입된다.

학습장애 학생에게 유용한 또 하나의 방법은 전략훈련(strategy training)이다. 이는 학습장애 학생에 대한 보다 직접적인 교수처치로서 학습하는 방법, 즉 자신에게 가장 적절한 학습전략을 가르치는 것이다. 이러한 교수방법은 학생들 스스로 학습과 주의집중 그리고 의사소통을 탐색하게 하는 초인지를 발달시키는 데 영향을 미친다.

경미한 학습장애를 지니고 있는 학생들은 과제를 소극적으로 수행하고 특별한 체계 없이 학습함으로써 불필요한 곳에 많은 시간을 소비하게 된다. 또한 이들은 스스로 탐색하고 구조화하여 학습하는 기술이 부족하다. 이러한 학생들에게 과제를 수행하기에 앞서 학습방법 혹은 학습전략을 가르치는 일은 그들이 장애로 인해 겪는 어려움을 극복하는데 많은 도움을 줄 것이다.

한편, 통합교육에 대한 반론도 제기되고 있다. 학습장애 학생들을 일반학생들과 같이 교육함으로써 특수교육 예산이 일반학생들의 교육에 전용될 수 있다는 지적과 통합교육이 학습장애 학생들의 학습문제 극복과 학습능력 향상에 실질적인 도움을 주지 못한다는 견해 등은 여전히 논쟁의 대상이 되고 있다(임규혁, 1996).

6) 정서적 · 행동적 장애 학습자

정서적 · 행동적 장애를 지닌 학습자들은 정규학급에서 가르치는 것이 매우 어렵다. 학습자의 행동이 성숙과 발달 차원에서 보아 다른 학습자의 생활에 심하게 방해가 될 만큼 해당 연령집단과 크게 일탈되어 있으며 그들의 행동은 문제가 된다. 분명히 이러한 일탈은 행동의 일정 기준과 다르다는 것을 시사하며, 그 행동의 기준은 상황, 연령집단, 문화 및 장애기간 등에 따라 차이가 있다. 또한 일탈(deviation)은 스트레스를 유발하는 사건들에 대한 일시적인 반응 이상의 것이다. Quay와 Peterson은 정서적 · 행동적 장애 학습자에 관해서 여섯 가지 차원으로 기술하고 있다.

첫째, 행동장애를 지닌 학습자들은 공격적이고, 파괴적이며, 불복종적이고, 비협동적이며, 산만하고, 분열적이며 완고하다. 이러한 학습자들을 도와줄 가장 좋은 방법은 행동관리를 통한 접근이다. 이 학습자들에게 매우 분명한 규칙과 보상은 물론, 지속적인 강화가 필요하다.

둘째, 매우 불안하고, 소심하며, 수줍어하고, 침체되고, 잘 울며, 자신감을 갖지 못하는 아동들은 불안-위축장애를 지녔다고 말한다. 이러한 아동들은 사교적인 기술이 없기 때문에 친구들이 별로 없다. 이들에게 사교적인 기술을 직접 가르치는 것은 가장 성공적인 방법일 것이다.

셋째, 주의력이 미성숙하다. 이 특징은 주의집중 시간이 짧고, 자주 공상을 하며, 독창력이 없고, 산만하며, 협동심이 없다. 그러므로 앞에서 언급한 행동관리를 통한 접근이 곤란하며, 생활지도 상담사, 혹은 다른 정신건강 전문의와 상의해야 한다.

넷째, 과잉운동의 범주이다. 이러한 차원과 관련된 것으로는, 이들 학습자들은 안정되지 못하고, 긴장되어 있으며, 조용히 앉아 있거나 말을 중단하지 못하는 것으로 보인다.

다섯째, 행동장애의 한 범주는 사회화된 공격성이다. 이 집단의 학습자들은 폭력집단의 구성원인 경우도 있다. 그들은 소속된 집단문화를 기대하고 있기 때문에 도둑질을 하거나 고의적인 파괴행동을 일삼는다.

마지막으로, 어떤 정서적 · 행동적 장애 학습자들은 정신이상 행동을 나타낸다. 교사들은 이러한 학습자들을 가르치는 경우가 많지 않을 것이다. 이러한 여섯 가지 범주는 극히 일반적인 것들이다. 교사가 맡고 있는 학습자들 가운데 어떤 학습자가 정서적 · 행동적으로 염려스러워 보인다면 상담교사와 상의하는 것이 가장 좋다.

2. 성취부진 학습자

1) 학습부진 학습자

(1) 학습부진아(underachiever)

지적 능력이 낮고, 해당 연령층에서 기대하는 학습결과를 얻지 못하며, 교육성취도가 정규학교에서 수행되는 수준에 상당히 미달되어 있거나 학습속도가 부진한 학습자를 말한다. 그러나 지적 능력에 비해 학업성취도가 낮고 성적이 부진함을 의미하는 것으로 볼 수 있다.

① 지적 능력이 보통 이하이며, IQ로는 70~89의 범위에 속하는 학습자들이고, 이들의 15~20%가 보다 낮은 지능을 가지고 있다.

② 학습부진 학습자들은 학년 진급에 긍정적으로 만족할 만한 학습결과를 기대할 수 없으며, 동일 연령집단에 상응하는 학업성적을 얻지 못하는 장애를 지녔다.

③ 교육성취도에 있어서 해당 학년 학습자들이 정상으로 성취할 수 있는 수준에 80% 미만의 학습자로서 교육적 정상 이하의 학습자를 학습부진 학습자로 규정하고 있다.

④ 학습부진 학습자는 정신능력이 정규학급에서 보통 정도의 수업진행에 따라가기가 비교적 곤란한 학습자이다.

학습부진의 개념은 학습장애와 구분되어 설명되지만 중복되는 부분도 있다. 두 개념 모두가 정상적인 지능 수준을 포함하며 학업 성취가 부진하다는 공통성을 가지고 있다. 그러나 학습장애로 인한 학업 성취부진은 개인의 읽기, 쓰기, 말하기, 셈하기 등과 같은 특정 분야 혹은 여러 분야의 장애에 의한 것인 반면, 학습부진은 원인이 무엇이든 학습결과가 최저수준에 미달된 경우라는 점에서 차이가 있다. 또한 학습부진은 학습장애 판별의 주된 준거가 되지만 이는 하나의 필요조건일 뿐 충분조건은 아니다(Reynolds, 1986).

(2) 학습부진 학습자에 대한 새로운 인식

① 학습부진 학습자는 이전의 각 학년 정규학급에서 기대되는 학습 성과에 미달한 학습장애이지만, 학업성취 과정에서 지구력이 약했던 원인을 재인식해야 한다.

② 학습부진 학습자들은 지적 활동에는 항상 부진성이 있지만, 이외의 제반 활동에서는 반드시 부진한 것이 아니라고 재인식해야 한다.

③ 학습부진 학습자들은 학교교육에 국한한 학습결과와 지적 능력에 한정한 그들의 개념규정은 오류임을 재인식해야 한다.

④ 개인은 분야별로 성공적인 학습차를 지니고 있기 때문에, 모든 분야에서 동일하게 성공하지 못하는 다양한 변이성을 가졌다는 점을 재인식해야 한다.

(3) 학습부진의 원인

① '사회 · 경제적 원인'으로서, 이것이 학습자들의 학업성적에 미치는 영향에 관한 연구가 있다. 즉 사회 · 경제적 수준의 차이에 따라 학습자들의 학업성적은 차이가 있다.

② '문화실조'의 원인으로서, 즉 개인발달에서 요구되는 심리적 요인의 과잉-결핍과 시기적 부적절에서 오는 지적, 사회적 및 인성발달에 부분적인 상실, 지연, 및 왜곡 현상이며, 문화실조 상태의 학습자들은 대개가 '부진아'이고, 언어능력이 부족하며, 학습하는 방법을 이해하지 못한다.

③ '신체적 원인'으로서, 시각, 청각, 미성숙, 영양 섭취의 부족 및 기타 건강조건에 의한 행동과 인격발달은 학습자들의 성장 · 발달의 비율에 관계되며,

이 요인들은 학습부진과 밀접한 관계가 있다.

④ '가족관계 원인'으로서, 가족관계에서 오는 긴장, 불안, 언쟁, 불화, 변화 및 부모 양육태도 등은 학습자들에게 심각한 문제 장면을 유발하고, 정서적 불안정을 초래한다.

⑤ '학습자들의 출석률 저하 원인'으로서 학업성취에서 계속적인 실패, 흥미 없는 수업 및 좋지 못한 학습습관은 학교의 책임과 개인적인 결함에 기인하고 있다.

⑥ '기타 원인'으로서, 다음과 같은 사항들이 '학습부진'을 갖게 한다.

- 가정과 지역사회의 시설, 교육자료 및 교육적 지원자원의 부족
- 학습자들의 능력, 성취동기 및 요구수준 간의 부조화
- 우발적인 사고, 나쁜 영향 혹은 질병 등의 원인이 신체적 · 정서적 활동에 영향을 미침
- 학습준비를 못한 학습자들에게 바람직하지 못한 압력, 지적 발달수준에 부적합한 학습지도
- 학습자들의 학습동기의 약화
- 이상에서 열거한 원인들과 관련된 정서적인 혼란
- 특히, 학습자들이 지닌 학습에 대한 동기, 흥미, 충동, 유인 및 의욕 등의 결핍

(4) 학습부진 학습자의 일반적 특성

① 제한된 창의성과 상상력을 지니고 있다.
② 자극에 대한 반응시간이 느리다.
③ 주의력이 약하고 산만한 흥미를 지니고 있다.
④ 자신에 대한 신뢰감이 없거나, 쉽게 신뢰감을 상실한다.
⑤ 학업적 장애를 지니고 있으면, 생활연령에 비해 성취수준이 낮다.

⑥ 추상적 사고력, 상징적 표현력, 결과에 대한 평가력 및 지속적 활동능력이 약하다.

⑦ 독창력, 표현력, 집중력, 변별력 및 분석력이 약하다.

⑧ 좋지 못한 건강과 정서적 부적응으로 태만하다.

⑨ 활동과 행동은 충동에 기반을 두며, 조속한 결과를 원하며 결과를 초조하게 느낀다.

⑩ 신체발달이 불균형적이다.

(5) 학습부진 학습자의 식별

학습부진 학습자의 식별과정에 수반하는 전제 조건으로 제시할 수 있는 사실은 첫째, 학습부진 학습자의 식별은 가능한 한 초기에 하는 것이 바람직하다. 둘째, 단일지표나 단순한 식별방법으로는 불충분하다. 셋째, 식별과정은 장기간 계속해야 한다. 다음에서 학습자들의 부진성을 식별하는 데 학력검사와 교사제작검사의 활용에 있어서 일반적으로 활용되는 방법을 제시한다.

① 각종 심리검사의 활용

② 학습 집단 내의 학습자들의 관계를 파악하기 위해 사회측정법을 실시

③ 신체검사와 체력검사를 실시

④ 교사들이 학습자들을 세밀하게 관찰하고, 이해할 수 있는 객관적인 일화기록법 활용

⑤ 학습자들의 면접을 통해서 얻은 자료와 상담자와 교사가 제시하는 정보와 자료의 활용

이상과 같은 방법을 통해서 학습부진 학습자를 식별하기에는 한계가 있다. 그러나 활용 가능한 방법으로 간주할 수 있으며, 학습부진 학습자들의 학습부진성을 진단 · 치료하고, 학습효과를 높이는데 도움이 될 수 있다.

(6) 학습부진 학습자를 위한 수업 전략

① 학습 활동은 단순하게 하며, 학습 시간은 짧게 하고, 학습 분량은 적게 할 것

② 학습 계획은 정확하고 분명하게 수립할 것

③ 추상적인 설명은 피하고, 자유로운 수업분위기를 조성하며, 발표의 기회를 제공하고, 시청각 교구의 활용, 견학 및 실제경험을 기반으로 수업을 진행할 것

④ 학습 계획과 학급 활동은 교사와 학습자가 함께 참여하고, 학습부진아들에게 발표하는 것을 권장할 것

⑤ 운동적, 기계적, 사회적 및 예술적 등에 관한 능력은 개인의 자산이라고 인식시키고, 취미, 흥미, 소질 및 아이디어 등을 신장하고 개발하도록 권장할 것

⑥ 최근에 나타난 사건은 즉각 의미를 부여해 줄 것

⑦ 장래 직업에 대한 욕망을 환기시켜 주고, 추구하게 할 것

⑧ 부당하고 지나친 억압을 제공하지 말 것

⑨ 보상을 마련해서 제공하고, 노력하는 경우에만 칭찬할 것

학습자들은 어떤 의미에서 보면, 모두가 학습부진 학습자의 영역에 해당하는 것으로 볼 수 있다. 따라서 각종 학습이론과 프로그램은 '학습부진'을 방지하고 학습효과의 최대화를 위한 방안이라고 볼 수 있다. 학습부진 학습자들을 바르게 이해하고, 인식한 후, 그들을 위한 수업방안을 수립하는 것이 바람직할 것으로 본다.

2) 성취부진 학습자

(1) 성취부진 학습자의 의미

성취부진 학습자들은 학업성적으로 보면 2/3에 속하고, 불행하게는 가장

낮은 1/3에 속하는 높은 지력과 학업 가능성을 지닌 학습자들이다. 많은 교사들이 성취부진을 심각한 문제로 인식하고 있다. 하나의 관심은 학업적으로는 능력 이하로 성취하는데 이는 학습자들이 사회적으로도 그들의 능력 이하로 기여하고 있다는 점이다. 더욱이 영재 학습자들이 한번 그들의 능력 이하의 성취를 하게 되면, 그러한 경향을 번복하기 어렵다는 사실도 고려할 필요가 있다.

(2) 성취부진 학습자의 식별

성취부진아들은 빈번하게 낮은 능력을 지닌 학습자처럼 과오를 범하기 때문에, 교사들이 그들을 알아내기는 쉽지 않다.

① 급우들이나 다른 사람들과 다툼
② 극히 방어적임(즉흥적으로 이야기함, 실패의 변명 및 거짓말)
③ 실패할 가능성 때문에 새로운 과제의 시도와 실패를 두려워함
④ 비판에 화를 내지만, 다른 사람들을 심하게 비판하기를 좋아함
⑤ 습관적으로 수업에 지각하고, 빈둥거리며, 우울함
⑥ 자신의 능력을 부정함

이러한 특징은 모두가 학습자들에게 동시적으로 나타나는 것은 아니지만, 동시에 여러 가지 특성을 나타내는 학습자의 경우는 관심을 기울여야 한다. 몇 가지 성취부진의 원인은 신체적인 제한(약한 시력과 청력), 학습장애 및 사회적 부적응 등이다. 때로는 능력 이하의 성취는 결국 학습자가 낮은 기대를 갖게 하는 '가정과 학교'의 낮은 기대에서 비롯한다.

(3) 성취부진 학습자를 위한 수업

교사가 맡고 있는 학급 내에 있는 성취부진아를 일단 식별했으면, 교사는

그들의 학업적, 사회적 성취를 개선하도록 도와줄 수 있는 사항을 선택하게 된다. 교사는 활용할 수 있는 다음과 같은 몇 가지 사항을 고려해야 한다.

① 긍정적인 자아개념을 개발할 수 있는 특별지도

② 교과서 대신에 영화나 자막을 넣는 영상슬라이드 활용, 즉 듣기, 사고하기 및 읽기능력을 향상시킬 수 있는 테이프로 된 교과를 활용함

③ 특히, 불리한 배경, 즉 열악하고 빈약한 몇몇 학습자들은 물론, 상·중위계층 학습자들도 그와 같은 배경에서 온다는 것을 기억하고 학습자들을 자극하고 동기화할 수 있는 직접적인 경험

④ 학습자들의 개인적 흥미와 능력, 개인적 혹은 학업적으로 희망하고 있는 목적과 관련된 적합한 과제부여와 수업

⑤ 계획한 일을 수행할 수 있도록 하는 교사–학습자의 만남

⑥ 정규학급에서 주어지는 과제를 수행할 수 있는 각 연령별 성취부진을 위한 특별수업 기회의 제공

⑦ 성취부진아들이 두려움, 욕구불만, 혹은 분노를 자유로이 토의할 수 있는 상담자나 교사의 온정과 이해를 전제로 한 집단치료

⑧ 교사, 부모, 상담자 그리고 때로는 일반학습자를 포함해서 영재이면서 성취부진아의 학습자와 함께 과제수행을 할 수 있도록 팀 구성

⑨ 학습하는 방법을 가르치는데 있어서 주의를 집중하고, 기억하고, 이해하며, 지시에 따를 수 있고, 핵심 단어를 사용할 수 있는 방법을 가르침

⑩ 교사는 문제해결 기법과 탐구방법에 대한 수업을 진행

⑪ 교사는 학습자들과 대화를 유지하면서, 교실 내에서 그들의 성취를 관찰하는 비공식적인 평점을 부여

3. 영재 학습자

1) 영재의 정의

영재성과 재능이 있는 아동이란 취학 전 초등학교, 중등학교 수준에서 지적, 창의적, 특정 학문 영역, 지도성 등의 영역에서 수행 능력이나 시각예술 등에 있어서 높은 능력을 보이는 외현적 능력이나 잠재적 능력을 소유하고 있는 아동을 말하며, 이들에게는 일반적인 학교에서 제공하는 평범한 지원과 활동 이상의 것이 요구된다(미국 공법95-561, 902조).

1921년에 시작된 영재학생들에 대한 Terman의 연구는 영재의 정의를 이해하는 데 유용한 자료가 된다. 그는 교사추천과 IQ검사 점수로 영재학생 1,500명을 판별하여 그들의 성장과정을 35년간 추적 연구한 결과 영재학생들이 학문적으로 우수하다는 점 이외에 다음과 같은 특성을 보인다고 주장했다.

① 연령에 따른 자신의 역할에 잘 적응한다.
② 매우 뛰어난 성취수준을 보이고 보다 쉽게 학습한다.
③ 많은 취미생활을 즐긴다.
④ 많은 책을 즐겨 읽는다.
⑤ 신체적으로 건강하다.

2) 영재의 판별

Renzulli는 영재성을 평균 이상의 능력, 높은 수준의 창의성, 그리고 과제 집착력 등의 세 가지 기본 특성들이 결합된 것으로 밝히고 있다. 실제로 영재 학습자들은 크게 노력하지 않고, 빨리 학습한다. 영재 학습자들의 성과는 독창적이고, 그들의 나이에 비해 매우 진보적이며, 잠재능력이 지속된 결과이다.

Borich와 Tombari(1995)는 판별기준을 지능, 성취수준, 창의성, 과제 지속성의 4가지로 구분하여, 확정적이라기보다는 융통적인 판별 방법을 제시하였다.

첫째, 지능의 정상분포에서 상위 2~3%에 해당되는, 즉 지능지수 130이상이 되면 영재교육 프로그램을 받을 수 있는 능력이 있다고 판단한다.

둘째, 성취 수준은 백분위 수에 기준을 두어 판단하지만, 이것은 각 교과 영역마다 달리 결정된다. 흔히 기본 백분위는 정답률이 90% 이상일 때 영재 수업을 받을 능력이 있는 것으로 간주한다.

셋째, 창의성과 관련하여 추상적인 원리를 문제해결에 적용하고, 호기심과 질문이 많으며, 비범한 반응을 보이고, 풍부한 상상력을 지니고 있으며, 서로 다른 목적들 간의 관계성을 정확하게 탐구하는 등의 행동특성이 관찰될 때 담임교사나 학부모 등 학생 주변의 교육관계자의 추천으로 판단한다.

넷째, 높은 수준의 과제 지속성에 대한 존재 유무로 판단하는데, 구체적인 내용은 학습에 대해 조직화된 접근을 고안하는 능력, 세부적인 것에 집중하는 능력, 목적을 성취하려는 지속성, 학문적 과제에 대한 높은 열정 등을 포함한다.

서울대학교 교육연구소(1994)에서 발간한 「교육학 용어사전」에서는 영재의 판별에 대해 다음과 같이 제시하고 있다. 우선 판별의 기본원칙은 다음과 같다.

① 판별의 시기는 어릴수록 좋다.

② 지능이라는 단일한 기준보다는 다양한 도구와 절차를 활용한다.

③ 일회적인 판별보다는 지속적인 판별이 요구된다.

④ 취학 전이나 초등학교 저학년 아동들의 경우 판별의 정확도를 기하기 어렵기 때문에 많은 비율의 아동 선발이 필요하다.

영재아의 판별은 단일한 준거가 없기 때문에 단기간에 나타나는 특징만으로 판단해서는 안 되며, 단순히 학업성적이 우수하다고 해서 영재라고 판단해서도 안 된다.

3) 영재 학생을 위한 교육

(1) 속진 프로그램(acceleration)

속진 프로그램은 교육 프로그램을 같은 나이 또래의 학생에게 실시하는 속도 또는 전통적인 속도보다 빨리 진행하는 것이다. 속진교육은 교육과정을 이수하는 속도를 일반 학생에 비해 빨리 진행한다. 속진교육의 형태로는 월반, 조기입학, 조기졸업, 학점인정 시험제도, 상급학교 과목 개설, 교육과정 압축 및 단기 완성, 사사 제도(mentorship) 등이 있다.

(2) 심화학습 프로그램(enrichment program)

정규 교육과정의 폭과 깊이를 보다 확장하여 가르치는 것이다. 속진 프로그램의 교육과정을 '보다 빨리' 가르치는 것이라면, 심화교육은 '보다 넓고 깊게' 가르치는 것이라 할 수 있다.

(3) 영재학생 집단 구성을 통한 지도

영재들을 동질 집단으로 구성하여 지도하는 방법으로, 우리나라에는 과학고등학교, 예술 고등학교, 외국어 고등학교가 그 예이다. 집단 편성의 장점은 비슷한 수준의 능력을 가진 학생들이 상호작용할 기회가 많아진다는 점과 영재 학생들의 전담 교사를 배치하여 전문적인 지도를 받을 수 있다는 점 등이다.

(4) 영재 교육과정의 구성

영재 교육과정은 영재의 능력을 최대로 신장할 수 있도록 개발되어야 한다.

첫째, 주제중심의 교육과정이다. 사고 과정을 중시하긴 하지만 반드시 어떤 주제를 중심으로 교육과정을 구성함으로써 특정 사고 과정을 직접 적용할 수 있는 기회를 제시한다. 한 가지 주제를 중심으로 다양한 활동을 함으로써 주제에 관하여 깊이 있게 이해하고 문제의 해결에 적용할 수 있는 수준까지 학습하도록 한다.

둘째, 과정중심의 교육과정이다. 정보의 습득보다는 사고기술 및 과정의 발달을 강조하는 학습활동을 전개한다.

셋째, 활동중심의 교육과정이다. 학습자들을 적극적으로 참여할 수 있게 하는 과제를 주내용으로 삼아 학습활동을 전개한다.

넷째, 개방적인 교육과정이다. 학년, 연령과 상관없이 높은 수준의 학습 내용에 접할 수 있도록 하며 학습자들이 형식에 얽매이지 않고, 다양하고 개인적인 반응을 할 수 있도록 허용하고 그러한 반응을 존중해 주어야 한다.

다섯째, 학습자의 자율적인 선택을 중시하는 것이다. 학습자는 기호, 욕구, 능력 등에서 개인차가 크므로 다양한 대안을 제공하여 다양한 흥미를 추구할 수 있도록 허용해야 한다.

4) 영재 지도의 방법

Borich와 Tombari(1995)는 영재를 가르치는 다음과 같은 방법을 제안했다.

(1) 도전적인 문제의 제시

교사가 제시하는 도전적인 질문과 문제를 통해 영재 학생들은 자신과 관련된 문제를 독립적으로 탐구할 수 있는 자유를 얻는다. 학생들은 탐구에 대한 책임감을 인식해야 하며, 학생들에게 자신이 추구하는 방향에 관련된 추가적인 참고문헌과 자료를 사용하기 위해 교사의 지원, 격려, 활용의 필요성을 느끼도록 한다.

(2) 집단활동과 관련된 수업 계획

영재 학생은 대부분 다른 사람의 아이디어를 발견하여 그것을 새롭게 창조하고 변화시키는 데 뛰어난 능력을 보인다. 집단 토론, 탐구, 논쟁 등은 영재 학생을 전체 학급 학생들과 함께 가르칠 때 유용하게 사용할 수 있다.

(3) 문제해결을 요구하는 실생활 문제의 포함

영재 학생들에게 내용 영역에 있어 세계의 갈등에 대해 실제적인 조사를 하게 해야 한다. 이것은 그들에게 새롭게 요구되는 지식을 찾게 하고 문제해결의 도전력을 증가시킨다.

(4) 지식과 이해의 도출

영재 학생을 검사하거나 질문할 때, 심도 있는 이해와 표면적인 이해를 구분하기 위해서는 그들의 내부에 있는 지식과 이해를 도출해야 한다. 영재 학생에 대한 평가는 단순한 지식 암기 양의 측정을 넘어서 대답에 대한 이유를 설명하고 알고 있는 사실을 조합하여 새로운 것을 만들어 내는 일련의 과정을 통한 수행평가를 활용하는 것이 바람직하다.

1 영재 학습자를 위한 교육과정, 수업 및 수업자료의 적절한 적용

① 교육과정

기초기능 학습을 위한 진단적/기술적 접근을 통한 간결/압축	내용 영역과 관련된 진전된 산출/결과의 개발
내용 진도의 가속화	핵심 아이디어, 이슈 및 주제별 내용 영역의 통합화
고도의 기능과 개념에 따른 내용의 재조직화	관련 내용 영역간의 아이디어의 통합화
내용을 통한 고도의 사고기능을 고취	

② 수업

빠른 속도의 수업형태	문제해결과 특수과제(능력과 흥미별 집단)를 위한 협동학습 집단의 활용
탐구 테크닉의 빈번한 활용	보다 많은 토의의 활용
수렴적, 발산적 및 평가적인 것을 내용으로 하는 다양한 발문전략의 활용	독립적인 계약활동을 통해서 공부를 보다 많이 활용
다양한 수업전략의 활용	

③ 수업자료

진전된 독서 수준	단순한 것으로부터 복잡한 것으로 조직된 문제세트 연습 및 활동과 2~4년 이상의 수준의 예를 포함한 것
토의를 위한 보다 높은 수준의 문제	한 가지 문제를 깊이 탐색할 수 있게 학습자들을 허용하는 활동의 확장
집단과 개별 학습자 조사를 위한 아이디어	커리큘럼의 다양한 분야에 연결지우는 아이디어

2 영재 학습자들의 8가지 불평

영재아는 모든 면에서 긍정적인 것은 아니다.

① 영재가 어떤 것인지를 설명해 주는 사람이 없다. 그것은 가장 큰 비밀이다.

② 학교에서 하는 일들이 너무 쉽고 지루하다.

③ 부모, 교사 및 동료들은 완벽한 것을 기대하며, 언제나 최선을 다할 것을 바란다.

④ 똑똑한 것 때문에 때로는 친구들에게 놀림을 당한다.

⑤ 정말 나를 이해하는 친구들이 거의 없다.

⑥ 사람들이 그들을 있는 그대로 받아들이기를 원한다.

⑦ 생활에서 많은 일들로 억압당함을 느낀다.

⑧ 세상 문제에 많은 걱정을 하며, 어떻게 할까로 무력감을 느낀다.

3 영재 학습자에게 기여할 유용한 지침

① 식별/확인

학교는 영재 학습자들을 식별하는 데 때로는 비효과적이며, 열악한 배경의 아동들 그리고 성취부진아들 가운데 그들을 찾아내는 것은 비효과적이다. 보편적으로 지능검사를 기반으로 식별하며, 창의력 검사나 성취검사는 거의 활용하지 않는다. 영재성 유형을 식별하기 위해서나, 적절한 프로그램 서비스를 분명하게 하기 위해서는 다양한 자료의 원천을 활용해야 할 것이다.

② 촉진

촉진은 도전성이 있는 수업을 제공함으로써 영재 학습자들을 동기화한다. 학습자들은 학교에서나 그 이상의 학교수준에서 우수한 성취를 나타낸다. 일부 교육자들의 걱정에도 불구하고, 가속과 촉진은 영재 학습자들의 사회적 · 정서적 적응에 아무 손상이 되지 않는다.

③ 집단화

학교에서 하루 종일 혹은 부분적으로 영재들을 집단화하는 것은 하나의 동기화 요인으로 기여할 수 있다. 영재들을 위해 특별반이나 집단으로 나누는 것은 학업적 관심에 상호적인 강화를 확산한다. 정규학급에서 영재들을 분리하는 것은 다른 학습자들의 역할 모형을 없애는 것이 아니라 대신 리더나 최고 수행자들이 될 수 있게 그들을 허용한다.

제9장

생활지도

1. 생활지도의 발달
2. 생활지도의 의의와 목표
3. 생활지도의 영역
4. 생활지도의 활동
5. 상담이론의 이해

1. 생활지도의 발달

생활지도의 역사적 발달은 직업지도 운동에서 비롯되었다. 1908년에 Parsons가 보스턴시에 직업지도국(The Vocation Bureau of the Civic Service House in Boston)을 설치하여 청소년들의 직업지도를 실시하고 직업상담을 할 수 있도록 교사들을 훈련시켰다. 그것이 효시가 되어 생활지도는 각 개인의 능력에 맞는 직업 선택과 취업준비를 조력하는 데서 비롯하였다. 생활지도 활동은 시대적 상황과 사회적 필요에 따라 다양한 모형으로 제시되면서 학생을 돕는데 실질적으로 기여해 왔다. Pietrofesa 등(1980)이 제시한 생활지도의 역사적 발전 과정과 시대별 생활지도 모형의 각 특징을 요약해 보면 다음과 같다(임규혁 외, 2013).

1) Parsons 모형

Parsons는 생활지도를 직업지도와 유사한 개념으로 생각하여 개인의 진단과 사례 연구를 직무 분석에 적용하는 데 초점을 두었다. 따라서 Parsons 모형에서는 심리학적 기법을 사용한 개인의 분석이 직업 선택에 선행되어야 함을 주장한다. 그러므로 Parsons 모형에서 가장 강조되고 있는 점은 직업지도이며, 직업 선택에 문제가 있는 사람들에게 좀 더 성숙하고 경험 있는 사람들이 도움을 줄 수 있다는 것을 강조한다.

2) 교육으로서의 생활지도

교육과 생활지도를 유사한 개념으로 간주한다. 교육이 학업을 포함한 기초적 정신 과정, 직업 공민성, 여가시간의 확용, 윤리적 성품 등에 긍정적 변화를 기대한다고 보는 당시의 교육 목표와 같은 범위의 생활지도 역할과 활동을 제시하게 된다. 이 모델 이후 생활지도의 개념은 광범위하게 확장되어 오늘날 학교에서 성교육과 가치교육, 직업교육, 시민생활교육 등을 교과목으로 채택하게 되었다.

3) 배치와 적응으로써의 생활지도

생활지도는 개인으로 하여금 학교생활과 일상생활에서 잘 적응하도록 도와주는 중재적 역할이라는 관점이다(Shertzer & Stone, 1981). 이 모형은 직업지도와 교육지도에 대한 관심이 증대되면서 제시된 모형으로, 학생 개개인의 능력, 관심, 목표에 적합한 학교의 교과목이나 과외활동, 진학과 직업 등에 적절한 선택을 하도록 배치와 적응의 과정을 강조한다.

4) 임상적 과정으로써의 생활지도

생활지도 활동을 일련의 임상과정으로 간주하는 모형이다. 개인차 연구에 검사와 측정을 통한 심리검사 등의 분석적 진단을 이용하여 인간의 내면적 심리문제를 인간 외부에서 해결하려 하였는데, 이를 위해서는 심리학적이고 임상적인 절차 등에 관한 지식이 요구된다. 따라서 임상적 과정의 생활지도는 과학적인 자료의 수집 과정을 필요로 한다.

5) 의사결정 과정으로써의 생활지도

생활지도 과정에서 개인의 중요성을 강조함으로써 민주주의 사회에서의 개인의 의사결정에 초점을 두었다. 이 모형은 개인의 선택에 필요한 정보를 제공하고 개인이 합리적인 의사결정을 할 수 있도록 돕는 것을 목표로 한다.

6) 절충적 봉사로써의 생활지도

미국은 현재 초·중등학교에서 일반적으로 활용되고 있는 모형으로, 생활지도가 학교에서의 핵심적 활동이 되어야 한다고 주장한다. 이 모형은 교사, 행정가, 생활지도 담당자 사이의 협동을 강조한다. 또한 학생 스스로 자신과 환경 및 자신의 문제에 대한 이해를 증진시키며, 문제해결에 도움이 되는 전문가에 의해 주기적인 도움을 받도록 권장한다.

7) 발달적 과정으로써의 생활지도

생활지도가 학생뿐 아니라 인간의 전 생애에 걸쳐 진행되는 발달을 도와야 한다고 보는 모형이다. 즉, 생활지도는 유아교육에서 성인교육에 이르기까지 연결되어야 하며, 학교교육 기간 동안에는 학교가 그 책임을 담당할 것을 주장한다. 그러므로 발달과정으로써의 생활지도는 누적적(cumulative)이라는 개념이 포함된다. 이는 개인의 직업, 교육, 개인적·사회적 경험이나 선택 등의 모든 분야에 걸쳐 발달 과정을 돕는 것이다.

8) 사회적 조정으로써의 생활지도

교사의 역할이 학생들을 사회구조에 적응시키는 것인데 반해, 상담자의 역할은 개인의 특성과 잠재적 능력에 기초하여 학생 개개인의 개성을 신장시킬 수 있도록 필요한 정보, 자극, 추천을 제공하는 것이다. 따라서 상담은 행동과학에 대한 기초 지식과 학생 개인에 대한 관심으로 사회나 학교의 문화를 재구성함으로써 사회 조정을 수행한다.

9) 심리교육으로써의 생활지도

정의교육이라고도 하는 심리교육은 1960년대 학교교육에 대한 비판이 제기되는 시기에 대두하였다. 이 모형에서는 심리교육을 통해 학생들의 전인적 발달을 도모할 수 있다고 보고 있으며, 이를 위해 자아 개념의 긍정적 변화를 위한 교육, 감정의 통제와 표현을 위한 교육, 자기주장 훈련, 개인 신념과 가치관의 변화를 위한 교육, 인간관계의 향상을 위한 교육, 효율적 의사소통을 위한 교육 등을 그 내용으로 한다(김충기, 1991).

이처럼 생활지도 활동은 초기의 Parsons 모형에서 최근에 이르기까지 계속적으로 변화해 왔다. 다음에 나타난 바와 같이 이들 모형은 시대별로 강조하는 내용에 차이가 있으며, 시대 상황의 현실적 요구에 적절하게 대응하고 있음을 시사하고 있다.

〈생활지도 모형의 발전과정〉

모 형	대표자	주 제	연 대
Parsons 모형	Frank Parsons Meyer Bloomfield Hugo Munsterberg	직업지도와 배치	1900~1920
교육으로써의 생활지도	John Brewer William Ptoctor	생활지도의 교육으로의 통합	1915~1930
배치와 적응으로써의 생활지도	Leonard Koss Grayson Kefauver	학생배치와 직업적응	1925~1940
임상적 과정으로써의 생활지도	(1)D. G. Patterson E.G. Williamson (2) C. Rogers	개인차 연구	1930~1945 1940~1970
의사결정 과정으로써의 생활지도	Arthur Jones George Myers	개인의 의사결정지도	1949~1960

절충적 봉사로써의 생활지도	Ruth Strong Arthur Traxler Clifford Froehlich John Darley Fredrick Thorne Kenneth Hoyt	훈련, 다면적 접근, 일련의 봉사활동으로써의 생활지도	1950~현재
발달적 과정으로써의 생활지도	Herman Peters Gail Farwell Robert Mathewson	전 생애에 걸친 생활지도	1955~현재
사회적 조정으로써의 생활지도	Edward Shoeben	사회 · 문화적 재건주의자로서의 상담가 역할	1960~현재
심리교육으로써의 생활지도	Norm Sprinthall Eric Berne Allen Ivey R. Mosher	심리교육을 통한 자아발달	1970~현재

출처: J. J. Pietrofesa, B. Bernstein, & S. Stanford(1980). Guidance: An Introduction. Chicago: Rand McNally, p. 206.

우리나라에서 생활지도의 발달은 학교교육의 관심이 지식의 전달이나 지적 발달에만 국한할 수 없는 시대적, 사회적 요청과 더불어 시작되었다.

(1) 1950년대

한국전쟁의 여파로 이질 문화의 혼합과 사회적 혼란 속에서 젊은이들이 가치인식을 고취시켜야겠다는 전인간적인 교육 사조에 따라서 미국에서 유학한 학자들이 생활지도 이론을 연구하고 돌아와서 정신과 의사와 협동으로 1957년 교육부 후원 아래 서울특별시 교육위원회에서 중 · 고교 교도교사 강습회 등을 개최함으로써 미국적 상담이 도입되기 시작하였다.

(2) 1960년대

서양의 교육철학과 교육관에 영향을 받은 우리교육의 과제는 민주주의 국가를 건설하는데 기여하는 인격을 완성하고 자주적 생활능력과 민주시민으로서의 자질을 함양하여 민주국가 발전에 봉사하며 인류공영의 이상실현에 기여하는 인간을 육성하는 것이었다.

1968년에 공표한 국민교육헌장의 구현을 위하여 국민교육헌장을 생활화하는 교육을 강화하였다.

(3) 1970년대 이후

우리의 학교생활지도는 해방과 더불어 일제의 교육방식에서 벗어나지 못한 채 한편으로는 서구식의 학교교육의 형태로 전환하였으며, 미국 등 외국에 유학한 교육학자들의 활약으로 미국학교 생활지도의 영향을 지속적으로 받게 되었다.

그 당시 미국의 학교생활지도는 직업교육과 정신위생, 심리측정에 관한 내용을 포함하고 있었지만, 이러한 업무보다는 학생들의 정신치료와 상담교사 교육을 강화하는데 중점을 두고 있었던 때였으므로 우리의 학교생활지도도 상담과 심리치료를 위한 상담교사 교육을 시작하게 되었다. 상담활동은 민주주의 사상과 생활방식에 철저히 바탕을 두고 이루어지는 교육활동임을 고려하면 우리의 사회문화적 분위기로 볼 때 얼마나 부적합한 점이 많았는지 쉽게 짐작할 수 있다. 이처럼 우리문화에 맞지 않은 상담교사 교육이 학교생활지도를 상담교사의 전문 활동으로 정착시키는데 기여하지 못한 채 교과지도에 밀려서 교육의 불균형 현상이 지속되어 오는 동안 전인교육의 중요성은 부단히 인식하게 되었다.

(4) 1996년 교육개혁위원회

초 · 중등학교 교육과정개혁안에 따르면 초등학교의 바른생활 교과와 중 · 고등학교의 도덕 교과는 과거 교육에서 이루어졌던 지식중심의 교육내용 및 방법에서 탈피하여 실천중심의 체험교육과 토론학습이 이루어질 수 있도록 새로운 교육내용 및 방법으로 전환하며, 각 교과를 지도할 때 가능한 한 도덕교육이 포함될 수 있도록 하고, 학교를 도덕교육의 장으로 학교의 모든 잠재적 교육과정 운영에서도 도덕교육이 강조될 수 있도록 계획한 바 있다.

(5) 2002년부터 무시험 전형으로 대학입시가 이루어지게 되었다.

일부이기는 하지만 학교에서 시험에만 의존한 평가를 지양하고 있으며, 성적 올리기보다는 창의력 신장이나 도덕성 함양과 진로지도와 같은 정의적 교육에 치중하려고 한다. 학교마다 컴퓨터 학습이 가능할 만큼 시설이 확보되는 등 정보화시대에 대비한 교육투자도 이루어지고 있다. 교사의 의식변화, 즉 학생중심 교육으로의 의식전환이 이루어지고 있다(김태호, 2003).

학교에서 시작된 우리나라의 상담활동은 최근에 이르러 학교 이외의 분야로 확산되는 경향을 보이고 있다. 청소년 복지기관, 교정기관, 산업현장과 군대에서 상담의 이론과 실제를 도입하기 시작하고 좀 더 체계적이고 전문적인 상담활동을 위한 노력이 활발하게 이루어지고 있다.

2. 생활지도의 의의와 목표

1) 생활지도의 의의

생활지도(Guidance)란 guide에서 유래하며, 인도하다, 지도하다, 조언하다 등의 뜻을 지닌다. Guidance의 의미는 미국에서는 대부분 초등학교나 중 · 고등학교에서 사용되며, 전문학교나 대학에 있어서는 학생지도라고 한다. 흔히 실업계나 공공기업체에서도 이와 비슷한 직원인사(personnel work)로 사용되고 있다.

많은 사람들은 생활지도란 광의의 교육과 같은 의미를 가지며, 학교의 모든 프로그램은 생활지도의 목표를 실천하기 위해서 조직되어야 한다고 생각한다. 반면에 어떤 사람들은 생활지도 영역을 좁혀서 직업지도 또는 도덕지도에만 국한시키려고 한다. 또 부적응 행동이나 문제아의 발견, 예방, 치료에서 생활지도에 주안점을 두는 사람도 있다.

Miller(1971)는 생활지도를 학교와 가정 그리고 지역사회에 가장 잘 적응하기 위해서 학생들이 자기 자신을 이해하고 자기 신뢰와 목적을 가지고 스스로 결정을 내리는 능력을 함양하도록 돕는 과정으로 정의하였다. 또한 Shertzer와 Stone(1981)은 자기 자신과 자신을 둘러싸고 있는 세계를 이해할 수 있도록 도와주는 과정으로 정의 내렸다. 우리나라에서는 황응연(1984)이 학생 개인의 성장과 발달을 극대화시키고 잠재능력을 개발해서 갖가지 문제를 자신의 힘으로 적절히 해결해 나가도록 힘을 길러 주는 활동으로 정의했으며, 박성수(1986)는 개인의 인지적, 정의적, 신체적 특성과 잠재 가능성을 바르게 이해하고 발달시켜서 교육적, 직업적, 사회적, 심리적 발달을 최고수준까지 도달할 수 있도록 원조하는 봉사활동이라고 하였다.

이상에서 살펴본 바와 같이 생활지도는 개인의 발달 및 사회적응을 돕기 위한 것으로서 학교의 모든 영역과 밀접히 관련되어 있다. 예컨대, 교육과정, 교수방법, 장학, 훈육, 출·결석, 시간표, 과외활동, 건강, 가정과 지역사회와 밀접히 관련되어 있다. 이것은 생활지도 담당자와 기타의 모든 학교 교직원과의 밀접한 협조를 전제로 하는 것이다. 생활지도가 비록 학교의 모든 기능과 영역에 밀접한 관계가 있다고 하더라도 생활지도 담당자가 이 모든 것에 있어서 전문가일 수는 없다. 그의 주요한 역할은 학생에 관하여 정확한 자료를 수집·체계화하고 집단지도와 개인상담을 실시하며 나아가서는 동료 교직원과 학부모들에게 생활지도 이념을 적극적으로 이해하게 하여 그들로 하여금 이미 수집한 여러 가지 자료를 현명하게 사용하도록 권장하는 것이다.

2) 생활지도의 목표

교육은 각 개인이 개인적으로 만족스럽고 사회적으로 효과적인 생활을 달성할 수 있도록 각 개인의 신체적 · 정신적 · 도덕적 · 정서적 성장을 지도하기 위한 하나의 의식적 노력이다. 교육과 생활지도의 목적은 개인의 성장 · 발달이라는 면에서는 동일하나 교육에서 사용하는 방법과 생활지도에서 사용하는 방법과는 차이가 있다. 생활지도의 목표는 다음과 같다.

① 자신에 대한 올바른 이해
② 개개인의 잠재능력을 개발하는 것
③ 자율적인 문제해결 능력의 신장
④ 현명한 선택과 적응
⑤ 전인적 인간 발달
⑥ 민주시민의 육성

3) 생활지도의 원리

생활지도의 실천원리로는 계속성의 원리, 전인적인 원리, 균등의 원리, 과학성의 원리, 적극성의 원리, 협동의 원리 및 조직의 원리로 구분되는데(이현림, 2007; Shertzer & Stone, 1981), 구체적인 내용은 다음과 같다.

(1) 계속성의 원리

생활지도는 한 번의 지도로 끝나는 것이 아니라 종합적 계획 아래 계속적으로 관심을 가져야 할 과정이다. 진학, 취직 및 이에 대한 정치활동, 추수지도,

새로운 학교나 직장에 잘 적응할 수 있도록 사전지도 등이 필요하다.

(2) 통합성의 원리

생활지도는 개인의 특수한 생활영역이나 기능 등의 일부분만을 다루는 것이 아니라 개인의 전체적인 면을 다루며 지도하는 것이다. 즉 생활지도는 전인적인 입장에서 다루어져야 한다.

(3) 균등의 원리

생활지도는 학생 개개인의 가능성을 최대한 발달하도록 도와주는 것이기 때문에 문제학생이나 부적응아뿐만 아니라 전체 학생을 대상으로 이들의 잠재적 가능성을 최대로 발달시킨다.

(4) 과학성의 원리

학생들에 대한 올바른 이해를 위해 구체적이고 객관적인 자료를 수집하고 활용하여야 한다.

(5) 적극성의 원리

사후지도가 아닌 적극적 예방지도에 중점을 둔다.

(6) 협동의 원리

생활지도는 담임교사나 상담자만의 임무가 아닌 학교 전교직원과 가정, 지역사회와의 긴밀한 상호작용, 협동이 필요하다.

(7) 조직의 원리

생활지도는 교사를 중심으로 구체적인 조직 기구를 가지고 이루어져야 한다. 생활지도의 조직체제와 조직활동은 목표달성의 효율적인 수단이 되기 때문이다.

3. 생활지도의 영역

1) 학업지도

학업지도(educational guidance)는 학교활동의 중핵적인 영역으로 학생들의 학습을 돕는 활동이다. 구체적인 학업지도의 형태는 오리엔테이션, 학업부진아 및 특수아 지도, 학습습관 및 방법지도, 진학지도, 각종 검사에 의한 학습행동과 학업성취도의 평가 등이 포함된다.

2) 진로지도

각 학생들이 자신의 진로에 대한 의식을 고취하고 자신의 적성에 맞는 진로의 결정과 그 목표달성에 필요한 활동들을 실행할 수 있도록 돕는 영역이다. 진로지도(career guidance)는 개인으로 하여금 중요한 미래의 방향을 선택 · 준비하도록 돕는 의사결정의 과정으로서, 여기에는 크게 진학지도와 직업지도가 포함된다. 직업정보의 제공, 직업준비 교육, 직업상담. 취업알선, 졸업 후의 추수지도 등이 해당된다.

3) 건강지도

학교에서의 건강지도(health guidance)는 학교생활 측면(급식, 급수, 채광, 휴식 공간, 학교건물, 정신 위생적 건강, 신체적 건강 등), 건강서비스 측면(건강진단, 신체검사, 질환이나 영양 결핍자에 대한 치료 등), 건강교수 측면(건강교육에 필요한 기초적인 원리와 지식을 이해시키고 스스로의 건강을 관리할 수 있도록 하는 것)의 세 영역으로 나누어진다. 그럼에도 불구하고 건강지도의 문제는 신체적 결함, 운동의 부족, 영양실조, 위생관념 등의 주로 신체적인 면의 지도를 의미한다. 건강지도에는 신체적 건강지도와 정신위생에 관한 지도, 공중위생지도, 안전지도 등이 포함된다.

4) 인성지도

인성지도(personality guidance)는 성격지도 또는 인격지도라고 하는데 개인의 정서적 안정 및 바람직한 품성을 형성하도록 도움을 주는 교육활동으로써 자기 성격의 긍정적인 특성을 발달시키고 촉진시킨다. 문제가 되는 요인은 정서적 문제, 사회적 행동문제, 가족관계의 문제, 종교나 가치관 등에 관련된 문제 등으로 지나친 내·외향성이나 우월감, 열등감, 정서적 불안, 욕구불만, 신경과민, 정신 불건강, 불건전한 습관과 태도 등이다. 모든 개인적, 심리적 부적응 문제에는 이에 관한 전문적인 지도가 포함되어야 하며, 이런 문제들은 개인을 대상으로 생활지도를 하는 것이 바람직하기 때문에 개별적인 생활지도 활동이 요구된다.

성격이라는 말을 한 마디로 개념을 정의하기는 어렵다. 그러나 성격이란 선천적인 면이 있음과 동시에 환경과의 상호작용으로 발전된다는 데는 이론의 여지가 없다. 청소년기엔 생활에 큰 변동을 가져오게 되어 성격발달에 큰 영향을 미치게 되는 데, 그들은 친구들과 고민을 나누고 가치관을 토의하며, 같이 즐기는 일을 찾아 가정 밖으로 돌고, 학교 안에서 보다 밖에서 무리를 지어

행동하기를 좋아한다. 이러한 성격을 통해서 그들의 성격은 급변하고 행동은 극단적인 것, 모험적인 것, 상도를 벗어나는 일이 많기 때문에 부모나 교사들의 특별한 지도가 요청되는 것이다.

5) 사회성 지도

사회성 지도(social guidance)는 가정과 학교 및 사회에서 건강하고 유익한 구성원으로서 생활할 수 있도록 돕는 활동이다. 교우관계, 이성관계, 가족관계, 기타 사회나 타인과의 관계에서 발생하는 여러 문제들을 지도하며, 이들 대인관계에 있어서 합리적으로 의사를 전달하도록 돕는 활동인데 집단활동을 통해서 가능하다. 공격적이거나 반항적인 행동, 파괴적 행동이나 퇴행적, 도피적 행동 등과 같은 사회성 문제에 관련된 행동을 다룰 수 있다.

6) 여가선용 지도

여가선용 지도(leisure time guidance)는 개인에게 주어지는 자유로운 시간을 취미활동이나 창작활동, 감상활동 등으로 보람 있게 보낼 수 있도록 돕기 위한 영역이다. 여가의 활용은 정신건강의 증진뿐 아니라 공부의 능률 향상을 위해서도 필요한 것이므로 그 중요성이 점진적으로 인식되고 있다. 최근에는 각종 오락시설의 종류가 다양하게 보급됨에 따라 여가시간을 유효적절하게 이용하도록 하는 지도가 더욱 필요하게 되었다. 여가시간을 선용함으로써 개인의 인간성을 높이고, 교양을 풍부하게 할 뿐만 아니라 신체적으로나 정신적으로 새로운 활력을 얻도록 지도해야 한다.

7) 가정생활 지도

가정생활 지도(family-living guidance)란 학생들이 가족 구성원으로서 자신의 중요성을 인식하고 부모와의 관계에서 원만한 가정생활을 영위해 나갈 수 있도록 지도하는 것을 말한다. 가정적인 문제로 고민하거나, 가정생활에서의 갈등으로 인하여 부적응 상태에 있는 학생을 대상으로는 가정생활에 적응할 수 있도록 전문적인 상담과 지도를 해야 한다.

8) 창조성 지도

창조성 지도(creativity guidance)란 한 개인이 자신의 경험을 토대로 외부의 가치로운 정보를 받아들여서 현실 생활에서 보다 유용하고 독창적인 원리나 방법을 터득하도록 안내하는 것을 말한다. 교사는 교과서 내용을 설명할 때 창조력 증진을 위한 분위기를 마련해야 하며, 나아가서 학습지도안을 작성할 때도 창조적 학습지도안이 되도록 그 내용을 반영하여야 할 것이다.

4. 생활지도의 활동

1) 학생조사 활동

학생조사 활동(student inventory service)은 일정한 생활환경 속에서 자라나는 아동, 학생에 관한 자료를 수집하는 활동을 의미한다. 학생들을 올바르게 이해하기 위해서는 우선 그들의 필요, 흥미문제, 성장가능성과 생활환경을 바르고 정확하게 이해하는 것은 조직적인 생활지도의 가장 기초적인 단계라고 할 수 있다.

학생조사 활동의 대상으로는 가정환경, 학교성적, 특별활동, 교외활동, 교우관계, 지능, 적성 · 흥미, 성격, 건강, 장래의 희망 등은 물론이고, 현재의 적응 또는 부적응에 관련되는 모든 상황 및 조건이다. 학생조사 활동에서 수집된 자료는 객관적인 신뢰도가 높아야 하며, 수집된 자료는 문제해결에 필요한 사실과 요인이 포함되어야 할 뿐만 아니라 다양한 방법과 기술에 의하여 정보를 수집하고, 수집된 자료는 잘 기록 · 보관되어야 한다.

학생을 이해하기 위한 방법으로 가정환경, 개인의 지적 능력, 학업성취도, 적성 및 인성 또는 장래 희망 등의 자료를 수집하여 분석하기 위한 방법과 기술로는 ① 관찰법, ② 질문지법, ③ 면접법, ④ 검사법, ⑤ 사례연구법 등의 방법을 쓸 수도 있으며 각종 개인정보를 제시한 생활기록부 또는 각종 누가기록을 적용하여 파악할 수 있다.

2) 정보제공 활동

정보제공 활동(information service)이란 학생, 교사, 학부모에게 필요한 정보를 수집 제공하는 모든 활동을 뜻한다.

학생이 자기의 문제를 해결하거나 장래계획을 세우기 위해서는 자기를 둘러싸고 있는 환경조건을 이해하고 정확히 파악할 수 있어야 한다. 따라서 필요한 정보를 수집하고 제공해 주는 일은 생활지도 프로그램에서 중요한 자리를 차지하게 된다. Miller는 정보활동의 목적을 다음과 같이 제시하였다.

첫째, 학생이 현재 직면한 환경을 이해하고 이에 적응하는 것을 돕기 위한 것이다. 둘째, 학생이 미래의 직업이나 장래를 탐색하는데 소용되는 보다 넓은 정보를 마련하는 일이다. 셋째, 장차 특정한 계획과 직업계획에 필요한 정보를 얻고 해석하는 것을 돕는 것이다.

이러한 목적에 대해 생활지도에서 필요로 하는 정보는 교육적 정보, 직업적 정보, 개인적 · 사회적 정보 등의 세 영역으로 구분할 수 있다.

(1) 교육적 정보

교육적 정보란 학생들이 학습활동을 해 나가는데 관계되는 정보를 말한다.

다시 말해서 학생들이 자기의 교육계획을 합리적으로 세우고 교육과 학습의 기회를 최대한으로 활용하기 위하여 알아 두어야 할 정보자료를 말한다. 예를 들면, 상급학교 진학을 위한 교육프로그램에 관한 안내, 장학제도 및 기타 학비조달에 관한 사항, 학교 내외의 도서관 이용법과 자료 수집법, 학습습관과 기술에 관한 사항, 특정한 과정의 학습 요령 등이다.

(2) 직업적 정보

직업적 정보란 직업에 관련된 사항을 합리적으로 계획하고 타당한 직업 선택을 할 수 있도록 도움을 줄 수 있는 유용한 자료를 말한다. 예를 들면, 작업의 분류와 종류, 각종 직업에 취업하기 위한 자격, 취직과 승진에 필요한 지식과 방법, 각종 직업에서의 작업조건, 기술고시 및 기술자 등록에 관한 사항 등을 말한다.

(3) 개인적 · 사회적 정보

개인적 · 사회적 정보는 자기 자신과 남을 이해하는데 필요한 정보로서 자신을 보다 잘 이해하고 발전시키는 것을 돕는 인간에 관한 자료를 말한다. 예를 들면, 자기 이해와 자기 통찰에 유용한 자료, 건전한 인성의 발달을 도울 수 있는 자료 등을 말한다.

이상의 정보들은 한데 묶어서 통합적으로 수집하고 제공하는 과정으로 이루어져야 한다. 정보의 수집은 여러 분야에 있어서 전문적인 이해가 있는 교사에 의해서 그 원천을 찾아 여러 정보를 수집, 적절히 분류하고 조직하여 언제나 필요한 정보를 용이하게 사용할 수 있도록 하여야 한다. 또한 수집된 정보를 제공할 때는 학생의 성숙 수준과 필요와 흥미에 맞추어 교육적으로 제공되어야 한다.

3) 상담활동

상담은 전체 생활지도 활동 가운데 가장 핵심적인 영역을 차지하는 활동으로, 학생들은 상담을 통해서 그들이 당면하고 있는 부적응의 문제해결을 위하여 직접 도움을 받을 뿐만 아니라 그들의 장래 계획을 설계하고 자신의 힘으로 건전한 발달을 이룩하는데 도움을 주게 된다.

(1) 상담의 의미

상담(counseling)이란 말은 원래 라틴어의 counsulere에서 유래하였으며, 이 말은 고려하다, 반성하다, 숙고하다, 조언을 받다, 문의하다 등의 뜻이 포함되어 있다. 각각의 학자들이 제시하는 상담의 의미에 관한 정의를 소개하면 다음과 같다.

① Williamson
일시적으로 각 개인의 적응을 도울 뿐만 아니라 장래 적응을 준비하도록 돕는 것이다.

② Rogers
상담은 개인의 태도와 행동을 변화하는데 도움이 될 목적을 가진 일련의 개인적인 접촉을 의미한다.

③ Bordin
상담은 면접의 매개를 통해서 각 개인이 자기의 문제를 해결하도록 돕는 과정이다.

④ 정원식과 박성수(1978)

상담이란 도움을 필요로 하는 사람과 도움을 줄 수 있는 사람 사이의 개별적인 관계를 통하여 새로운 학습이 이루어지는 과정이다.

⑤ 이장호(1986)

상담이란 도움을 필요로 하는 사람이 전문적인 훈련을 받은 사람과의 대면관계에서 생활과제의 해결과 사고, 행동 및 감정 측면의 인간적 성장을 위해 노력하는 학습과정이라고 정의하여 궁극적으로는 학습과정을 강조하였다.

이상에서와 같이 상담의 정의는 학자들마다 다양하게 내려지고 있으나 그 의미는 비슷하다. 그러므로 상담은 적응상의 문제에 직면하여 조력을 필요로 하는 개인과 심리학적 훈련이나 지식과 풍부한 경험으로 타인을 조력할 수 있는 자질을 가진 전문가와 면대면(face to face)의 관계에서 면접을 통해서 행해지는 적절한 원조의 과정이라고 할 수 있다.

(2) 생활지도 · 상담 · 심리치료

이장호(1986)는 상담과 심리치료가 명확히 구별되기는 어렵고, 상담자가 상담이라고 생각하는 것을 심리치료에서 하고 있는 반면에, 심리치료자가 심리치료라고 보는 것을 상담자가 하고 있으며, 그럼에도 불구하고 둘은 같지 않다고 한다. 많은 학자들이 구별해 놓은 개념을 Shertzer와 Stone(1981)은 다음과 같이 설명하였다.

첫째, 생활지도는 학생들로 하여금 적절한 계획을 수립하고 실천해서 생활에서 만족할 만한 적응을 할 수 있도록 조력하는데 목적이 있는 학교 전체의 활동과 봉사 프로그램을 의미한다. 상담은 생활지도의 일부로 여겨진다. 즉 생활지도와 동의어로 사용되는 것이 아니고 생활지도에 포함되는 것이다.

둘째, 심리치료는 일반적으로 개인의 성격에 더 깊이 관여되고 좀 더 심각한 행동의 교정에 관심을 두고 있다. 전체 생활지도 프로그램과 마찬가지로 상담은 합리적인 계획, 문제해결, 상황적인 압력에 대한 지지 등을 강조한다. 상담관계는 치료관계에서 발견되는 것보다 정서적인 표현이 덜 강하다.

셋째, 상담의 대상자는 비정상적이나 극단적인 적응문제를 보이는 사람보다는 정상적인 사람들이다. 심리치료는 심리적 장애를 가진 사람을 대상으로 한다. 상담은 본질적으로 발달을 저해하는 욕구불만과 다른 장애적 요인을 제거하도록 정상인을 돕는 반면에 심리치료는 성격적 장애를 다룬다.

넷째, 상담은 주로 현재의 의식적인 자료에 기초를 두고 있는데 반해, 심리치료는 재현이나 무의식적 과정에 주로 의존하게 되는 역사적 그리고 상징적인 자료를 더 중시하는 경향이 있다.

다섯째, 상담은 주로 학교, 대학, 지역 봉사기관, 교회 등에서 실시되고 심리치료는 병원이나 진료 기관과 같은 곳에서 주로 실시된다.

여섯째, 상담자는 주로 개인의 긍정적인 측면을 강조해서 개인적, 사회적 상황에서 사용하도록 하지만 심리치료는 진단과 치료를 강조한다.

일곱째, 심리치료는 상담보다 목표를 달성하는데 더 장기간이 소요된다.

여덟째, 상담은 개인으로 하여금 명확한 정체감을 갖도록 하는 조력으로 이해되고 심리치료는 개인의 내재적인 갈등을 다룬다.

(3) 상담의 과정

	단계	내용
1	면담을 위한 준비	내담자에 대한 환경적 자료 검토
2	상담의 구조화	상담자의 역할과 상담 진행에 있어 내담자가 준수해야 할 내용에 관한 안내
3	목표 설정	문제의 규명과 이에 대한 상담자와 내담자의 합의된 목표 설정
4	Rapport형성	온화함, 진실함, 수용, 공감 등으로 내담자를 대하는 태도와 자세 필요
5	목표 실행	내담자의 말에 적극적 경청, 내담자의 자원을 활용하여 문제를 보는 관점의 변화와 문제해결을 위한 적극적인 역할을 하도록 이끔
6	종료	호소 문제가 해결되면 종결, 상담에 대한 평가, 문제해결이 되지 않았다면 다른 전문가에게 위촉할 것인지 결정 등 검토
7	사후지도 계획	상담 내용 기록, 상담 후 지도에 대한 계획

4) 정치활동

정치활동(placement service)이란 학생에게 알맞은 다음 단계나 집단에 배치되어 그 생활에서 원만히 적응할 수 있도록 돕는 활동이다. 즉, 학생의 능력이나 흥미에 맞게 적절하게 배치하는 활동을 말한다. 개인의 성장과 발달은 삶의 장기적인 전망 속에서 선택과 결정을 통하여 이루어지고 있다. 그러므로 인간은 어느 한 가지를 결정짓고 다음 단계로 넘어가 새로운 결정을 내리지 않으면 안 되며 이 때에 자기선택과 자기결정을 위해서는 보다 많은 객관적인 정보와 제삼자의 도움을 필요로 하게 된다.

정치활동은 크게 교육적 정치활동(학업적 정치활동)과 직업적 정치활동으로 대별된다. 교육적 정치활동은 교과활동의 선택에 대한 지도, 교과 이외 활동에 대한 선택지도, 진학 · 전과 · 전학 · 중퇴 · 월반에 대한 지도, 실습 · 훈련과정에 대한 지도 등이 포함된다. 직업적 정치활동은 졸업생이나 중도 퇴학자를 대상으로 실시되기도 하지만 경제적으로 어려움을 겪는 학생에게 적절한 직업이나 부직을 알선해 주는 활동도 포함될 수 있다(오만록, 2002).

5) 추수활동

추수활동(follow-up service)은 생활지도 프로그램에 의해 도움을 받은 학생을 대상으로 하여 계속적이며 진보적인 발전을 위해 도움을 주고 동시에 학교의 생활지도 프로그램의 평가와 개선을 위해서 필요한 활동이다.

추수활동의 내용에는 학교를 떠났거나 과거에 지도를 받았던 학생에게 계속해서 그가 당면한 상황에 대하여 필요한 정보를 제공하는 일, 자기를 평가하고 이해할 수 있는 정보를 제공하는 일, 새로운 생활에 적응하고 있는지를 확인하는 일, 졸업생이나 중퇴생들과 계속해서 접촉하여 친화감을 유지하면서 교육적인 영향력을 발휘하는 일이다. 또한 학생 및 학교와 지역사회 간의 유대를 긴밀하게 하는 일, 과거에 지도했던 학생들로부터 학교교육 활동에 도움이 될 만한 정보를 자료 제공하는 일, 학교교육 활동에 도움이 되는 건설적인 의견을 청취하는 일, 과거에 지도를 받았던 학생들을 위해 계속적으로 상담활동을 하는 일 등이 포함된다. 추수지도의 대상은 재학생, 중도 퇴학자, 졸업생을 포함한다.

학생에게 상담이나 지도를 해 주고 학생들이 좋은 결과를 얻었다는 일회적인 것으로 모든 지도가 끝나는 것이 아니라 그 학생이 얼마나 계속적이고 향상적인 발전을 해 나가고 있는가를 알아보고 보살펴 주는 것은 지도의 마지막 완성을 위하여 꼭 필요한 것이다.

5. 상담이론의 이해

1) 지시적 상담

세계 제1차 대전 이후에 Terman, Thorndike와 같은 학자들을 중심으로 지능검사, 적성, 흥미, 인성 등 각종 심리검사가 쏟아져 나오기 시작함으로써 이와 같은 측정운동의 영향을 받아 상담의 영역이 개인의 직업지도, 교육지도 외에 인성적 지도가 필요하다고 생각되어 상담은 전문가, 즉 상담자가 내담자에게 부적응적 문제에 대한 해석을 내려주고 부족한 정보를 제공함으로써 내담자가 자기의 문제를 해결할 수 있도록 암시와 충고를 주는 것으로 생각하게 되었다.

지시적 상담(directive counseling)은 특성요인상담(trait-factor counseling), 상담자 중심상담, 의사결정적 상담이라고 불리기도 한다. 특성요인상담의 핵심은 개인의 특성(능력, 흥미 등)과 직업 및 직무요인을 짝짓는(matching) 것이다. 이 상담기법은 전문가가 내담자에게 합리적인 정보를 제공하고 미래의 계획을 세우는데 도움을 주는 것으로 직업상담에서 비롯되었다. 지시적 상담은 학생이 스스로 문제를 해결할 수 있도록 암시와 충고를 주는 방법이다. Williamson이 1939년 「How to Counsel Students」란 책을 출판하면서 체계화되었는데, 6단계로 진행되어진다.

(1) 상담의 진행과정

분석(analysis), 종합(synthesis), 진단(diagnosis), 예진(prognosis), 상담(counseling, treatment), 사후지도(follow up)의 과정으로 진행된다.

Williamson에 의하면 진단이란 내담자의 문제를 규명하기 위해서 필요한 모든 정보를 수집하는 것이며, 진단이 이루어짐으로 해서 예진을 할 수 있게 되고 그렇게 함으로써 문제해결을 위한 현명한 결정을 내릴 수 있다고 하는 것이다. 진단은 상담의 기초가 된다고 보아서 이 여섯 단계 중 진단과 상담을 중요한 단계로 들고 있다.

지시적 방법의 전제로는 첫째, 상담자는 탁월한 훈련과 경험과 정보를 가지고 있으므로 문제가 어떻게 해결되어야 하겠느냐를 암시하고 충고함에 유능하다. 둘째, 한 개인의 부적응이 그의 지적 능력을 완전히 제거하는 것은 아니며 따라서 상담은 주로 지적 과정이다. 셋째, 상담이 필요하여 찾아오는 학생들은 대개 그의 편견이나 정보의 부족 등에서 오는 제약 때문에 자기의 문제를 독립적으로 해결하기 어렵다. 넷째, 상담의 목표는 주로 문제해결의 장면을 통해서 달성된다는 것 등이다.

(2) 상담의 기술

Williamson은 상담의 기술로 다음의 다섯 가지를 들고 있다.

① 타협시키는 것이다.
② 환경을 바꾸는 것이다.
③ 적절한 환경을 선택하기이다.
④ 필요한 기술을 학습시키는 것이다.
⑤ 태도를 고치게 하는 것이다.

2) 비지시적 상담

Rogers에 의한 비지시적 상담(nondirective counseling)이란 내담자가 중심적 역할을 하고 상담자는 허용적인 분위기를 조성하여 내담자로 하여금 사고를 자유롭게 하고 문제를 사실대로 진술함으로써 자기 스스로 문제를 해결할 수 있도록 도와주는 방법이다. 내담자 중심상담(client centered counseling), 인간중심상담(human-centered counseling)이라고도 하는데, 인간중심상담의 목표는 충분히 기능하는 인간(fully functioning person)이 되도록 조력하는 데 있다. 충분히 기능하는 인간은 자신의 잠재력을 인식하고 실현한 사람이다. 이 방법은 Freud의 정신분석학, Rank의 의미요법, 형태심리학, 미국의 심리학 등의 영향을 받고 있다.

비지시적 상담에서는 상담자의 태도가 치료적 요인으로 활용되어 질 수 있다는 중요한 사실을 임상적인 사례를 통해서 명확하게 밝히고 있다.

따라서 상담자의 3가지 태도를 토대로 구체적으로 살펴보고자 한다.

(1) 진실성

진실성(genuineness)이란 상담자의 반응이 내적 경험과 일치하는 상태, 즉 속으로 생각하고 느끼는 것과 언행이 일치되는 것을 의미한다. 상담자로서의 역할 수행을 위한 가식적인 모습으로서가 아니라 인간으로서의 자신의 모습을 진솔하게 나타내는 것을 말한다.

(2) 공감적 이해

공감적 이해(empathetic understanding)란 상담자가 내담자의 내면세계를 정확하게 그리고 감정이입적으로 이해하는 것을 뜻한다. 즉 자기 자신을 잃지 않고 내담자의 내적 세계를 마치 자신의 내면세계인 것처럼 느끼는 것이다. 상담자의 이와 같은 이해는 내담자가 자연스럽게 그리고 깊이 그 자신을 생각하고 자신에 대한 이해를 증진시킨다.

(3) 무조건적 긍정적 존중

무조건적 긍정적 존중(unconditional positive regard)이란 내담자의 특정행동을 조건으로 하지 않고 내담자를 하나의 독립된 인간으로 수용하여 그로 하여금 자신의 감정을 느끼고 주체적으로 자신의 경험을 가질 수 있게 하고, 거기에서 자기 나름의 고유한 의미를 발견하도록 허용하는 태도를 말한다. 상담자는 내담자를 갈등과 부조화, 좋은 점과 나쁜 점을 모두 갖추고 있는 그대로의 개인으로서 수용한다.

3) 정신분석 상담

Freud에 의해서 창안된 정신분석 상담에서 바라보는 인간은 비합리적이고 결정론적인 존재로 가정된다. 그는 인간의 행동이란 기본적인 생물학적 충동과 본능을 만족시키려고 하는 욕망에 의해서 동기화되는 것으로 보았다. 인간의 부적응 행동은 무의식적 동기나 욕구에서 찾았으며, 개인이 의식할 수 없는 무의식 속에 잠재해 있는 갈등이 해결되지 않으면 심리적 긴장을 야기시켜

심한 경우에는 여러 외적 증상으로 나타난다고 보았다. 즉, 정신분석 상담은 무의식의 의식화 과정을 통해서 억압된 내면의 감정이나 긴장을 발산하고 내담자가 행동의 동기를 이해하고 통찰할 수 있게 도와서 부적응 문제를 해결하고 정신건강의 회복을 돕는 과정이다.

정신분석 상담의 진행과정을 살펴보면 다음과 같다.

(1) 상담과정

① 초기 과정

내담자의 문제를 파악하고 이를 근거로 해서 정신분석의 여부를 결정할 수 있으며, 내담자의 이해를 위해서 더 많은 정보를 수집하는 과정이다. 한편 현실생활에서의 곤란한 점들을 파악하고, 그가 이루어 놓은 것, 다른 사람과 관계를 맺는 방식, 가족 배경과 아동기 발달의 역사 등을 말한다.

② 전이의 발달과정

과거의 경험을 떠오르게 할 뿐더러 이야기하도록 도와서 내담자가 인식하기에 매우 사소하고 작은 일들이라 하더라도 내담자의 마음에 떠오르는 것이라면 무엇이든지 말하도록 한다. 내담자와 상담자 사이에 친숙한 관계가 형성되면 내담자 자신의 무의식적인 갈등의 문제를 표출하게 되는데 그 갈등과 관계되는 중요한 인물에 대한 내담자의 정서적 반응이 함께 표출된다. 전이란 내담자의 초기경험에 있어서 중요한 인물과의 관계에서 형성된 왜곡된 정서를 말한다. 이 과정에서 상담자는 내담자가 그 인물의 의미를 지니게 되는 전이 현상이 일어난다. 이 과정에서 잊어버렸던 어린 시절의 기억들과 억압된 무의식적인 환상들이 의식적으로 재연하게 되는데, 현실과 환상, 과거와 현재를 분별할 수 있게 도와주고 어린 시절의 무의식적인 환상적 소원들의 욕구와 충동을 현실적으로 이해하도록 해석을 통해서 내담자는 통찰을 가져오게 된다.

③ 훈습 과정

전이의 분석은 오랜 시간에 걸쳐서 진행이 되며, 훈습은 무의식의 자료와 방어를 탐색하는 것으로 반복과 정교화, 확충하는 활동들로 이루어지는 과정을 말한다. 훈습 과정에서는 통찰을 지속적인 활동과정을 통해서 더욱 공고하게 하는 것이다. 내담자는 자신의 억압된 감정이나 충동을 이해하고, 이해하는 바를 느끼게 되면서 현실을 부정하기보다는 직면할 수 있게 되고 보다 성숙되고 효과적인 방법으로 반응하는 것을 배우게 되는 것이다.

④ 전이의 해결 과정

내담자의 무의식적이고 신경증적인 애착을 해결하는 단계를 말하는데, 이 단계에서는 내담자가 상담을 청하게 된 원인이었던 증상들이 놀랍게도 약화된 현상을 보인다. 그리고 지금까지 억압되어 있던 기억들이 나타나서 상담의 초기에 이루어졌던 해석이나 재구성을 확고히 하고 정교화시켜 주며, 내담자나 상담자가 상담을 종결하기를 합의하게 된다.

(2) 주요 상담기법

① 자유연상(free association)

내담자의 마음에 떠오르는 대로 말하게 하는 방법이다. 즉 내담자가 가능한 한 마음을 비우고 아무리 고통스럽고 꺼림칙하고 혹은 부끄럽고 사소한 것일지라도 떠오르는 대로 남김없이 모두 이야기를 하도록 한다. 내담자는 자유연상을 통해서 과거를 회상하고 충격적인 상황 속에서 느꼈던 여러 가지 감정을 발산하게 된다.

② 꿈의 분석(dream analysis)

우리는 수면 중에 내면에 억압되어 있던 감정과 욕망이 의식표면에 떠오르게 된다. 꿈에서 상징적으로 나타나는 동기와 갈등에 초점을 두고, 무의식적으로 억압된 욕구를 찾아내어 내담자로 하여금 해결되지 않은 문제들에 대한 통찰력을 얻게 하는 중요한 절차이다.

③ **저항의 분석**(resistance analysis)

저항은 상담의 발전을 방해하고 상담자에게 비협조적인 내담자의 무의식적인 욕구를 표출하는 것을 방해한다. 이렇게 내담자가 저항하는 이유는 자신의 억압된 충동이나 감정을 알아차렸을 때 느끼게 되는 불안으로부터 자신을 보호하기 위한 것이다. 상담자가 이 같은 저항에 내담자가 직면할 수 있도록 돕는 것을 말한다.

④ **전이의 분석**(transference analysis)

전이는 내담자가 과거의 중요한 인물에게 느꼈던 감정을 상담자에 옮기는 것을 말하는데, 상담자는 중립적이고 객관적이며 비교적 수동적인 자세를 취함으로써 내담자의 전이를 유도한다. 상담자는 내담자의 전이를 이해하고 분석해 주어야 하며 내담자의 전이감정이 해소되면 내담자는 과거의 영향으로부터 벗어나게 되며 보다 정서적으로 성숙한 인간이 될 수 있다. 상담자는 내담자가 상담자를 어떻게 대하는지, 어떤 감정으로 느끼는지 등을 관찰하고 의미가 무엇인지를 이해하고 분석해 가야 한다. 즉 상담자는 내담자의 행동이나 태도가 전이를 반영하는지의 여부를 확인하는 것이 중요하며, 이를 통해서 전이가 확인되면 내담자가 이해할 수 있도록 해석해 주는 것이 요구된다.

⑤ **해석**(interpretation)

해석은 내담자의 겉으로 나타나는 문제가 내부적 정신작용에 관련되었음에도 불구하고 이를 의식하지 못하거나 깨닫지 못할 때 그 관련성을 설명해서 이해시키는 것이다. 해석의 기능은 자아가 새로운 자료를 동화하고, 더 많은 무의식적 자료를 드러내도록 가속화하는 것이다. 행동에 대한 단순한 설명이 아닌 더 깊은 무의식의 자료를 자아가 탐색할 수 있도록 도와주는 기능을 한다.

4) 개인심리 상담

Adler(1870~1937)는 초기에 Freud 이론의 신봉자였으나, 후기에 이르러 인간의 성격이나 행동이 오직 성적이고 생물학적인 충동에 의해서만 결정된다는 Freud의 생물학적 결정론을 비판하고 사회적 · 가족적 요인을 중시하는 사회적 결정론을 주장하며 Fromm, Jung 등과 함께 신프로이드 학파(Neo-Freudians)에 속한다. 그는 대부분의 사람들이 갖고 있는 열등감과 무력감 그리고 그것을 보상 또는 극복하려는 우월성(superiority)의 추구가 인간의 행동과 발달을 결정한다고 보았다(김영호 외, 2010). 그의 개인심리이론(individual paychology)은 개인이 통합된 목적을 가지고 있는 사회적이고 창조적이며 자율적으로 의사결정을 하는 존재라는 점을 기본 원리로 한다(Sherman & Dinkmeyer, 1987). 따라서 개인의 과거 경험보다는 미래에 더 많은 관심을 두고 개인의 가치, 신념, 태도 관심 등을 강조한다.

개인심리상담에서의 목표는 개인이 자신의 삶에 대해 가지고 있는 그릇된 신념을 인식하고 변화시켜 사회적 관심을 향상시키고, 그 결과 사회적 세계에 참여할 수 있도록 돕는 것이다.

개인심리상담에서는 상담자가 특정한 상담 · 치료 절차에 얽매이지 않고 자유롭게 내담자를 상담하게 되는데, 상담자는 내담자에게 가장 적합한 상담기법이 될 것을 선택하여 적용할 수 있다. 이 접근은 초등학교 교육, 교사들에 대한 자문, 부모교육, 부부상담, 가족상담 등의 영역에서 활발히 이루어졌으며, 지역사회와 정신건강 운동까지 확대되었다(Ansbacher, 1974).

5) 합리적 · 정서적 · 행동적 치료(Rational Emotive Behavior Therapy)

인간의 신념이나 생각 등 인지적인 면들이 정서와 행동에 영향을 미친다는 점을 강조한 대표적인 이론으로서 Ellis에 의해서 창시되었다. 합리적 · 정서적 · 행동적 치료의 핵심은 비합리적인 생각이 부적절한 정서로 이어지고, 또한 부적절한 정서는 결국 부적절한 행동으로 이어지므로 합리적인 생각을 하도록 하여 합리적인 생각이 적절한 정서와 행동으로 바뀌도록 하는 것이다.

상담의 진행과정에 대해서 다음을 살펴보고자 한다.

(1) 선행사건(Activating event)

개인에게 사고나 정서적 혼란을 일으키는 어떤 사건을 말한다. 가령 시험에 떨어졌거나 실직하게 되었다든지, 여러 사람 앞에서 상사로부터 꾸지람을 들었다든지와 같이 인간의 생각과 정서를 유발하는 어떤 사건이나 행위를 의미한다.

(2) 신념체계(Belief system)

문제 장면에 대한 내담자의 관점 또는 신념, 활동, 행동 또는 사건에 대한 개인의 신념으로 이성적, 현실적, 합리적 신념과 비이성적, 비현실적, 비합리적 신념이 있다.

(3) 결과(Consequence)

선행사건에 접했을 때 비합리적인 태도 내지는 사고방식을 가지고 그 사건을 해석함으로써 느끼게 되는 정서적 결과를 말한다. 비합리적인 사고방식을 지닌 사람들은 대개의 경우 지나친 불안, 원망, 비판, 죄책감 등과 같은 감정을 느끼게 되고, 정신장애와 질환을 앓게 되기 쉬우며 주로 방어적 태세를 취하는 경향이 있다. 문제가 발생한 것을 내담자가 보고하는 신념에 대한 정서적, 인지적, 행동적 결과나 반응으로 이성적, 현실적, 합리적 결과와 비이성적, 비현실적, 비합리적 결과가 있다.

(4) 논박(Dispute)

자신이 가지고 있는 비합리적인 신념이나 사고에 대해서 도전해 보고 과연 그 생각이 사리에 맞는 것인지를 다시 한 번 검토해 보도록 상담자가 촉구하는 것을 말한다.

(5) 효과(Effect)

내담자가 가진 비합리적인 신념을 철저하게 논박함으로써 합리적인 신념으로 대치한 다음에 느끼게 되는 자기 수용적인 태도와 긍정적인 감정의 결과를 지칭한다. 논박의 효과에는 논박을 통하여 이성적으로 생각하게 되는 인지적 효과와 바람직한 정서로 바뀌는 정서적 효과 및 바람직한 행동을 나타내는 행동적 효과 등을 말한다.

6) 행동주의 상담

Watson은 인간에 대한 견해를 말할 때 건강한 어린이라면 누구라도 환경의 형성을 통해서 그가 원하는 대로 만들 수 있다고 강조하였다. 행동주의적 상담에서는 인간이 환경을 만들기도 하고 환경이 인간을 만들기도 한다. 즉 내적 동기, 욕구, 충동 등과 같은 개념의 인정이라기보다는 인간의 겉으로 드러나는 객관적이고 관찰 가능한 행동을 상담의 대상으로 삼는 것이다. 그래서 바람직한 행동을 조성하거나 바람직하지 못한 행동을 제거하거나 감소시킨 학습이론의 원리를 토대로 해서 바람직한 행동의 변화를 갖도록 돕는다. 즉, 인간행동의 과학적인 견해에 기초하는 기법이다.

(1) 상담의 목표

학습된 구체적인 부적응 행동을 소거시키고 보다 효과적이고 바람직한 행동을 새롭게 학습시키는 것이 주요 목표이다. 목표는 언제나 구체적이면서 관찰되고 측정될 수 있는 행동술어로 진술되어야 한다.

(2) 상담의 기술

① **체계적 둔감법**(systematic desensitization)

불안을 일으키는 자극을 가장 약한 정도에서 출발하여 가장 강한 자극으로 옮겨가면서 점차 자극력을 감소해 나가는 방법이다. 즉 공포, 긴장, 불안 반응에 유쾌 감정을 넣어 이완시키는 자율훈련법이다. 상담과 실행의 반복을 강조하는 것이며, 1920년대에 동물 공포증을 지닌 소년에게 동물을 보이면서 맛있는 식사를 제공하던 행동주의 임상실험과 같은 원리이다.

근육의 긴장이완 훈련은 불안의 위계표를 작성한 뒤에 위계에 따라 학습하면서 불안 정도를 줄이는 방법이다.

② **모델링**(Modeling)

다른 사람의 행동을 관찰함으로써 내담자가 습득해야 할 행동을 변화시키는 방법이다.

③ **토큰 경제**(token economy)

바람직한 행동을 인정해 주는 표시로 상징물(token)을 주어 나중에 내담자가 원하는 물건이나 권리와 바꿀 수 있게 함으로써 행동수정에 유용하게 사용되는 방법이다.

④ **혐오치료**(version therapy)

비합리적인 증상이 나타날 때마다 고통스러운 혐오 자극을 가하여 문제행동을 소거시키는 방법이다. 혐오 자극으로는 전기 자극이나 구토제가 쓰이며 이 방법은 문제행동을 처벌하는 동시에 대처할 바람직한 다른 행동을 강화해 줄 때 효과가 더 크게 나타난다.

⑤ **행동조성**(Shaping)

복잡하고 습득하기 어려운 행동을 작은 단위로 쪼개어 조금씩 습득하여 최종적 목표행동을 습득할 수 있도록 하는 방법이다.

⑥ **자기주장 훈련**(assertive training)

대인관계에서의 억제된 생각이나 감정을 적절한 방식으로 표현하도록 함으로써 부적절한 정서와 반응을 바꾸거나 비합리적 사고를 없애고 부적절한 행동을 수정하며, 적극적이고 생산적인 생활태도를 갖추도록 하는 방법이다.

7) 현실 상담

선택이론에 의해서 인간의 행동을 설명하는 현실 상담(reality counseling)은 Glasser(1965)에 의해서 창안되었으며, 인간은 내면적인 동기에 의해서 행동을 하는데 끊임없이 욕구충족을 위한 창조적인 방법을 고안해 내고 실행하며 성공적으로 욕구충족을 이루어 낸다. 따라서 현실 상담은 내담자가 자신의 행동을 스스로 평가하게 하고, 자신의 욕구 충족을 위한 효과적인 행동을 학습하도록 돕는 과정을 말한다.

(1) 선택이론

선택이론(selection theory)은 모든 생물들이 어떻게, 그리고 왜 행동하는가를 설명하는 생물학적 이론으로, 인간의 모든 행동은 결국 자기 자신이 선택한 것이므로 선택에 대한 책임도 전적으로 자신에게 있다는 점을 강조한다. 자신의 삶에 성취감을 북돋워 주고 또한 자신의 삶을 통제하는 긍정적인 개념으로 사용한다.

(2) 상담기술

1 WDEP 적용하기

Wubbolding(1991,1996)은 Glasser의 이론을 구체화하여 WDEP 상담과정 모델을 제안하였다.

① **욕구**(Want)

내담자들이 자신의 생활에서 무엇을 원하는지 구체적이고 명확하게 알도록 질문하고 내담자가 스스로 원하는 바를 탐색하도록 돕는다. 내담자는 자신의 생활이나 인간관계, 직장, 학교 등에서 만족하고 있는지의 여부를 파악하고 만족하지 못한다면 구체적으로 무엇에 대한 바람과 욕구가 있는지를 탐색하는 것이다. 우선 내담자가 가장 바라고 원하는 것에 대한 질문을 통해서 내담자의 좋은 세계(quality world)의 탐색을 하게 된다. 그리고 내담자의 진정한 바람은 현실에서의 바람을 충족시킬 수 있도록 구체적인 방법을 내담자의 지각세계를 탐색함으로써 찾도록 돕는다.

② **탐색**(Doing)

내담자가 자신의 바람 중에서 실제적인 욕구충족을 위해서 어떤 행동을 하고 있는지, 구체적으로 행동을 하고 있다면 그것은 무엇인지를 탐색하는 것이다. 내담자가 욕구충족을 위해서 어떤 행동을 하고 있는가를 함께 논의하는 것이다. 상담자와 내담자가 함께 하는 시간을 소유하게 된다. 그리고 상담자는 내담자가 자신의 행동을 보다 내적으로 통제할 수 있도록 돕는 것이 효과적이다. 따라서 상담진행 과정에서 상담자는 내담자의 현재 행동을 구체적으로 탐색하게 된다.

③ **평가**(Evaluation)

내담자가 자기평가를 할 수 있도록 돕는 과정이다. 내담자는 자신이 원하는 것과 원하는 것을 이루기 위해서 지금 행동하고 있는 것이 정말 도움이 되는지, 도움이 된다면 어떤 도움이 되는지를 스스로가 평가하도록 한다. 내담자가 보다 효율적으로 욕구를 충족시킬 수 있는 행동을 선택해서 자신이 살고자 하기보다는 효율적으로 욕구를 충족시킬 수 있는 행동을 선택해서 자신이 살고자 하는 방향으로 갈 수 있도록 돕는 것이다.

④ **계획**(Plan)

내담자의 바람과 바람 충족을 위한 전행동의 탐색이 이루어지면서 진정으로 원하는 행동인가를 스스로 평가하도록 돕는 과정이 이루어지면 상담자는 내담자의 바람을 이룰 수 있도록 구체적인 방법을 찾도록 돕는 것이다. 이런 과정을 체험하게 되면 내담자는 자신의 삶을 효율적으로 통제할 수 있게 된다. 무엇보다도 바람 충족을 위한 계획을 세우는데 있어서 고려해야 할 사항들은 다음의 내용, 즉 욕구 충족이 될 계획, 단순한 계획, 현실적이고 실현가능한 계획, 특정행동을 하도록 권장하는 계획, 스스로가 할 수 있는 계획, 구체적인 계획, 측정가능하고 반복적인 계획, 즉각적인 계획, 진행중심적인 계획 등과 같다.

8) 교류분석

미국의 정신과 의사 Berne(1910~1970)이 창시한 심리치료기법인 교류분석(transactional analysis)은 의사소통을 이해하고 분석하는 방법을 일컫는다.

교류분석은 개인에게 세 가지 자아상태가 있다고 가정하고, 두 사람 사이에서 일어나는 교류의 구체적인 형태는 두 사람의 자아 상태에 따라 달라진다고 본다.

- 부모 자아(parent ego) : 부모나 성인의 말이나 행동을 무비판적으로 내면화한 것, 비판적 부모자아와 양육적 부모자아로 구성된다.
- 성인 자아(adult ego) : 합리적, 논리적, 객관적, 분석적인 측면으로 구성된다.
- 아동 자아(child ego) : 감정적이고 충동적인 측면으로 아동 교수 자아(창의적이고 탐구적인 측면), 적응적 아동 자아(순응적이고 의존적이거나 반항적인 측면)로 구성된다.

9) 게슈탈트 상담

Perls(1893~1970)가 창안한 게슈탈트 상담(Gestalt counseling) 혹은 형태상담은 ① 개체를 전체적인 관점에서 통합적으로 이해하려고 하고, ② 지금-여기(here and now)에 주안을 두며, ③ 게슈탈트의 형성과 해소를 강조하고, ④ 내담자의 자각을 중시하는 상담이다. 게슈탈트(Gestalt)는 '개체가 지각한 자신의 행동동기', 즉 자신의 욕구나 감정을 의미 있는 행동동기로 조직화하여 지각한 것을 의미한다. 예를 들어, 노래를 부르고 싶은 것, 교사가 되려는 것, 물을 마시고 싶은 것이 게슈탈트다. 단, 모든 욕구가 게슈탈트는 아니다. 게슈탈트는 자신이 처한 상황에서 욕구나 감정을 실현가능한 동기로 지각한 것이다. 개체가 게슈탈트를 형성하는 것은 욕구나 감정을 해소하기 위함이다. 게슈탈트 상담에 따르면 인간이란 현상학적이고 실존적인 존재로서 자신에게 필요한 게슈탈트를 끊임없이 형성하면서 살아간다. 여기서 현상학적이란 개체가 지각하는 현실에 주안을 둔다는 것을, 실존적이란 개체가 자신의 욕구를 선택하고 자신의 삶에 책임을 지는 존재라는 것을 의미한다. 게슈탈트 상담은 개체가 게슈탈트를 형성하여 지각하는 과정을 전경-배경 원리에 비추어 설명한다. 예컨대, 갈증을 느끼는 것은 갈증이 전경으로 떠오르고 다른 모든 것은 배경으로 사라졌다는 것을 의미한다. 그러므로 게슈탈트를 형성한다는 것은 개체가 그 순간에 가장 중요한 욕구나 감정을 전경으로 떠올린다는 말과 같다. 게슈탈트 상담에 따르면 분명하고 강력한 게슈탈트를 형성하는 것은 건강한 삶의 요건이다(권대훈, 2013). 따라서 내담자가 현재의 환경에 적응을 방해하는 요인을 부각시키고 그때그때 일어나는 전경을 보다 분명하게 부각시킬 수 있도록 도와주어 자신의 삶에 대한 책임을 질 수 있는 하나의 통합된 자아를 형성하도록 도와주는 것이 바로 게슈탈트 상담의 목적이라고 할 수 있다. 게슈탈트 상담은 절대적으로 현재에 중점을 두고 있기 때문에 과거에 대해 묻지 않고 상관하지도 않는 다는 특징이 있다. 또한 이 접근방법에서는 '어떻게'와 '무엇을'이라는 질문만을 많이 하고 '왜'라는 질문을 하지 않는데, 내담자에게 그 이유를 묻지 말고 현재 무엇을 어떻게 하고 있는가에 대해 부각시키는 것이 매우 중요하기 때문이다(임규혁 외, 2013).

참고 문헌

강경미 · 구광현 · 백경숙(2005). 아동발달. 서울: 대왕사.
권형자(2005). 생활지도와 상담. 서울: 태영출판사.
권대훈(2013). 교육심리학의 이론과 실제. 서울: 학지사.
고후순 외(2003). 유아교육사상사. 경기: 양서원.
구광현 · 가영희 · 이규영(2013). 교육심리학. 서울: 동문사.
김동일 · 이대식 · 신종호(2003). 학습장애 아동의 이해와 교육. 서울: 학지사.
김선 · 박보배 · 박애선 · 임선빈 · 임혜숙(1997). 심리학의 이해. 서울: 집문당.
김언주 · 구광현(1998). 신교육심리학. 서울: 문음사.
김영호 · 양은심 · 이순영 · 주수길(2010). 인간행동과 사회환경. 경기: 양서원.
김용래(2000). 효과적인 수업을 위한 교육심리학. 서울: 문음사.
김용래 · 김태은(2005). 교육심리학. 서울: 형설출판사.
김청자 · 장선철(2003). 교육심리학. 서울: 동문사.
김청자 · 정진선(2004). 상담의 이론과 실제. 서울: 동문사.
김청자 · 정진선(2005). 생활지도와 상담. 서울: 태영출판사.
김충기(1991). 생활지도와 상담. 서울: 교육과학사.
김태호 · 이난(2012). 교육심리학. 서울: 태영출판사.
김현택 외(1998). 심리학. 서울: 학지사.

김희수(2003). (신) 교육심리학. 서울: 문음사.

노안영 · 강영신(2003). 성격심리학. 서울: 학지사.

민윤기 · 김보성 · 안권순 · 한건환(2013). 인간생활과 심리학. 서울: 학지사.

박성수 · 정원식(1982). 카운슬링의 원리. 서울: 교육과학사.

박아청(1981). 교육연구를 위한 실험에 대한 일고찰. 한국교육, 한국교육개발원, 8(1), 71-86.

박아청(2000). 성격심리학. 서울: 교육과학사.

서울대 교육연구소(1994). 교육학 용어사전. 서울: 도서출판 하우.

신명희 외(2013). 교육심리학. 서울: 학지사.

신현기 · 변호걸 · 김호연 · 정인호 · 전병운 · 정해동 · 강영택 · 성수국 · 마주리 · 유재연 (2000). 특수 교육의 이해. 서울: 교육과학사.

안범희(2000). 성격심리학. 서울: 도서출판 하우.

안영진(2001). 21세기 교사양성을 위한 교육심리학. 서울: 창지사.

엄규혁(2001). 학습효과를 위한 교육심리학. 서울: 학지사.

오만록(2002). 학교교육의 이론과 실제. 서울: 형설출판사.

유기섭(1983). 중 · 고학생들에 대한 진로지도의 현황과 진로선정의 특징. 교육논총 제1호, 중앙대학교 교육대학원.

유기섭(1993). 교육심리학. 서울: 동문사.

유기섭· 하종덕(1992). 수업직후에 실시하는 시험의 효과. 한국교육문제연구소 논문집 제7호, 중앙대학교 한국교육문제연구소.

유기섭(2003). 교육심리학. 서울: 동문사.

이달엽(2003). 장애와 상담. 서울: 교육과학사.

이성진(1996). 교육심리학: 학문적 성격과 과제. 교육심리연구, 10(1), 25-40.

이신동(1994). 교육심리학 교재에 대한 내용분석 및 한 · 미 비교연구(1954-1988). 교육심리연구, 8(2), 69-86.

이신동(2012). 최신교육심리학. 서울: 학지사.

이장호(1986). 상담면접의 기초. 서울: 중앙적성연구소.

이종인 옮김(1999). 프로이드. 서울: 시공사.

이종철(2012). 교육심리학 개설. 경기: 정민사.

임규혁 · 임웅(2007). 학교학습효과를 위한 교육심리학(2판). 서울: 학지사.

임정훈 · 한기순 · 이지연(2016). 교육심리학. 경기: 양서원.

임홍빈 · 홍혜경 옮김(1997). 정신분석 강의(하). 서울 : 열린책들.

장선철(2005). 특수아동상담. 서울: 태영출판사.

정범모(1968). 교육과 교육학. 서울: 배영사.

정옥분(2004). 발달 심리학. 서울: 학지사.

정인석(1989). 교육심리학. 서울: 대왕사.

정진선 · 문미란(2005). 인간관계 심리의 이론과 실제. 서울: 시그마프레스.

최정훈 · 이훈구 · 한종철 · 윤진 · 정찬섭 · 오경자(2000). 인간행동의 이해. 서울: 법문사.

현성용외(2010). 현대 심리학 입문(2판 축약본). 서울: 학지사.

홍순정(1993). 지능과 창의성. 경기: 양서원.

황응연(1984). 현대생활지도. 서울: 교육출판사.

Marcy P. Driscoll저, 양용칠 역(2002). 수업설계를 위한 학습심리학. 서울: 교육과학사.

Ansbacher, H. L.(1974). Goal-oriented individual Psychology. In A. Burton(Ed.), Operational theories of personality(pp.94-142). New York: Brunner/Mazel.

Amabile, T. M.(1982). Children's artistic creativity: Detrimental effects of competition in afield setting. Personality and Social Psychology Bulletin, 8, 573-578.

Atkinson, R. C. (1957). A stochastic model for rote serial learning. Psychometrika, 22, 87-96.

Bandura, A.(1977). Self-efficacy. New York: W. H. Freeman and Co.

Barrs, B. J., & Gage, N. M.(2012). 인지, 뇌, 의식: 인지신경과학 입문서(강봉균 역). 서울: 교보문고.

Borich, J. D., & Tombari, M. L.(1995). Educational psychology. New York: Haper Collins College Publishers.

Collins, A., Brown, J. S., & Newman, S. E. (1989). Cognitive apprenticeship: teaching the crafts of reading, writing, and mathematics. In L. B. Resnick(Ed.), Knowing, learning, and instruction: Essays in bonor of Robert Glaser(pp. 453-494). Hillsdale, NJ: Lawrence Erlbaum Association Publishers.

Crawl, T. K.(1993). Fundamentals of Educational Research. Madison: Wm. C. Brown Communication, Inc.

Eggen, P. D., & Kauchak, D.(1992). Educational Psychologyl: Classroom Connections. Macmillan Publishing Company.

________(2001). Educational Psychology: Windows on Classrooms. New York: Prentice-Hall.

Flavell, J. (1976). Metacognitive aspects of problem-solving. In L. Resnick(Ed.), The nature of intelligence. Hillsdale, Nj: Erlbaum Associations Publishers.

Gage, N. L., & Berliner, D. C. (1984). Educational psychology(3rd ed.). Boston: Houghton Mifflin Company.

Glover, J. A., & Ronning, R. R.(Eds.)(1987). Historical foundations of educational psychology. NY: Plenum Press.

Goetz, E. T., Alexander, P. A., & Ash, M. J.(1992). Educational Psychology: A Classroom Perspective. NY: Macmillan Publishing Company.

Goleman, D.(1995). Emotional Intelligence. NY: Bantam Books.

Good, T. L., & Brophy, J. E.(1991). Looking in classrooms. New York: Harper Collins.

Gough, H. G., & Heilbrun, A. B.(1983). The adjective check list manual. Palo Alto, CA: Consulting Psychologists Press.

Grinder, R. E.(1989). The 'new' science of education: Educational psychology in search of a mission. In F. H. Farley & N. J. Gordon(Eds.), Psychology and education: The state of the union. Berkeley, CA: McCutchan.

Guskey, T. R.(1985). Implementing mastery learning. Belmont, CA: Wadsworth.

Hallahan, D. P., & Kauffman, J. M.(2000). Exceptional children: Introduction to special education(8th ed.). Boston: Allyn and Bacon.

Hocevar D.(1981). Measurement of creativity; Review and critique. Journal of Personality Assessment, 45, 450-464.

Kumar, R.(1999). Research methodology. London: Sage Publications.

McClelland(1985). Human motivation. Glenview Illinois: Scott, Jresman and Co.

McClelland, D. C.(1961). Children and Adolescents: Behavior and Development. NY: Holt, Rineshart, & Winston.

Nicholls, J. G.(1983). Conceptions of ability and achievement motivation: A theory and its implications for education. In S. G. Paris, G. M. Olson, & H. W. Stevenson(Eds.), Learning and motivation in the classroom(pp. 211-357). Hillsdale, NJ: Erlbaum.

Palinsar, A. S., & Brown, A.(1984). Reciprocal teaching of comprehension -fostering and comprehension-monitoring activities. Cognition and Instruction, 1, 117-175.

Pietrofesa, J. J., Bernstein, B., Minor, J., & Stanford, S.(1980). Guidance: An introduction. Chicago: Rand McNally.

Pressley, M., & McCormick, C. B.(1995). Advanced educational psychology for educators, researchers, and policymakers. New York: Harper Collins College Publishers.

Reed, S. K.(2011). 인지심리학: 이론과 적용(박권생 역). 서울: Cengage Learning.

Resnick, L. B.(1987). Education and learning to thinking. Washington, DC : National Academic Press.

Reynolds, C. D.(1986). Toward objective diagnosis of learning disabilities. Special Services in the Schools, 2, 161-176.

Rundus, D.(1971). Analysis of rehearsal process in free recall. Journal of Experimental Psychology, 89, 63-77.

Schunk, D. H.(1990). Goal setting and self-efficacy during self-regulated learning. Educational Psychologist, 25, 71-86.

Schunk, D. H.(1995). Self-efficacy and education and instruction. In J. E. Maddux(Ed.), Self-efficacy, adaptation, and adjustment: Theory, research, and application(pp. 281-303). New York: Plenum.

Seifert, K. L.(1991). Educational psychology. Houghton Mifflin Co.

Seligman, M. E. P.(1975). Helplessness: on depression, development, and death. San Francisco: W. H. Freeman.

Sherman, R., & Dinkmeyer, D.(1987). Systems of family therapy: An Adlerian integration. New York: Brunner/Mazel.

Shertzer, B. & Stone, S. C.(1981). Fundamentals of counseling(3rd ed.), Boston : Houghton Mifflin.

Sprinthall, R. C., & Sprinthall, N. A.(1990). Educational Psychology: A Developmental Approach(3rd.). Addision-Wesley Publishing Co.

Sternberg, R. J., & Williams, W. M.(2002). Educational psychology. Boston: Allyn & Bacon.

Weiner, B. (1992). Human motivation: Metaphor, theories and research. Beverly Hills:

Sage Publications.

Wlodkowski, R., & Jaynes, J.(1990). Eager to learn: Helping children become motivated and love learning. San Francisco: Jossey-Bass.

Wood, R. E., Mento, A. J., & Locke, E. A.(1987). Task complexity as a moderator of goal effects: A meta-analysis. Journal of Applied Psychology, 72, 416-425.

Woolfolk, A.(2001). Educational psychology(8th ed.). Boston: Allyn & Bacon.

Wubbolding, R. E.(1991). Understanding reality therapy. New York: Harper Collins.

__________(1996). Reality therapy training(9th ed.). Cincinnati, OH: Center for Reality Therapy.

저자 소개

권형자

- 중앙대학교 사범대학 교육학과 졸업
- 중앙대학교 대학원 교육학 석사
- 중앙대학교 대학원 교육학(교육심리 전공) 박사
- Adelphi University 객원교수 / 중앙대학교 사범대학 강사 / 홍익대학교 대학원 강사
- (前)가톨릭 관동대학교 사범대학 교수
- (現)가톨릭 관동대학교 명예교수
  홍익심리상담연구소 자문교수

정선영

- 가톨릭 관동대학교 교육대학원 교육학(상담심리 전공) 석사
- 가톨릭 관동대학교 일반대학원 교육학(교육심리 전공) 박사
- (前)동우대학 간호학부 교직과정 외래교수
- (現)경동대학교 간호학부 교수/ 교직교육센터 주임교수

교육심리학의 이해

초판인쇄 2018년 2월 20일
초판발행 2018년 2월 25일

저 자 권형자 · 정선영
발행인 김현태
발행처 태영출판사

주 소 (08301) 서울 구로구 구로동 104-10 동남오피스텔 201호
전 화 02 · 839-3757, 839-3752
팩 스 02 · 837-3754
등 록 2005년 5월 30일 제12-421호
http://www.taeyeongbook.co.kr
E-mail tys2005@hanmail.net
ISBN 978-89-6302-229-1 93370
정 가 17,000원

2018. 2.

NAVER
태영출판사

* 잘못 만들어진 책은 교환해 드립니다.